酒店管理实习案例解析

本科生实践中的挑战与应对

朱珠 李萌 著

吉林出版集团股份有限公司

全国百佳图书出版单位

图书在版编目（CIP）数据

酒店管理实习案例解析：本科生实践中的挑战与应
对 / 朱珠，李萌著 . -- 长春：吉林出版集团股份有限
公司，2025.6. -- ISBN 978-7-5731-6733-0

Ⅰ . F719.2

中国国家版本馆 CIP 数据核字第 202539DB91 号

JIUDIAN GUANLI SHIXI ANLI JIEXI：BENKESHENG SHIJIAN ZHONG DE TIAOZHAN YU YINGDUI

酒店管理实习案例解析：本科生实践中的挑战与应对

著　　者　朱　珠　李　萌
责任编辑　杨　爽
装帧设计　寒　露

出　　版　吉林出版集团股份有限公司
发　　行　吉林出版集团社科图书有限公司
地　　址　吉林省长春市南关区福祉大路 5788 号　邮编：130118
印　　刷　定州启航印刷有限公司
电　　话　0431-81629711（总编办）
抖 音 号　吉林出版集团社科图书有限公司　37009026326

开　　本　710 mm×1000 mm　1 / 16
印　　张　18.5
字　　数　250 千字
版　　次　2025 年 6 月第 1 版
印　　次　2025 年 6 月第 1 次印刷

书　　号　ISBN 978-7-5731-6733-0
定　　价　78.00 元

如有印装质量问题，请与市场营销中心联系调换。0431-81629729

前　言

　　近年来，随着全球旅游业的迅速发展，酒店行业成为各国经济发展的重要组成部分，尤其是在中国，酒店行业蓬勃发展，不仅为社会提供了大量的就业机会，也成为服务业中的重要支柱。在这样的大背景下，酒店管理专业逐渐成为高校教育中备受关注的学科之一，培养高素质的酒店管理人才成为众多高等院校的目标。学生的实习经历作为酒店管理教育的重要组成部分，不仅为理论学习提供了实践支持，还帮助学生深入了解了行业运作，为日后进入职场打下了坚实基础。然而，在酒店管理专业的实习过程中，本科生面临诸多挑战。如何有效应对这些挑战，成为学生、教师以及行业从业者共同关心的问题。本书正是在这一背景下撰写的，旨在通过实际案例的分析，为正在实习或即将实习的酒店管理专业学生提供具有参考价值的经验和启示。通过这些案例的详细解析，学生可以了解在实习过程中可能遇到的各种问题，并从中获得解决问题的思路和方法。同时，书中还包括了对行业趋势、实习生职业发展以及酒店管理人才培养的思考与探讨，希望能够为广大读者，尤其是酒店管理专业的本科生提供切实可行的帮助。

　　实习是理论与实践的桥梁，是酒店管理专业学生在职业生涯中迈出的重要一步。对于酒店管理专业的本科生来说，实习不仅是对课本知识的检验，也是对自身能力的提升。在实际的工作环境中，学生需要面对各种复杂的情境，包括客户服务、团队协作、突发事件处理等。在这些情境下，学生不仅需要运用在课堂上学习到的理论知识，还需要培养沟通能力、应变能力和团队合作精神。然而，由于缺乏实践经验，许多学生在初次进入酒店工作时难免会遇到挑战，如角色转变的适应问题、工作压力的应对问题、文化差异的沟通问题等。这些挑战如果不能得到及时有效的解决，可能会影响学生的实习体验，甚至对其职业发展产生负面影响。

基于对酒店管理专业本科生实习过程中所遇到的常见问题的调研与分析，本书选取了一系列典型案例，涵盖了不同岗位、不同类型酒店的实际工作场景。这些案例不仅展示了学生在实习中遇到的挑战，还详细解析了他们如何通过个人努力、团队支持及学校的指导来应对这些挑战。每个案例后都有深度总结，帮助读者更好地理解案例中的问题所在，以及如何在实际工作中运用这些经验教训。同时，书中还通过访谈行业内的资深从业者，结合他们的专业意见，为学生提供更多的职业发展建议。

此外，本书也关注到近年来酒店行业的变化，特别是新技术和数字化的发展给酒店管理带来的深远影响。随着智能化设备、在线预订平台、社交媒体营销等新兴技术的普及，酒店行业正在经历一场深刻的变革。这一变革不仅影响了酒店的运营模式，也改变了酒店管理人才的能力需求。今天的酒店管理从业者，不仅要掌握传统的管理技能，还需要具备较强的信息技术应用能力和数字化思维。因此，实习生在实习过程中，除了要熟悉日常的运营流程，还应积极适应并学习新技术带来的变化。本书也在案例分析中融入了这一点，希望能为学生在迎接未来酒店行业的挑战时提供更好的准备。

总之，本书不仅是对酒店管理专业本科生实习经验的总结和反思，也是对酒店管理教育和人才培养模式的探讨。通过案例的展示和分析，希望本科生能在实际的实习工作中更好地应对各种挑战，提高自身的职业素养和实践能力。同时，期望本书能够为酒店管理专业的教师、研究者以及行业从业者提供一些有价值的参考，为推动酒店管理人才培养模式的创新作出贡献。

在此，特别感谢那些为本书提供支持的高校师生和酒店管理从业者，正是他们的贡献使得本书的案例更具实践意义和参考价值。由于笔者水平有限，书中难免存在不足之处，恳请广大读者批评指正。

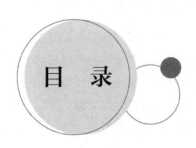

目　录

第一章 酒店管理实习概述

一、酒店管理实习的目的与重要性

酒店管理是一门高度实践性和综合性的学科，它涵盖了从管理、服务、营销到财务等多个领域的知识与技能。这意味着，酒店管理的学习不仅仅局限于理论课程的讲授，还必须通过大量的实践活动，尤其是实习，才能让学生真正掌握并应用所学知识。因此，实习在酒店管理专业本科生的培养过程中占据着十分重要的地位，是不可或缺的一部分。

首先，通过实习，学生能够在真实的酒店工作环境中，将课堂上学到的理论知识转化为实际的操作技能。课堂上，学生学习的是抽象的管理原理和服务流程，而实习则提供了一个将这些知识具体化的平台。无论是处理客人投诉、安排日常运营，还是参与财务分析和营销策略的制定，实习都能够帮助学生在实践中锻炼这些能力，加深他们对酒店运营的理解。

其次，实习还能为学生提供一个接触行业前沿动态的机会。酒店业是一个不断变化的行业，新的管理理念、技术工具和服务模式层出不穷。通过实习，学生不仅能深入了解酒店日常运营中的变化，还能感知行业的最新趋势和客户的需求变化。这对于学生未来的职业发展具有重要的指导意义，有助于他们在毕业后能够快速适应职场。

再次，实习能够帮助学生培养职业素养。酒店业是一个高度注重服务和细节的行业，良好的职业素养不仅体现在专业技能上，还体现在工作态度、沟通技巧、团队协作能力等上。通过在实习中的亲身体验和与业内资深人士的互动，学生能够逐步塑造并提升这些软技能。

最后，实习能为学生明确职业发展方向提供宝贵的机会。在实习过程中，学生可以体验不同的工作岗位，深入了解自己对哪些领域更感兴趣，从而为未来的职业规划打下基础。实习不仅是对所学知识的检验，也是学生探索个人职业兴趣、发现潜在职业道路的重要途径。

（一）酒店管理实习的目的

1.巩固与应用理论知识

酒店管理实习的首要目的是将理论知识与实际操作相结合，旨在帮助学生将课堂中学习的酒店管理理论与实际酒店运营相融合。在学校中，学生接触到涵盖酒店运营管理、市场营销、人力资源管理、客户服务等多个方面的理论知识。然而，仅靠书本上的知识，学生很难全面理解行业实际存在的问题与挑战。通过实习，学生能够在真实的工作环境中验证和巩固他们在课堂上学到的知识，并了解这些理论在实际环境中的应用场景。

实习经验能够使学生根据建构主义学习理论，不仅仅从传统的知识传授中获益，更从知识的实际应用中学习。酒店管理是一门实践性较强的学科。通过参与酒店的日常运营，学生可以对服务管理、客户体验设计等理论有更深刻的理解。例如，学生可能会在实习中应用课堂上学到的客户关系管理理论，处理顾客投诉、分析客户反馈并据此进行服务改进等，这些活动都是理论知识在实际工作环境中的具体体现。通过这种实践，学生可以更好地把握理论与实践的联系，从而在未来的职业生涯中发挥更大的作用。

2.提升职业技能与工作能力

由于酒店行业的运营涉及复杂的管理体系和多样化的服务模式，实习能够帮助学生掌握实际工作中所需的多种技能。例如，酒店的日常运营涉及前台接待、客房服务、餐饮管理、财务管理等多个环节。通过实习，学生可以学习如何处理日常事务、应对突发状况以及与客户和员工有效沟通。

此外，实习过程中，学生将有机会提升领导能力、团队合作能力和应急处理能力，这些都是酒店管理职业中必不可少的核心技能。根据社会学习理论，个人技能的形成不仅依赖于理论学习，还需要通过观察、模仿、实践和反馈等过程得以完善。在酒店管理实习中，学生不仅通过个人实践操作积累经验，还能通过观察和学习资深管理者的工作方法，进一步提升自己的职业技能。

3.培养职业道德与服务意识

酒店行业强调服务至上的理念，因此服务意识是酒店管理人员必须具备的素质之一。通过实习，学生可以深刻体会到客户满意度对酒店业务的重要性，进而培养良好的职业道德和服务态度。在实际工作中，学生将面对不同的客户需求和突发状况，这要求他们具备灵活应变的能力，同时保持耐心、热情和富有责任感。

服务接触理论指出，服务人员在与顾客的接触中，不仅提供产品和服务，还传递情感和态度，直接影响顾客的体验和满意度。在酒店管理实习中，学生会面对真实的客户，通过与客户的互动，他们能够理解客户需求的多样性和个性化，进而培养强烈的服务意识和责任感。

4.了解行业动态与职业发展趋势

酒店行业具有较强的市场导向性，这意味着其运营和发展在很大程度上受全球旅游业、经济环境以及社会文化变迁等外部因素的影响。旅游业的兴衰直接影响到酒店行业的供需变化，经济环境的波动则可能导致消费者的支出倾向和偏好产生变化，而社会文化的变迁则在服务理念、客户需求以及市场定位上为酒店行业带来新的挑战和机遇。因此，酒店管理实习不仅仅是一次实践技能的提升，更是一个让学生深入了解行业现状和未来发展趋势的绝佳机会。

通过实习，学生能够身处行业的第一线，感受到技术创新、客户需求变化以及市场竞争等多方面的动态因素。这不仅使学生能够直观地体会到酒店行业的变化，还能够帮助他们更好地理解行业的复杂性和多样性。在实习过程中，学生可能会遇到客户偏好逐渐趋向个性化、差异化的情况；也会遇到酒店为应对市场竞争，不断提升服务质量、推出新产品和服务的情况。这些都是课堂理论难以涵盖的真实工作场景，学生通过参与其中，可以积累宝贵的经验，并为未来的职业选择提供有力的依据。

此外，随着信息技术的飞速发展，酒店行业的运作模式也在不断革新。数字化管理、智能化服务等的应用，正在重新定义酒店的服务流程和客户体验。例如，一些酒店已经开始应用人工智能进行客户关系管理，通过大数据分析预测客户需求，甚至采用自动化设备来提升服务效率。学生通过实习，能够体会到技术进步为酒店行业带来的深刻转型，不仅是操作流程的改进，更是整个服务理念的升级。

实习的过程中，学生将有机会参与新技术的应用，并观察它们在实际工作环境中的作用。例如，学生可能会接触到酒店的自动化前台服务系统，或是在后台数据管理系统中学习如何使用大数据分析顾客的偏好和行为。这些经历不仅能帮助学生更好地理解信息技术在酒店管理中的重要性，也能为他们在未来的职业生涯中快速适应行业变革奠定坚实的基础。

最重要的是，这种亲身体验的机会，使学生能够从一个全新的视角看待酒店行业的未来发展，了解技术进步所带来的行业机遇与挑战，进而为自己的职业发展方向提供更多参考。通过实习，学生不仅能够从实际工作中积累经验，还能不断调整自己的职业规划，以更好地应对酒店行业未来的变化与挑战。

（二）酒店管理实习的重要性

1. 联结理论与实践

实习是学生从学校走向职场的重要桥梁，是他们将课堂所学与实际工作紧密结合的重要途径。在课堂上，学生以理论学习为主。尽管可以通过案例分析、模拟实训等方式可以让学生接触到实际问题，且这些方式能够在一定程度上帮助学生理解和应用所学知识，但是这些方式的局限性在于缺乏真实的工作环境和实际的职业压力，无法完全模拟出在真实职场中可能遇到的复杂情况和紧张氛围。因此，实习在学生的职业教育中扮演着不可替代的角色。

实习为学生提供了一个真实的酒店管理环境，使他们能够在实际工作中检验所学知识和加深对所学知识的理解。这种真实环境不仅包括具体的操作流程和服务标准，还涵盖了如何应对突发事件、处理顾客投诉、团队合作以及在高压环境下保持专业态度等多方面的技能。通过参与实习，学生可以将理论知识转化为实践能力，从而为将来正式步入职场奠定坚实的基础。

认知发展理论强调，知识是通过实际体验与环境互动而获取的。这一理论揭示了实习的重要性和必要性。在实习过程中，学生不仅被动地接受知识，还通过与实际工作场景的互动，主动地构建和深化自己的理解。他们在酒店管理的具体操作流程中，通过不断解决问题和应对挑战，逐渐形成了对行业的全面认识。同时，这些实践经验也帮助他们培养了适应职场的关键技能，如批判性思维、问题解决能力、沟通技巧等。实习的过程，使学生从理论学习的"知"转变为实际操作的"行"，从而真正实现了理论与实践的结合，为他们未来的职业生涯打下了坚实的基础。

2. 提升学生职业竞争力

实习不仅仅是课堂学习的延续，更是提升职业竞争力的重要途径。当前的就业市场竞争激烈，特别是酒店行业的就业要求越来越高。拥有实际工作经验的学生在求职时往往具有更强的竞争力。实习经历能够帮助学生积累职场经验，提高他们的岗位适应能力，让他们更好地了解自己的职业兴趣和长处。

根据人力资本理论，实习经历是学生积累"人力资本"的重要途径。通过实习，学生不仅能够获得知识和技能的提升，还能够建立一定的职场人脉，了解行业的招聘需求和标准。这些都会大大提升他们在就业市场中的竞争力。

3. 为学生提供职业定位与职业规划的机会

在实习期间，学生将有机会体验酒店行业的各个部门运作，了解不同岗位的职责和工作内容。这不仅有助于学生对酒店行业有一个全局的认识，还能够帮助他们明确自己的职业兴趣和未来发展方向。

职业生涯发展理论指出，职业选择是一个长期的过程，个体需要通过实际的职业体验来不断调整自己的职业定位。在酒店管理实习中，学生可以通过不同岗位的轮岗实践，了解自己在酒店运营管理、市场营销、客户服务等方面的兴趣和优势，进而对自己的职业生涯做出更清晰的规划。

4. 帮助学生适应职场文化与规范

酒店行业有其独特的职场文化和行业规范，实习为学生提供了一个提前适应这种文化和规范的机会。在实习中，学生不仅要掌握专业技能，还需要遵守行业的职业道德规范，学习如何处理职场中的人际关系和工作压力。

　　实习能够帮助学生提前了解职场的要求，适应从"学生"到"职场新人"的角色转变，培养独立工作和自我管理的能力。这种过渡对于学生日后正式进入职场具有重要的意义。通过实习，学生可以学会如何与同事、上级和客户有效沟通，如何在团队中发挥自己的作用，这些都是未来职业发展中不可或缺的能力。

二、实习中的理论应用困境

　　酒店管理实习是该专业本科生从课堂走向职场、从理论学习到实践应用的重要过渡环节。虽然实习为学生提供了宝贵的实践经验和职业技能的提升机会，但在实习过程中，学生往往会遇到许多问题和挑战，尤其是在理论与实际的结合上。酒店管理的复杂性和多样性使得学生在实习中常常感到理论知识难以很好地运用到实践工作中。这一现象不仅源自行业本身的特殊性，也与学生自身的学习与实践能力有关。本部分将结合理论依据，深入分析酒店管理实习中的理论应用困境，并探讨如何解决这些问题。

（一）管理学理论与实际操作的差距

　　酒店管理实习中的一个主要理论应用困境是管理学理论与实际操作的差距。管理学中的许多理论，如目标管理理论、激励理论、团队建设理论等，都是基于大企业和复杂管理系统的研究成果。然而，酒店作为服务行业，其管理模式与这些理论有一定的差异。例如，目标管理理论强调制定明确的目标并通过绩效考核来实现目标，但在酒店的实际管理中，许多工作是即时性的，难以进行长时间的绩效考核。激励理论中的"马斯洛需求层次理论"在实际的酒店管理中也难以完全适用。学生在实习中发现，员工的需求和动机往往复杂多变，难以用固定的理论框架去分析和激励。例如，一些员工可能因个人原因无法接受酒店提供的额外培训或晋升机会，这与马斯洛理论中对"自我实现"需求的假设存在差异。

（二）服务质量理论的局限性

在酒店管理实习中，学生常常接触到一些理论，如服务质量理论和客户期望管理理论。这些理论强调通过满足客户需求和超越客户期望来提高客户满意度。然而，在实际操作中，学生发现理论中的标准化服务和实际客户需求之间存在矛盾。例如，客户的个性化需求可能无法完全通过标准化服务流程得到满足，导致学生在实践中难以平衡理论与实际。

服务接触理论指出，服务过程中的每一次客户接触都是影响客户体验的重要环节。

尽管理论上服务流程可以通过规范化来控制，但在实际酒店运营中，客户的需求和期望往往是动态的，难以按照固定的标准进行服务。对于酒店管理的学生而言，他们在实习中往往会遇到这样的情境：理论所倡导的服务标准虽然有助于保证服务质量的一致性，但在面对千差万别的客户需求时，这些标准有时显得过于僵化和不切实际。比如，一位高端客户可能需要特殊的餐饮服务，而标准化的流程无法充分满足这一需求，进而影响客户的整体体验。

学生在实习中发现，理论中的服务质量标准与实际的客户服务工作存在一定程度的脱节问题。

在实际操作中，学生不仅要遵循酒店的服务标准，还需要灵活应对客户提出的各种个性化需求，这就要求他们在理论学习的基础上，学会在实际工作中运用判断力和创造力，来弥补理论与实践之间的差距。服务接触理论强调的每一次与客户互动，都可能对客户的总体体验产生深远的影响。因此，学生必须在实习中学习如何在保持服务一致性的同时，灵活应对不同的客户需求，以提供卓越的客户体验。

由此可见，尽管理论为学生提供了服务质量管理的框架和标准，但在实习过程中，学生需要根据实际情况灵活应用这些理论，才能真正提高客户的满意度。这不仅要求学生具备扎实的理论基础，还需要他们在实践中不断磨炼自己的应变能力和问题解决能力。通过将理论与实际操作相结合，学生才能在未来的职业生涯中成为能够提供高质量服务的酒店管理专业人才。

（三）组织行为学理论的局限

酒店管理中的组织行为学理论，如领导力理论、团队合作理论和组织文化理论，常常被用于指导酒店的管理实践。然而，学生在实习中发现，酒店的组织行为往往比理论中描述得更为复杂。例如，领导力理论通常强调管理者通过激励、授权和沟通来带领团队，但在实际工作中，由于员工层级差异、文化背景不同等因素，管理者的领导方式往往更加多样化，难以用单一的理论模式进行概括。

在实际的酒店运营中，管理者必须面对各种复杂的情况，做出灵活的领导决策。不同的员工有着不同的动机和需求，而这些需求可能并不能通过统一的激励方式来满足。例如，一些员工可能更加看重工作中的职业发展机会，而另一些员工则更倾向于寻求工作与生活的平衡。文化背景的差异也使得员工对管理者的期望和反馈方式有所不同，这要求管理者不仅具备多样化的领导风格，还善于根据员工的具体情况调整自己的领导方式。这样一来，学生在实习中发现，理论中相对清晰和标准化的领导力模型，往往难以直接应用于多样化和动态的实际工作环境。

此外，团队合作理论强调通过良好的沟通与协作来提高团队效率。但在酒店实习中，学生发现由于不同部门的工作内容和目标不同，跨部门的团队合作往往面临沟通障碍和资源分配问题。

酒店管理中的各个部门，如前厅部、客房部和餐饮部，各自承担着不同的职责。这种职能分工有时会导致部门之间的沟通不畅，特别是在涉及跨部门合作的任务时。学生在实习中常常观察到，由于不同部门对目标的优先级存在差异，资源的分配和使用会成为部门间的争议点。此外，不同部门的员工可能对工作流程和工作标准有不同的理解，进一步加大了跨部门沟通的难度。这些因素使得学生在实习中意识到，理论中的团队合作模式，虽然在提高单一团队内部效率方面具有指导意义，但在实际的跨部门合作中，往往需要更为复杂的协调与沟通策略。

这些实际的复杂性使得学生难以将理论中的团队合作模式直接应用到实际工作中。

通过实习，学生不仅学习到理论知识在实际应用中的局限性，还进一步理解到组织行为学理论在具体工作场景中需要经过调整和适应才能发挥作用。这就要求学生在实习期间，培养灵活应变的能力和跨部门协作的意识，不断在实践中探索和总结适合具体工作环境的管理方式。这样，学生才能在未来的职业生涯中，真正将所学的组织行为学理论转化为实际的管理能力，为酒店的高效运作贡献力量。

（四）市场营销理论的适用性问题

市场营销理论是酒店管理的重要组成部分。学生在校学习了诸如品牌管理理论、客户关系管理理论等。然而，在实际的酒店管理中，学生发现这些理论并不能完全解决实际的市场营销问题。

特别是在酒店行业的实际操作中，市场营销更多依赖于客户体验、口碑传播和社交媒体的互动，这些因素往往难以通过传统的营销理论进行完全解释。

酒店行业的特殊性在于其高度依赖客户的感受和反馈。虽然4P理论强调通过产品、价格、渠道和促销的组合来实现市场营销目标，但在实际操作中，这一理论在面对客户体验和情感因素时不一定发挥作用。例如，客户在选择酒店时，可能会因为一次难忘的入住体验而产生高度的品牌忠诚度，而这类体验往往与价格或促销活动无关。相反，客户体验中的细节，如服务的个性化、环境的舒适度、员工的友善程度等，往往更能打动客户，成为其选择酒店的关键因素。

因此，学生在实习中发现，传统的市场营销理论在服务行业中的应用具有一定的局限性，需要结合行业的实际特点进行调整。

在酒店管理的实际市场营销中，品牌的塑造和客户关系的维护常常需要超越传统理论的框架。例如，社交媒体的兴起使得口碑传播变得更加迅速和广泛，客户的评价可以在短时间内影响到酒店的声誉和市场表现。因此，市场营销不再仅仅是传统意义上的4P组合，而是需要综合考虑如何通过良好的客户体验来提升品牌影响力和客户忠诚度。此外，社交媒体上的互动也成为营销的一个重要环节。酒店必须主动与客户互动，及时回应客户反馈，以维持良好的品牌形象和客户关系。

这些实际操作中的复杂性和动态性，使得学生在实习中认识到，仅仅依靠课堂上学到的传统营销理论是远远不够的。

为了在实际工作中取得成功，学生需要学会灵活应用所学知识，并结合酒店行业的具体情况进行创新。例如，在制定市场营销策略时，他们需要考虑如何利用客户体验和口碑传播来提升酒店的市场竞争力，而不仅仅是关注产品和价格。此外，学生还需要掌握如何有效利用社交媒体和其他新兴技术手段，来增强与客户的沟通和互动，从而更好地实现市场营销目标。

通过实习，学生不仅能够认识到理论与实践的差距，还能学到如何在实际工作中将理论与实践相结合，灵活应对市场变化。这样的经验对于他们未来从事酒店管理市场营销工作具有重要的指导意义。

（五）人力资源管理理论的适用性局限

人力资源管理是酒店管理的重要内容之一。学生在校期间学习了诸如招聘与选拔、绩效管理、员工激励等理论。然而，在实际的酒店管理中，学生发现人力资源管理工作受到多方面因素的影响，如酒店的规模、员工的文化背景、地方法律法规等，这使得理论中的许多内容难以完全适用。例如，绩效管理理论强调通过量化考核来评估员工的工作表现，但在实际的酒店管理中，由于服务工作的特殊性，许多工作内容难以量化考核。

在酒店行业中，员工的表现往往不仅仅体现在数字或指标上，还涉及许多定性因素，如客户的满意度、服务的态度和工作的主动性。这些因素在绩效评估中难以通过简单的量化指标来准确衡量。例如，前台员工的工作不仅仅是办理入住和退房手续，还包括与客人进行有效的沟通，解决他们的疑问和投诉，这些服务质量的关键部分往往难以用具体的量化数据来评估。由于酒店服务行业的高流动性，员工的绩效管理还需要考虑到个体的短期表现与长期发展的平衡，传统的绩效考核模式在这里可能并不完全适用。

此外，员工的文化背景和个人需求的差异也使得激励机制的设计变得更加复杂。在酒店管理中，员工有着不同的文化背景，他们的工作动机、价值观和对激励的反应方式可能会有很大的不同。这就要求管理者在设计激励机制时，不能仅仅依赖单一的理论框架，而是需要考虑员工的多样性。例如，一些员工可能更加重视经济奖励，如奖金和加薪，而另一些员工则可能更看重非物质激励，如工作环境的改善、职业发展机会和团队归属感。因此，管理者在实施激励机制时，必须结合实际情况进行灵活调整，才能真正有效地激发员工的工作积极性。

这些因素导致学生在实习中无法将人力资源管理理论直接应用到实际工作中。通过实习，学生逐渐认识到，理论与实际的差距往往需要通过灵活应对和经验积累来弥合。学生需要在实践中学会如何根据酒店的具体情况调整人力资源管理策略，如何在复杂多变的工作环境中实施有效的绩效管理和激励机制。同时，他们还需要了解地方法律法规对人力资源管理的影响。通过这种理论与实践的结合，学生才能在未来的职业生涯中，更好地应对酒店管理中的人力资源挑战。

三、实习对酒店管理专业发展的影响

酒店管理实习是酒店管理教育中的一个重要环节，它不仅为学生提供了宝贵的实践经验，还对酒店管理专业本身的发展产生了深远的影响。随着全球酒店行业的发展和市场需求的变化，酒店管理专业不断演变，其课程设置和教育目标也随之调整。实习作为理论学习和实践操作之间的桥梁，在这个过程中起到了至关重要的作用。本书将从多角度探讨本科生酒店管理实习对酒店管理专业发展的影响，并结合理论依据，阐述其对人才培养和行业发展的推动作用。

（一）酒店管理实习对专业课程设计的影响

1. 反馈教学内容，优化课程设置

本科生在实习过程中遇到的实际问题和挑战，能够为高校的课程设置提供宝贵的反馈信息。通过对实习经验的总结，教育工作者可以更好地了解行业需求，从而优化课程内容。例如，学生在实习中可能会发现，酒店的数字化转型日益加快，对信息技术的掌握要求越来越高。因此，高校可以针对这一需求，在酒店管理课程中增加有关酒店信息管理系统、数据分析和智能技术应用等内容。

根据认知发展理论，学习者在实际操作中的反馈能够促进他们对知识的理解。实习作为酒店管理教育中的实践环节，能够将学生在真实情境中遇到的问题反馈给高校，从而推动课程内容与行业需求的接轨。

2. 增强课程的实践性与互动性

传统的酒店管理课程通常以理论讲授为主，而实习的引入促使专业课程更加注重实践性和互动性。通过实习，高校可以了解哪些理论知识在实际操作中具有重要意义，从而在课程设计中加以强化。例如，客户

关系管理在实际酒店运营中的重要性，促使许多酒店管理专业在课程中加入更多关于客户关系管理系统的操作培训和案例分析。

体验式学习理论指出，学生通过"做中学"的方式，能够更好地掌握复杂的技能和知识。因此，高校可以在课程设置中增加更多实践环节，如模拟实训、案例分析和工作坊等，帮助学生更好地将理论与实践相结合。

3.推动产学研结合

酒店管理实习不仅为学生提供了实践经验，也为产学研结合创造了条件。通过与酒店行业的合作，高校能够更好地了解行业发展动态和前沿技术，从而推动专业课程的创新和发展。例如，高校可以通过与酒店的合作，了解行业在智能化服务、绿色酒店管理和可持续发展等方面的需求，从而将这些内容纳入课程设置。

根据协同创新理论，产学研结合有助于促进知识和技术的转化与应用。酒店管理专业可以通过与行业的密切合作，将最新的行业发展成果引入教学，为学生提供更加前沿和实用的知识体系。

（二）酒店管理实习对学生职业发展的影响

1.使学生明确职业兴趣与方向

酒店管理实习为学生提供了一个探索职业方向的机会。通过接触不同的工作岗位，学生能够了解自己在酒店行业中的兴趣所在，进而明确自己的职业方向。例如，一些学生在实习中发现自己更擅长与客户打交道，因此可能选择未来从事前台管理或客户关系管理工作；而另一些学生则可能对酒店的运营管理或财务管理更感兴趣，进而选择相关的职业发展方向。

职业生涯发展理论指出，职业选择是一个动态的过程，个体需要通过多样化的职业体验来逐步明确自己的职业目标。酒店管理实习通过为学生提供多样化的职业体验，帮助他们在实践中探索自己的职业兴趣和发展方向。

2.提高学生就业竞争力

酒店管理实习能够显著提高学生的就业竞争力。在实习过程中，学生通过实际工作积累了宝贵的经验，学习了相关技能，这些都是未来求职时的加分项。许多酒店在招聘时优先考虑有相关实习经验的应聘者，因为这些应聘者能够更快适应工作岗位，减少培训成本。此外，实习期间的表现还可能为学生带来留用机会。一些表现优异的实习生在实习结束后能够直接获得酒店的正式工作机会。

3.培养学生解决实际问题的能力

在酒店管理实习中，学生将面临各种实际问题和挑战，如客户投诉、员工管理、应急处理等。这些问题要求学生运用所学知识进行分析和解决。因此，实习不仅是知识应用的过程，更是问题解决能力的培养过程。学生通过解决实际问题，提升了应变能力、决策能力和解决问题能力。

问题解决理论认为，实际问题的解决过程是学习者掌握和应用知识的重要环节。在实习中，学生通过面对和解决各种现实问题，能够提升分析能力和综合判断能力，为未来的职业发展做好准备。

四、酒店管理实习对行业发展的推动作用

（一）培养高素质的酒店管理人才

酒店管理实习为行业培养了大批高素质的管理人才。通过实习，学生不仅掌握了专业知识，还积累了实际工作经验，提升了服务意识和管理能力。这些具备实践经验和职业素养的毕业生能够迅速适应酒店行业

的工作需求，为酒店的运营管理带来新的活力。

根据酒店行业竞争优势理论，提升酒店核心竞争力的关键在于服务质量与运营效率的协同优化。高素质管理人才是构建竞争壁垒的核心要素——专业管理团队不仅能通过标准化服务流程提升客户体验，还能借助数字化工具优化资源配置，降低运营成本。对于行业可持续发展而言，实习机制是人才培养的重要抓手：通过沉浸式岗位实践，让学生深度理解行业特性，快速掌握服务规范与应急处理能力，为酒店业输送兼具理论素养与实操经验的复合型人才，从而夯实行业长期发展的人才根基。

（二）推动酒店行业的创新与变革

酒店管理实习不仅有助于培养人才，还能够推动行业的创新与变革。学生作为酒店的新生力量，往往能够带来新思想和新观念。例如，学生在实习过程中可能会发现酒店运营中的一些问题，并提出创新的解决方案，或者他们在实习中接触到新的技术和管理方法，能够为酒店的创新发展提供支持。

创新扩散理论认为，新思想、新技术的传播和应用往往来自具有创新精神的个体。学生作为行业的新生力量，往往能够通过实习将新的理念和技术带入酒店行业，推动行业的创新与变革。

（三）促进酒店与高校的合作

酒店管理实习的开展需要酒店和高校的紧密合作。通过这种合作，酒店不仅能够获得高素质的实习生资源，还能够借助高校的研究力量进行创新发展。酒店作为实习生的实践基地，可以为学生提供真实的工作环境和丰富的实践机会，使他们能够将理论知识应用于实际操作中。这种实践经验不仅有助于提高学生的职业技能，还能为酒店提供一批具备现代管理知识和创新思维的实习生资源。这些学生往往能够为酒店带来新的思路和活力，助力酒店在激烈的市场竞争中保持领先地位。同时，高校的研究力量也能够为酒店的发展提供智力支持，帮助酒店在产品和服务的创新上取得突破。例如，酒店可以与高校合作进行市场调研、客户满意度分析、新服务模式的设计与测试等项目，这些研究成果可以直接应用于酒店的运营和管理中，推动酒店实现可持续发展。

同时，高校也能够通过与酒店的合作，了解行业动态，改进教学内容，为行业培养更具竞争力的人才。高校在与酒店的合作过程中，可以深入了解行业的最新趋势和需求，确保教学内容能够紧跟行业的发展步伐。例如，高校可以根据酒店反馈的信息，及时调整课程设置，增加行业急需的技能培训，确保学生在毕业后能够迅速适应工作岗位。此外，通过与酒店的紧密联系，高校还可以组织学生参与行业研讨会、企业参访等活动，进一步加深学生对行业的理解和认知。这种实践导向的教育模式，有助于培养出更符合行业需求的专业人才，提升毕业生的就业竞争力。

这种合作模式有助于形成良性循环，推动酒店管理专业与行业的共同发展。根据协同理论，酒店和高校通过合作能够实现资源共享和优势互补，进而推动行业和教育的双向发展。协同理论指出，不同机构通过合作可以产生比各自独立行动时更大的综合效益。对于酒店和高校而言，这种合作不仅可以优化双方的资源配置，还能够在人才培养、创新研究和行业发展等方面实现共赢。例如，酒店通过合作获得了人才和智力支持，提升了服务水平和市场竞争力；而高校则通过与酒店的实践互动，丰富了教学内容，增强了学生的实践能力。随着这种合作的深入发展，酒店和高校将逐步形成一个良性循环，共同推动酒店管理行业的持续进步。

总之，酒店与高校的紧密合作，是增强酒店管理实习效果、推动行业发展的关键。通过这种合作模式，酒店不仅能在短期内获得实习生资源和研究支持，还能在长期中培养出更多适应市场需求的专业人才；而高校则通过与行业的紧密联系，提高了教学的实用性和前瞻性。双方的紧密合作，不仅促进了酒店管理专业与行业的同步发展，还为行业的创新和变革注入了新的动力。

五、如何增强本科生酒店管理实习的效果

尽管酒店管理实习对学生和行业的发展都有积极影响，但要真正实现实习价值最大化，还需要不断优化实习的组织和管理。以下是增强酒店管理实习效果的几项建议：

（一）优化实习岗位设计

酒店应为实习生提供多样化的岗位体验，使他们能够全面了解酒店的运营流程。通过轮岗制度，学生可以在前台、客房、餐饮、财务等多个部门实习，从而更好地掌握酒店管理的全貌。

（二）加强校企合作

高校和酒店应加强合作，共同制订实习计划和评价标准。高校可以通过与酒店的合作，了解行业的最新动态和需求，进而优化课程设置。而酒店则可以通过与高校的合作，获得更具针对性的实习生资源。

（三）提供职业指导与反馈

实习期间，酒店应为实习生提供必要的职业指导和反馈。通过定期的反馈机制，学生能够了解自己的表现和不足，并及时进行改进。同时，职业指导能够帮助学生更好地规划未来的职业发展方向。

综上，本科生酒店管理实习不仅对学生的职业能力和发展有重要影响，还对酒店管理专业和行业的发展产生了深远的推动作用。通过实习，学生能够将理论与实践相结合，提升职业素养和问题解决能力。同时，实习也为酒店行业培养了大批高素质的人才，推动了行业的创新与

发展。未来，随着酒店行业的不断发展，实习将继续作为酒店管理专业的重要组成部分，为行业的可持续发展提供强有力的支持。

六、实习过程中学生角色的转变

酒店管理专业的本科生在实习期间的角色变化是学生职业成长中的一个重要过程。这一变化不仅涉及从理论学习者到实际操作者的身份转变，还体现了他们从观察者到积极参与者、从初学者到职业实践者、从实习生到潜在职业人的角色转变。在实习过程中，学生面临新的挑战和责任，同时获得了更深层次的学习和成长机会。下面将详细探讨酒店管理专业本科生在实习过程中角色的变化，并结合理论依据阐述这些变化对学生未来职业发展的影响。

（一）从理论学习者到实际操作者

1. 理论学习者的身份特点

在进入实习之前，酒店管理专业的本科生主要以理论学习者的身份存在。他们通过课堂教学和书本知识的学习，系统地掌握了酒店管理的各个方面，包括运营管理、人力资源、客户关系、市场营销等各类核心课程。在这个阶段，学生获取了大量的理论知识，这些知识为他们未来的职业生涯打下了坚实的基础。然而，尽管这些理论知识十分丰富，学生大多停留在抽象的认知层面，缺乏实际工作的验证和应用。

在这一阶段，学生的角色更像知识的被动接受者。他们通过课堂听讲、阅读文献以及参与课堂讨论等方式来吸收和理解知识。尽管这些学习活动有助于构建理论框架，但其局限性也十分明显。正如建构主义学习理论所指出的那样，学习者在实际情境中建构知识的过程往往更为有效。这意味着，仅仅依赖理论学习是不足以让学生完全掌握酒店管理这一复杂领域所需的各种实践技能的。

事实上，酒店管理行业是一个高度实践导向的领域，要求从业者具备强大的操作能力和应变能力。因此，仅停留在理论层面的学习，难以应对未来职业中的实际挑战。为了弥补这一不足，学生需要走出课堂，进入实际工作环境，将所学的理论知识与真实世界的操作实践相结合。在这个过程中，他们不仅能够验证和巩固所学的知识，还能培养实际操作能力和问题解决能力，从而完成从理论学习者到实际操作者的角色转变。

通过实习，学生得以在真实的酒店管理环境中应用自己的知识。他们不仅仅是知识的接受者，更是知识的应用者和检验者。实习为他们提供了宝贵的机会，让他们在实际情境中理解和体验酒店管理的复杂性，并在实践中不断调整和完善自己的理论认知。这样的学习方式不仅提高了他们的实际操作能力，也为他们未来的职业发展提供了更加坚实的基础。

总之，理论学习固然重要，但实践应用更是不可或缺的环节。只有通过实习，将理论与实践相结合，学生才能真正掌握酒店管理的精髓，完成从课堂学习者到实际操作者的成功转型。

2. 实习中角色的转变

当学生进入实习阶段，他们的角色发生了重要的转变——从理论学习者逐渐过渡为实际操作者。在这个过程中，学生不再仅仅是课堂上知识的被动接受者，而是需要将所学的理论知识灵活应用到实际工作中，去应对真实世界中的种种挑战。这一角色的转变标志着学生开始在更深层次上理解和掌握自己的专业领域。

举例来说，学生在课堂上系统地学习了客户关系管理理论，掌握了处理客户投诉、提升客户满意度等方面的知识。然而，在实习过程中，他们需要将这些理论付诸实践，面对来自客户的实际需求和即时反馈。这时，学生不再是课堂中依赖教科书和讲义的"旁观者"，而是真正走上了服务第一线，需要主动应对各种复杂的情境。

这一角色转变与体验式学习理论的核心理念高度契合。该理论认为，学习是一个动态的循环过程，学生通过"做中学"来深化和转化所获得的知识。实习正好提供了这样一个平台，使学生能够在实际工作环境中将理论与实践相结合。在这个过程中，他们不仅验证了课堂上学到的知识，还在实际操作中不断巩固这些知识，并通过反思和总结，逐步加深对知识的理解和提升技能。

通过这样的角色转变，学生逐渐意识到实际工作中的复杂性和多变性。他们开始体会到，理论知识虽然为工作提供了重要的指导，但面对实际问题时，还需要灵活应变，并根据具体情况进行调整和优化。正是在这种实践与反思的过程中，学生对行业的认识变得更加全面和深入。

此外，这一转变也促使学生反思自己的学习方式和职业目标。在实习中，学生能够更清楚地看到自己在实际操作中的优势和不足，这为他们未来的职业规划提供了宝贵的参考。通过对实际工作的体验和反思，学生能够更加明确自己感兴趣的领域，调整自己的学习策略，并为未来的职业生涯打下更加坚实的基础。

总之，实习阶段的角色转变不仅是学生职业发展中的关键一步，也是他们个人成长中的重要一环。通过从理论学习者向实际操作者的转变，学生能够在实践中真正理解和掌握所学知识，为未来在专业领域中的发展奠定坚实的基础。

（二）从观察者到积极参与者

1. 初期实习中的观察者角色

在实习初期，学生往往处于一个观察者的角色。他们通过观察酒店的日常运营、管理者的决策方式以及同事的工作流程来熟悉工作环境。在这一阶段，学生的主要任务是适应工作环境，了解酒店管理的各个环节，并观察如何将理论知识应用于实际操作。

观察学习理论由社会学习理论的提出者班杜拉（Bandura）提出，认为通过观察他人的行为，学习者可以掌握新的技能和行为模式。在酒店管理实习的初期，学生通过观察前辈和同事的工作方式，学习如何处理复杂的酒店管理任务。这一过程有助于学生建立对酒店运营流程的初步理解。

2. 角色转变

随着实习的不断深入，学生的角色从最初的单纯观察者逐渐转变为积极的参与者。在观察和学习的基础上，学生开始主动承担更多的实际工作任务，并在真实的工作情境中验证和提升自己的操作能力。

在这一阶段，学生的参与度显著提高。他们不再仅仅是按照指导完成基础任务，而是需要在实际工作中扮演更为重要的角色。这不仅意味着要完成指定的工作任务，还要求学生在面对突发情况时，能够快速做出判断并采取相应的应对措施。例如，学生可能需要独立处理客户投诉，这要求他们运用所学的客户关系管理理论，快速分析问题并找到有效的解决方案。此外，学生还可能协助管理团队制订运营计划，甚至参与酒店的市场推广活动，为酒店的业务发展贡献自己的力量。

这种角色的转变让学生获得了更多宝贵的实际操作经验，大大提升了他们的职业能力和问题解决能力。在实际工作中，学生能够更加灵活地运用所学知识，并通过实践不断优化自己的工作方法。与此同时，这一过程也帮助学生加深了对行业的理解，使他们能够更好地适应和应对工作中的各种挑战。

这一过程符合情境认知理论的核心理念。该理论强调，知识的获取和应用必须在特定的情境中进行，只有通过在真实环境中的实际参与，才能真正内化并灵活应用这些知识。在酒店实习的过程中，学生通过实际操作和亲身参与，不仅掌握了新的技能，还加深了对酒店行业运作模式的理解。他们开始明白，酒店管理不仅是书本上学到的理论，更是一门需要高度适应性和灵活性的艺术。

通过这种实习体验，学生逐渐积累了应对各种复杂情况的经验，提升了在工作中快速决策和解决问题的能力。这些能力的提升不仅使他们在未来的职业道路上更具竞争力，也为他们在酒店行业中的进一步发展奠定了坚实的基础。

总的来说，随着实习的深入，学生完成了从观察者到积极参与者的角色转变。实习不仅使他们在职业技能上取得了长足的进步，还使他们对自己的职业目标和行业发展有了更加清晰的认识。这一转变无疑是学生从学术理论走向职业实践的重要桥梁，为他们的职业生涯奠定了重要的基础。

（三）从初学者到职业实践者

1. 初学者的角色

酒店管理本科生在实习初期，通常处于职业生涯的起步阶段，作为初学者，他们对酒店的日常运营和管理流程还不够熟悉，工作技能和专业知识也处于相对基础的水平。在这一阶段，学生的主要任务是通过实际工作中的参与和观察，逐步积累经验。由于缺乏实践经验，他们需要在导师或上级的指导下，循序渐进地掌握工作所需的技能。这一阶段的学习过程不仅是对课堂理论的延伸，更是将理论知识转化为实际操作能力的重要环节。

初学者通常会被安排在酒店的前线岗位，如前台接待、客房管理、餐饮服务等。这些岗位虽然看似基础，却是酒店运营的核心环节之一，也是学生了解整个酒店运营体系的起点。通过这些简单但关键的任务，学生能够锻炼自己的基本技能，逐步适应酒店行业的工作节奏和标准要求。例如，在前台接待工作中，学生需要学习如何专业地迎接客人，如何为客人办理入住和退房手续，如何使用酒店的管理系统记录客人的信息，以及如何回答客人提出的各种问题。这些看似琐碎的工作，实际上是培养学生细心、耐心和服务意识的关键环节。

在这个阶段，学生的学习方式主要以模仿和重复为主。根据社会学习理论，初学者通过观察和模仿资深员工的工作方式，逐步掌握处理实际问题的技巧和方法。这种学习方式强调实践中的学习。通过不断重复同样的任务，学生能够在潜移默化中积累经验，逐渐提高自己的操作熟练度和应变能力。例如，学生在前台工作时，可以通过观察资深员工如何应对各种客户需求，学习如何高效地处理客人的投诉，如何在忙碌的环境中保持冷静和专业。

此外，这一阶段的学生更多的是被动地接受任务，着重于基础技能的积累。这种被动接受的过程虽然看似简单，却是职业发展的基石。学生在执行这些基础任务的过程中，不仅能够巩固所学的理论知识，还能够培养职业素养和工作态度。通过不断地重复练习，学生会逐渐从"会做"转变为"熟练做"，并在实际操作中形成对行业的初步认识，为未来承担更复杂的工作任务打下坚实的基础。

酒店管理专业本科生在实习初期的角色定位主要是学习者和执行者。通过在基础岗位的历练，他们不仅能逐步掌握酒店运营的基本技能，还能在实际工作中锻炼自己的观察力、沟通能力和问题解决能力。这一阶段的积累虽然是职业生涯的起步，却是未来成为酒店行业专业人士不可或缺的成长过程。

2. 角色转变

随着实习的深入，学生逐渐从初学者过渡到职业实践者的角色。在这一阶段，学生开始具备一定的自主工作能力，并能在没有太多指导的情况下独立完成工作任务。学生不仅仅是执行者，还逐渐成为问题的分析者和解决者，能够在实际工作中应用所学的理论和技能。

职业生涯发展理论指出，个体在职业发展过程中会经历从探索期到成长期的转变。实习作为学生职业发展的重要阶段，标志着他们从职业探索进入了职业实践的阶段。在这一阶段，学生不仅能够掌握具体的工作技能，还开始培养管理能力和领导力。例如，学生可能会参与团队管理，负责协调员工的工作，或者在餐饮部门中担任助理经理的角色，帮助管理日常运营。

这一角色的变化也反映了学生对职业身份的认同感增强。通过实习，学生不再仅仅是酒店管理专业的学习者，他们开始将自己视为未来酒店行业的职业实践者。这一转变对于学生未来的职业选择和发展具有重要意义。

（四）从实习生到潜在职业人

1. 实习生的角色

酒店管理专业本科生在实习中的角色与正式员工有所不同。他们的工作内容和职责通常较为基础，且受到一定的监督和指导。实习生的主要任务是通过完成日常工作任务积累经验，并从中学习如何成为一名合格的酒店管理从业者。

2. 角色转变

在实习的后期，许多学生逐渐超越了实习生的身份，开始向潜在职业人的角色转变。这意味着学生不再仅仅是被动接受任务的实习生，他们开始主动为酒店运营提供建议，并在工作中展现出管理和领导的潜力。例如，一些学生可能会被委派负责一个小团队的管理任务，或者参与酒店的战略规划讨论。这种角色的转变反映了学生在实习中表现出的职业素养和工作能力。

人力资本理论认为，教育和实践是个体提升自身价值的重要手段。实习作为职业教育的重要环节，使得学生通过积累工作经验提升了自身的人力资本。随着角色的转变，学生的职业身份逐渐形成，他们开始具备独立工作的能力，并为未来的职业发展做好了准备。

这一转变的意义在于，学生在实习结束后能够更快地适应正式工作的要求，并且在进入职场时具备更高的起点。一些表现优秀的实习生甚至可能在实习结束后直接获得全职工作的机会。这种从实习生到潜在职业人的角色转变，为学生的职业生涯奠定了坚实的基础。

（五）角色转变的理论支持

1. 角色理论

角色理论指出，个体在不同的社会环境和情境中会承担不同的社会角色，并且角色的期望和规范会对个体的行为产生重要影响。在酒店管理实习的过程中，学生的角色转变是一个典型的角色认知过程。通过逐渐适应从学生到实习生再到职业人的角色期望，学生不断调整自己的行为模式，逐渐适应新的社会角色。

这种角色认知的过程有助于学生在实习中建立职业身份，并为他们未来在职场中的角色转变奠定基础。例如，学生在实习初期可能感到陌生和不适应，但随着实习的深入，他们逐渐学会如何应对酒店中的复杂工作环境，并在这一过程中增强了自信心，提升了职业能力。

2. 社会认知职业理论

社会认知职业理论强调，个体的职业选择和发展受到自我效能感、结果预期和个人目标等多种因素的影响。在酒店管理实习过程中，学生的自我效能感逐渐增强，他们通过完成实际工作任务，增强对自身职业能力的信心。同时，实习中的成功经验和积极反馈也增强了他们对未来职业发展的预期，激发了他们对酒店管理行业的兴趣。

这一理论解释了为什么许多学生在实习结束后选择继续从事酒店行

业。实习期间的正向经验增强了他们的职业自我效能感，并促使他们将酒店管理作为未来的职业选择。

（六）总结

本科生在酒店管理实习中的角色转变是一个复杂且多层次的过程，涉及从理论学习者到实际操作者、从观察者到积极参与者、从初学者到职业实践者、从实习生到潜在职业人的多重转变。这一过程不仅反映了学生的职业成长，也是他们建立职业身份的重要阶段。通过实习，学生不仅获得了宝贵的工作经验，还在实际操作中提升了职业能力和管理水平。

角色认知理论和社会认知职业理论为这一过程提供了理论支持，解释了学生在实习中的行为变化和职业选择。最终，这一角色转变过程有助于学生顺利从校园过渡到职场，并为他们未来的职业发展奠定坚实的基础。

通过理解和关注这一角色变化过程，酒店管理教育者和企业可以更好地支持和引导学生的职业成长，为行业培养出更加优秀和适应性强的管理人才。

第二章 前厅管理实习案例分析

一、前台接待中的客户服务

酒店前台工作人员在日常工作中会遇到各种问题和困难。这些问题和困难可能会影响客户的入住体验。酒店前台工作的问题和困难主要包括以下几个方面：

（1）高峰期的压力管理。在酒店入住和退房的高峰时段，前台工作人员常常面临大量客人同时办理手续的情况，可能会导致等待时间延长，进而影响客户体验。这种情况下，如何快速高效地处理事务并安抚等待中的客人成为一大挑战。

（2）处理客户投诉与特殊需求。前台经常需要面对各种投诉，如房间安排不满意、设施问题或服务不达标等。此外，客人的特殊需求（如房间升级、延迟退房等）也需要及时处理。对此，前台人员需要具备良好的沟通技巧和应变能力，以确保客户满意。

（3）语言与文化差异。酒店接待来自不同国家和文化背景的客人，语言不通或文化差异可能会导致沟通困难，影响服务质量。对此，前台人员需要具备基本的多语言能力和文化敏感度，确保与不同客人有效沟通。

（4）技术操作的熟练度。前台工作人员需要熟练使用酒店管理系统，快速完成入住、退房、账单结算等操作。如果对系统操作不够熟悉，容易导致工作延误或出错，从而影响客户体验。

（5）突发事件的应对。如系统故障、房间超售等突发情况需要前台人员快速反应，采取有效的应急措施，保持秩序和服务质量。

这些挑战要求前台人员具备良好的抗压能力、沟通技巧和应变能力，以确保客户在入住体验中感到满意和愉悦。

下面呈现一些来自酒店管理专业本科生经历的案例，再现这些挑战与困难，再由专家学者进行解读分析，给出一些解决的方案或建议，帮助学生在以后的学习工作中，能够更好地解决这些问题，为客人提供更好的服务。

案例1：入住与退房同时处于高峰时的高效服务策略

案例描述：

在酒店实习的时候，我在一家高档商务酒店的前厅部进行了为期三个多月的实习。实习期间，我经历了一次特殊的考验——一次入住与退房高峰期的重叠。这天，酒店的入住率几乎达到满员，同时有多位客人需要在同一时段退房。这一情况使得前台的工作压力骤增，前台排起了长队，客人的不满情绪也随之上升。

那天上午10点以后，大量的客人同时来到前台办理退房手续，队伍很长。从11点开始，另一批客人陆续到达酒店，要求办理入住。由于退房与入住的高峰期重叠，前台办理速度明显滞后，队伍越来越长，不少客人表现出焦躁情绪，开始询问和抱怨。

作为实习生，我意识到，如果不尽快有效解决这次的服务瓶颈，不仅会影响客人的入住和退房体验，还可能引发投诉，损害酒店的声誉。因此，我迅速与当班的前台主管及其他同事沟通，大家一起制定了应对方案。

（1）分配专人处理退房。为了快速为退房客人服务，我和一名同事被分配专门负责退房任务。我们利用自助退房设备，引导客人自助完成结算。对于不熟悉设备的客人，我们提供了详细的指引，帮助他们快速完成操作。

（2）设立临时 VIP 快速通道。考虑到一些重要客人有紧急入住需求，主管决定临时设立一个 VIP 通道，专门用于处理贵宾客人的入住。我们让一位经验丰富的前台同事专门负责这条通道，确保重要客户的优质服务体验。

（3）安排礼宾部协助。为了加快退房速度，我们请求礼宾部协助处理离店客人的行李，并为提前到达的入住客人提供临时行李寄存服务，让他们在大堂或酒店咖啡厅稍作休息。

（4）及时沟通与安抚。在整个高峰期，我与团队成员轮流在前台排队区域巡逻，主动与等待中的客人沟通，解释由于高峰期的短暂等待，并为他们提供免费的饮品券和报刊，缓解他们的焦虑情绪。我们还向客人承诺会尽快为他们办理入住或退房，传递酒店对服务质量的重视。

最终，经过团队的通力合作，在中午 12 点前，退房的队伍基本处理完毕，而下午 2 点时，所有入住客人也都顺利完成了登记手续。虽然当天的前台工作较为忙碌，但我们妥善解决了客人的不满情绪，且避免了投诉，确保了服务质量。

案例分析：

（1）分工明确，团队合作。在高峰期，前台部通过合理分工，解决了由于退房和入住重叠带来的问题。每个人在紧急情况下都有清晰的任务，避免了混乱和效率低下。

（2）客户沟通与安抚。通过主动与客人沟通解释，前台团队在高峰期有效安抚了等待中的客人。这不仅使客人更有耐心、更理解酒店前台工作人员，还增强了酒店与客人之间的信任感。提供饮品券等额外服务也为酒店形象增添了正面影响。

（3）技术的辅助作用。自助退房设备在这次事件中发挥了重要作用。通过合理引导和帮助客人使用自助设备，退房效率得到了较大的提升。此外，这种高效的服务方式也为客人带来了更好的体验。

改进方案：

尽管此次事件处理得较为妥当，但仍能从中总结出一些可以进一步优化的改进措施：

（1）加强高峰期的人员配置。酒店应根据预估的入住率和退房率，提前安排足够的前台员工及支援人员，如临时增加礼宾部、人力资源部等相关部门的支援，确保高峰期有足够人手进行应对。

（2）提升自助设备的使用普及率。自助退房设备在缓解退房压力时发挥了重要作用。未来，酒店应加强客人对这些设备的使用培训，如在客人入住时就提前告知他们如何使用自助设备退房，或者通过简短的教学视频来提高自助服务的普及度。

（3）建立排队管理系统。可以引入数字排队管理系统，让客人可以通过手机 APP 或短信实时查看排队进度，缓解客人现场排队的焦虑。该系统还能在高峰时段自动调配前台资源，实现更智能化的服务管理。

（4）制定前厅部的应急预案。酒店应制定并定期演练应急预案，确保在类似高峰期来临时，各个部门能够高效协同合作。例如，提前设立高峰期的"快速服务通道"，为退房及入住的客人分流，进一步提高整体效率。

理论支撑：

（1）团队合作理论。根据贝尔宾团队角色理论，一个高效的团队往往是由具有不同角色的成员组成，这些角色包括协调者、实施者、创新者等，每个角色在团队中都扮演着至关重要的作用。协调者通常负责引导团队的整体方向，确保每个成员的贡献得到合理整合；实施者则专注于将计划转化为行动，确保工作任务能够按时完成；创新者则常常为团队带来新颖的观点和解决方案，推动团队在复杂的环境中寻求突破。

在本案例中，前台团队的成员分工明确，每个人都承担了与其能力相匹配的角色。例如，协调者可能负责在高峰期有效分配工作，确保团队整体运转顺畅；实施者则专注于具体的任务执行，如快速处理客户的入住和退房手续；创新者可能提出了使用额外服务（如饮品券）来安抚等待时间过长的客人。通过这种合理的角色分配，团队能够在高峰时期快速响应顾客的需求，并保持高效的工作状态，从而提升整体服务水平。

（2）服务质量理论。该理论提出，服务质量可以通过五个关键维度进行衡量，即有形性、可靠性、响应性、保证性和移情性。这五个维度共同构成了顾客对服务质量的总体感知，是服务行业评估服务绩效的重要标准。

在本案例中，前台员工通过多方面的努力体现了这些服务质量的维度，尤其是在响应性和同理心方面表现突出。首先，前台员工在高峰期迅速反应，快速处理顾客的需求，表现出了高度的响应性，这直接提高了顾客的满意度。其次，前台团队通过安抚情绪激动的客人，并提供额外的服务，如饮品券，以弥补客人等待时间过长带来的不便，这种举措展现了前台员工的同理心，使顾客感受到被关心和重视。这种贴心的服务不仅赢得了顾客的信任，也提升了酒店的整体品牌形象。

（3）情境领导理论。该理论强调，领导者应根据不同的情境灵活调整领导风格，以达到更好的管理效果。具体而言，该理论提出了四种主要的领导风格：指示型、教练型、支持型和授权型。每种风格都适用于不同的发展阶段和任务复杂度的员工。

本案例中，前台主管充分运用了情境领导理论，特别是在高峰期的紧张环境下，灵活地采用了"指示型"和"支持型"相结合的领导风格。主管一方面明确了每个员工的职责和任务，确保在高峰期间没有疏漏；另一方面，为员工提供了必要的支持和协调，帮助他们解决在执行过程中遇到的困难。通过这种方式，主管不仅提高了团队的工作效率，也在员工之间营造了良好的协作氛围，确保整个团队能够顺利度过繁忙时段，从容应对各种挑战。

结论：

此次入住与退房高峰期的事件不仅是对团队合作能力的一次重要考

验，也凸显了在应对复杂和紧急情况下有效领导力和沟通的重要性。在整个过程中，团队成员通过合理的分工，明确了各自的职责和任务，确保了每个环节的无缝衔接。此外，团队内部的有效沟通在此次事件中起到了关键作用。无论是面对突发情况的快速反应，还是对资源的灵活调配，所有这些都依赖于团队之间顺畅的信息传递和协同合作。同时，技术支持也在其中发挥了不可忽视的作用，如酒店管理系统的高效运作帮助前台团队加快了处理速度，减少了客人的等待时间。

通过这些措施，酒店不仅成功地应对了这次高峰期的挑战，还在过程中维持了良好的客户满意度，避免了因服务延误而可能导致的客户投诉或不满。这一经验表明，面对高峰期的压力，只有在团队合作、领导力和沟通方面达到高度协同，才能实现预期的服务效果。

展望未来，酒店可以通过进一步优化人员配置，如增加在高峰期的员工数量或灵活调整班次安排，确保有足够的人力资源来应对大量客人的需求。此外，自助设备的推广也将是提升效率的重要手段，如自助入住和退房机可以有效分流前台的工作压力，使客人能够更加快捷地完成入住和退房流程。最后，引入排队管理系统可以更好地管理和疏导客流，减少客人在高峰期的等待时间，从而提升整体客户体验。通过这些措施的实施，酒店将在未来的高峰期中更为从容地提供优质服务，进一步巩固其在市场中的竞争优势。

案例 2：优化行李服务——酒店礼宾部行李员工作失误及改进方案
案例描述：

我在一家五星级酒店实习的时候，担任酒店礼宾部的行李员，主要职责包括帮助客人搬运行李以及为客人安排接送机服务。由于酒店推出了一个"1688"促销活动，包含两晚房费、早餐和接送机服务，因此我们需要处理大量客人接送机的预订。根据规定，接送机服务需要提前三天预订。

　　一天，我接到一位女士的电话，她预订了接机服务。我像往常一样在系统里输入了她的预订信息，并生成了车单。然而，当天酒店住房率较高，我在录入完信息后立即忙于其他工作——帮助客人寄存行李。由于工作繁忙，我一时疏忽，忘记了确认和保存这条预订信息。

　　两天后，我正休假，同事打电话告诉我，说这位女士的接机服务出错了。客人已经抵达机场，却没有车辆接机。为了弥补这个错误，大堂副理立即安排了专车将客人接到酒店。虽然客人表示理解，但这次失误给我们的工作造成了一定的困扰。

　　事后我了解到，预订信息之所以没有在系统中显示，是因为我输入信息后，由于立马去忙别的事情，就忘记点击保存。此外，那个晚上负责检查接送机预订的同事是新手，刚独立值夜班，尚未完全熟悉流程。因此，这两个因素碰在一起，导致了此次工作失误。

　　回到岗位后，我立即撰写了情况说明书，并向经理报告了此事。经理表示理解，并原谅了我的失误，但也对我进行了耐心的教导。他指出，职场中没有任何工作是简单的，每项任务都需要细心对待。如果犯了错误，最受影响的往往是我们自己，因此在工作中必须始终保持高度的警惕性和责任感。

　　案例分析：

　　在本案例中，问题的核心源于工作流程中的疏漏和经验不足，导致了服务的失误。这一事件暴露了多个方面的问题，其主要原因可以归纳为以下几点：

　　（1）工作量大导致疏忽。由于当天酒店的住房率非常高，前台的工作负荷也相应增大。繁忙的工作环境使得员工在处理多项任务时容易产生疏忽。在具体的操作中，员工在处理完接送机预订后，因忙于其他事务，未能及时核对和保存相关信息，最终导致后续服务安排的缺失。这种疏忽直接影响了客户的体验，也表明在高压环境下，员工需要更强的任务管理能力和警觉性。

（2）对工作流程不熟悉。夜班员工由于经验尚浅，未能及时识别并纠正操作中的错误，这在一定程度上加剧了问题的严重性。经验不足使得夜班员工在面对突发情况时难以迅速采取适当的补救措施，从而未能有效避免问题的扩大。这一问题反映了在新员工培训和指导方面的不足，特别是在工作流程的熟悉度和应对突发状况的能力上，需要进一步加强。

（3）内部沟通不足。在员工休假期间，有关接送机服务问题的反馈未能及时通过内部系统或其他有效沟通渠道传达到相关人员手中，导致问题在没有得到解决的情况下继续发展。这种沟通不畅不仅影响了服务的顺畅性，也暴露了酒店内部沟通机制的缺陷。尤其是在涉及跨班次的工作交接时，缺乏清晰的沟通和信息传递渠道，很容易导致任务的遗漏或错误处理。

整体而言，本次服务失误暴露了在面对高工作量时的操作规范不完善、员工经验不足和内部沟通不畅等问题。为避免类似事件的发生，酒店应加强对员工的培训，完善工作流程，并建立更加有效的沟通和信息反馈机制，确保服务的每一个环节都能得到充分保障。

改进方案：

为了避免类似事件发生，酒店可以从以下几个方面进行改进：

（1）优化工作流程，严格执行预订确认制度。对于接送机等重要的预订服务，应该在系统中设立多重确认机制。在录入信息时，除了基本的保存按钮，还可以引入自动提醒功能，在信息未确认或保存的情况下，系统应向相关工作人员发送提示，以防信息遗漏。

（2）加强人员培训和经验传承。对新员工应进行全面的培训，包括应急处理、系统操作和服务细节等方面。尤其是在接送机预订、入住高峰期和服务跟进上，应培养员工的全局意识，确保新手能独立处理紧急情况。此外，可以建立"经验传承"制度，让资深员工定期与新人分享经验，帮助其尽快融入工作。

（3）完善内部沟通机制。建立清晰的工作交接制度，尤其是在休假期间，可以通过邮件或内部系统安排专人负责监督未完成的任务。同时，团队内部应保持良好的沟通，定期检查和跟进每个环节的执行情况，确保每项服务都有专人负责。

（4）服务质量监控与反馈系统。酒店应设立接送机服务的质量监控系统，实时追踪每一项预订的执行情况，如果发现任何异常，应立即向相关员工发出警报，以便及时调整。此外，酒店也应确保客人通过手机或其他手段接收到接送机预订的确认信息，方便客人核对并及时反馈。

理论支撑：

（1）全面质量管理理论。该理论指出，在酒店服务中，全员参与和持续改进是提升服务质量的关键，通过优化流程、完善培训、加强沟通，可以有效提升酒店的服务水平，降低失误率。

（2）PDCA循环。该理论强调计划、执行、检查和改进的持续循环。针对案例中的问题，酒店可以通过设定明确的接送机预订流程（plan），执行时严格按照流程操作（do），定期检查预订信息和服务执行情况（check），最后根据反馈进行调整和优化（act）。

结论：

此次事件揭示了酒店在工作流程、人员培训和内部沟通方面存在的显著不足。这些问题虽然在个别环节中表现出来，但从整体上来看，却暴露了酒店管理的缺陷。如果这些问题得不到及时的解决，可能会对酒店的服务质量和客户满意度产生不利影响。

首先，在工作流程方面，缺乏有效的监控和审核机制是导致此次服务失误的主要原因之一。为了防止类似事件发生，酒店需要引入多重确认机制，确保每一项重要操作都能得到及时的复核。例如，在处理接送机预订等重要服务时，可以设置一个自动提醒和确认环节，以确保相关信息得到准确记录和妥善保存。通过这一机制，酒店可以大大降低因疏忽或信息丢失而导致服务失误的风险。

其次，人员培训的不足也是此次事件的一个关键问题。新员工由于缺乏经验，往往在面对复杂或突发情况时显得手足无措。因此，有必要加强对员工的持续培训，特别是在高压工作环境中的应对能力。此外，培训内容还应包括对酒店工作流程的深入理解和实践操作的模拟演练，以确保员工能够在实际工作中灵活运用所学知识。通过这种方式，员工可以在工作中更加自信，从而减少因经验不足而导致的错误。

最后，内部沟通不畅是此次事件升级的另一个重要因素。在跨班次工作交接中，信息传递不及时或不完整，往往会导致工作任务的遗漏或延误。为解决这一问题，酒店应建立更加高效的沟通机制，如引入统一的内部沟通平台，确保所有相关信息能够及时共享给相关人员。此外，定期的跨班次会议和沟通培训也可以帮助团队成员更好地理解和执行各自的任务，避免信息传递中的误解或遗漏。

酒店可以借助全面质量管理理论和 PDCA 循环来持续优化服务流程。全面质量管理理论提供了一套系统的方法，用于衡量和提升服务的各个维度，从而帮助酒店识别和改进服务中的薄弱环节。而 PDCA 循环则是一种有效的持续改进工具，它强调通过规划、执行、检查和调整的循环过程，不断提升工作流程的效率。通过将这些理论应用到实际管理中，酒店可以在日常运营中不断优化服务流程，提高整体服务质量，并在竞争激烈的市场中保持优势。

总之，此次事件为酒店敲响了警钟，也为改进酒店的管理和服务提供了宝贵的契机。通过引入多重确认机制、加强员工培训、改善内部沟通，并结合全面质量管理理论和 PDCA 循环的应用，酒店可以在运营中减少失误，提升客户满意度，从而推动自身的长远发展。

案例 3：一次因沟通不畅引发的投诉风波
案例描述：
2020 年 12 月 25 日，正值圣诞节，重庆一家五星级酒店的前台一如既往地忙碌。那天，我在前台负责办理入住手续。当一位看起来非常讲究的男士走过来时，我用平常的微笑迎接，并按照标准流程为他办理入住。当我询问他的押金支付方式时，这位客人突然用英语快速地回应了我。

由于我的英语水平有限，加上客人的语速较快，我并没有完全听明白他的意思。为了确保万无一失，我又礼貌地问了一遍。然而，当客人再一次回答后，我依旧没能理解他说的内容。正当我准备第三次请教时，这位客人显得有些不耐烦了，直接用严厉的语气要求道："叫你们经理来。"

我心中立刻泛起一丝不满和委屈。带着这样的情绪，我勉强按客人的要求叫来了经理。经理很快处理了这件事情，并要求我继续完成这位客人的入住手续。然而，由于之前的不愉快，我对这位客人产生了偏见。在接下来的办理过程中，我几乎没和他再进行任何必要的沟通。

入住手续完成后不久，我们经理接到了一通投诉电话。经理匆匆走到我面前，语气严厉地质问："在办理入住时，你是不是没有向客人核对房型？"我愣住了，回应道："没有核对，但我给他免费升级了房型。"经理失望地摇了摇头，显得很无奈："你是升级了房型，但你没有告诉他这一点，他就抓住了这个漏洞来投诉。你知道他在电话里说了什么吗？第一，你没有向他核对房型；第二，他说自己作为酒店的高级VIP，从来没有遇到过酒店前台不为他安排套房的情况，这让他感到非常不开心。"

我意识到，自己的情绪和沟通不足不仅让客人不满意，还给酒店带来了负面影响。

改进方案：

为了解决这个案例中存在的问题，并避免类似情况发生，酒店应采取以下措施：

（1）加强语言和沟通培训。酒店应为前台员工提供更多的语言和沟通技巧培训，尤其是在处理与不同背景客人的交流方面。通过提升外语水平和跨文化沟通能力，员工可以更好地理解客人的需求，减少误解和冲突。

（2）加强情绪管理和服务意识培训。前台员工需要掌握情绪管理技巧，避免将个人情绪带入工作，尤其是在面对具有挑战性的客人时。培训应包括如何保持冷静、如何专业地处理不愉快的交流，并继续提供高质量的服务。

（3）完善标准化沟通流程。在办理入住时，前台应遵循一套标准化的沟通流程，确保每一步都得到确认和记录。例如，在升级房型时，应明确告知客人并征得其同意，避免因信息不透明而引起的投诉。

（4）强化客户反馈和跟进机制。在发生投诉后，酒店应有一套快速反馈和处理机制，及时与客人沟通，了解其不满之处并进行解释和安抚。同时，酒店管理层应总结此次事件的经验教训，并在全体员工中分享，以避免类似问题的发生。

（5）培养员工主动服务精神。酒店应鼓励员工主动与客人沟通，超越客人期望，提供个性化服务，即使在不利的情况下，也应保持积极的服务态度，主动寻求解决方案，赢得客人的信任。

通过这些措施，酒店可以有效提高前台员工的沟通技巧和情绪管理能力，减少因沟通不畅带来的投诉，提升整体服务质量和客户满意度。总之，酒店员工不仅需要技能，更需要用一颗理解和包容的心去面对每一位客人。

案例4：沟通不畅下的客户投诉
案例描述：

客人A和客人B是同一家公司的员工，他们分别以不同的方式预订了同一家酒店的房间。客人A选择了通过微信平台进行预订，并预订了酒店的风尚套间。这类房型属于酒店的高档房间，房间设计精美，设施齐全，提供舒适的居住体验，颇受商务人士和高端旅行者的青睐。微信平台显示当天的房价为 588 元／晚，并且包含一份单人早餐，性价比相当不错。客人 A 对这个预订感到满意，认为自己不仅选择了舒适的房型，价格也较为合理。

另一方面，客人 B 则通过较为传统的电话方式直接联系了酒店的预订部门。为了节省费用，客人 B 选择了酒店最为基础的房型——基础大床房。这种房型是酒店中最便宜的，房间设施较为简单，适合追求实惠的住客。然而，当客人 B 到达酒店前台办理入住时，却被告知房价为 615 元／晚，且不包含早餐服务。这个价格比客人 B 预期的要高出不少，且与客人 A 的预订条件相比，显得尤为不公平。

在办理入住时，客人 B 曾向前台服务员 A 询问，是否有其他更优惠的订房渠道，希望能够通过咨询获取一些折扣或优惠信息。然而，前台服务员 A 并未向客人 B 提供微信平台的优惠预订信息，导致客人 B 错失了一个更便宜的预订机会。虽然当时客人 B 未对此表现出过多的不满，但内心对酒店的服务有所疑惑。

事后，客人 B 与客人 A 见面时，无意中得知了客人 A 的预订情况。这让客人 B 非常不满，因为他发现客人 A 不仅预订到了更高档次的房间——风尚套间，而且房价还比自己的基础大床房便宜了 27 元，并且还包含早餐服务。这个对比让客人 B 感到自己受到了不公平的待遇，认为酒店没有提供透明的预订信息，尤其是前台未能如实告知微信预订的优惠。

于是，客人 B 立即回到酒店前台，找到另一位服务员 B，要求解释为何自己没有享受到与客人 A 类似的优惠。这时，服务员 B 才向客人 B 解释，通过微信平台预订确实可以享受一些专属优惠。而这一解释更加激起了客人 B 的愤怒，他认为酒店前台的服务存在严重问题，未能在办理入住时提供所有可能的预订渠道和优惠信息，导致自己花了更多的钱却住了条件差的房间。

因此，客人 B 对酒店的服务质量不满，认为前台工作人员未能履行应有的职责，导致他错失了优惠价格。这一不满情绪在前台迅速升级，客人 B 与前台工作人员 B 展开了激烈的争论，质问酒店的服务流程和信息透明度问题，甚至表示将对酒店的服务进行投诉。经过一番争论，前台最终表示会对这一情况进行内部调查，并向客人 B 表达了歉意，但客人 B 的体验已受到了影响，情绪仍然未得到平复。

在意识到问题的严重性后，前厅部副经理立即与客人 B 取得联系，了解了事件的全过程，并认真倾听了客人的抱怨。首先，副经理安排服务员 A 向客人 B 正式道歉，并解释了微信预订优惠政策：通过微信平台预订的房间价格较为优惠，但这种价格仅在微信预订时适用。为了弥补前台未及时告知优惠渠道的失误，酒店主动为客人 B 免费升级至豪华客房。

为了进一步表达歉意和感谢，酒店还赠送了客人酒店的专属优惠券和一份小礼品。通过这些补救措施，客人 B 的情绪得到了平复，且在微信平台上给予了酒店正面反馈，称赞酒店的投诉处理快速有效，感受到了酒店优质的客户服务，并表示今后将继续支持酒店。

改进方案：

基于理论分析，酒店在处理客户投诉时可以进一步提升以下几方面：

（1）提升信息透明度。前台人员在面对客户询问时，应确保全面告知所有可用的预订渠道和价格政策，避免类似信息不对称的情况发生。酒店应定期对员工进行价格与预订渠道培训，确保员工能准确回答客户的相关问题。

（2）加强员工培训与服务意识。通过培训提高员工的服务意识，尤其是在客户提出询问时，员工应具备主动告知客户优惠渠道的意识，避免让客户产生"被忽视"的感受。

（3）建立及时反馈机制。酒店应设立内部反馈机制，当出现类似投诉时，能快速响应并制定相应的改进措施，确保未来能够有效避免类似问题。

通过这些措施，酒店不仅可以提升客户的满意度，还能够通过良好的客户体验建立长期的客户关系，进一步推动业务发展。

理论支撑：

要处理好此类案例，酒店需从服务质量、客户关系管理和顾客感知公平性三个理论角度来优化处理方案。

（1）服务质量理论。该理论强调的五个服务质量维度，即有形性、可靠性、响应性、保证性、移情性，均在此次案例处理中有所体现。首先，服务员 A 未能及时响应客户关于优惠渠道的询问，反映了酒店在响应性和可靠性方面的不足。为了挽回局面，副经理迅速做出反应，通过道歉、解释和实际行动（房间升级）弥补了这方面的失误，体现了保障性和移情性。酒店还通过赠送优惠券和小礼品增强了服务的有形性，进一步提升了客户的体验感。

（2）客户关系管理理论。该理论强调客户满意度和客户忠诚度的培养。在本案例中，酒店通过及时回应客户投诉，采取积极的补救措施，重新赢得了客户的信任。客人 B 的正面反馈说明，酒店成功将潜在的不满转化为忠诚度，避免了负面口碑的传播。

（3）顾客感知公平理论。顾客感知公平理论强调，当顾客认为服务不公时，他们的满意度会大幅下降。客人 B 得知客人 A 订购的房型更好且价格更低时，产生了强烈的不公平感，这也是本次争论的主要导火索。对此，酒店采取了实质性补偿措施（免费房间升级）以及象征性补偿措施（优惠券和礼品的赠送），有效化解了客户的不满情绪，体现了酒店对客人需求的重视。

二、客户投诉应对策略

案例 1：以沟通为基础的客户投诉解决方案

案例描述：

在一次接待过程中，我负责引领一位中年女性客人并帮她搬运行李前往房间。一路上，我热情地向她介绍了酒店的各项设施，起初她表现得非常平静，也与我轻松地交谈。然而，快到房间时，她的情绪突然转变，开始抱怨道："房间怎么这么远！"随着我们逐渐靠近房间，她的语气变得更加不耐烦："我可是提前说了有老人腿脚不方便，要求安排离电梯近的房间，你们前台到底在搞什么！"

面对她突如其来的愤怒，我第一时间冷静地安抚她，并立即与前台确认房间安排的具体情况。前台解释道，由于前一天的团队客人还未完全退房，较近的房间暂时无法腾出，而这位客人急着入住，所以先为她安排了一个远一点的房间，以便她能稍作休息。我将前台的解释告知了客人，但她似乎并不满意，情绪更加激动，甚至提高了嗓门大声说："我要见你们经理！"

见状，我保持冷静，继续安抚她的情绪，并陪同她前往前台。在发泄完情绪后，她突然要求我带她去见她同行的两位老年家属。当我们遇见两位老人时，我注意到她对他们的态度发生了显著变化，表现出极大的尊敬和关心。此时，我意识到这是一个解决问题的关键时刻。于是，我立即上前搀扶腿脚不便的老人，示意酒店的工作人员帮助搬运他们的行李。这一举动似乎让她的怒气逐渐消退。随着我持续表达的体贴关心，客人的情绪慢慢缓和，最终问题得以圆满解决。

处理分析与方案：

要解决类似的客户投诉问题，关键在于掌握以下几点：

（1）了解客户需求与情境背景。客户投诉往往源于需求未被满足或感受到的不公平。根据服务质量差距模型，客户期望和实际服务之间的差距是引发客户不满的主要原因。在本案例中，客人最初的需求是离电梯近的房间，以方便腿脚不便的家人，但酒店未能实现这一需求，导致了期望与现实之间的差距。因此，首先需要详细了解客人的需求并迅速做出解释，以避免误解升级。

（2）有效沟通，诚恳倾听。客人在表达不满时，情绪激动是常见现象。服务人员在面对客户情绪时，需展现出耐心和同理心。根据服务接触理论，每一次客户互动都影响着客户的感受。案例中的"我"一方面及时向前台确认问题，另一方面通过始终保持冷静的态度和诚恳的语言，确保了沟通顺畅，避免了冲突升级。

（3）主动观察，适时介入。有效的客户服务不仅在于回应客户的抱怨，还在于洞察客户的情绪变化，并适时介入问题的解决。在本案例中，当观察到客人在面对老年家属时态度变得尊敬，"我"迅速抓住了这个机会，通过主动协助老人，缓解了她的愤怒。这一策略符合顾客情绪管理理论，即通过主动满足客户的情感需求，来缓解负面情绪并提升客户满意度。

（4）寻求适当的解决方案。任何投诉的最终目标是妥善解决问题，恢复客户对酒店服务的信任。在无法立即满足客户最初需求的情况下，酒店可以通过补偿措施、升级房型或其他形式的善意表示来弥补不足。本案例中的处理方式符合服务补救理论，即在发生服务失误后，企业通过有效的补救措施，不仅可以化解客户的不满，还能提升客户的忠诚度。

案例 2：高效应对会议酒店中突发状况的客户投诉处理
案例描述：

2019 年底，正值会议型酒店的旺季，酒店接待了大量前来参会的客人。一天，两位参会的男士来到前台办理入住，二人相谈甚欢，看起来关系不错。然而，在办理入住的过程中，问题随之发生。其中，A 男士没有携带身份证件，而根据酒店的相关规定，所有客人在办理入住时必须出示有效证件。这一要求让 A 男士无法继续办理入住手续。为了尽快解决问题，A 男士决定跟随礼宾员前往附近派出所开具临时入住证明。在此过程中，A 男士还希望替同行的 B 男士支付房费，因此将支付房费的现金留在了前台。

由于酒店大堂并没有提供免费的休息区，两位男士的房间由会务组安排为同一间房，因此，作为前台接待员的我决定先为B男士办理入住手续，在办理完毕后将A男士留下的现金扣除预付的房费和押金后，把剩余的现金请B男士代为转交给他。A男士办完入住证明回到酒店时，我告诉他B男士已经先行回房间休息，而剩下的现金也已经交给了B男士代为保管。

听到我的陈述后，A男士突然情绪激动，态度变得非常恶劣，破口大骂，甚至质问我"是不是脑子有问题，听不懂人话"。他言辞激烈，情绪高涨。我一时间不明就里，感到极度委屈，对客人的指摘反应不过来，但幸好，当时我还能保持冷静，没有与客人正面冲突。这个时候，值班经理注意到情绪突变的客人，及时介入即将爆发的冲突，在了解原委后，向A男士解释了事情的经过。经过详细的解释和安抚，A男士的情绪才逐渐平息，随后领取房卡离开。值班经理告诉我，引发冲突的导火索就是我将A男士剩余的现金请B男士代为转交。值班经理说，不要仅凭自己看到客人相谈甚欢就代入自己的理解，认为二人关系密切，可以转交钱物等，今后所经手的现金余额或钱物都要退还给原来的客人，不要委托其他客人代为转交，以免引起客人间不必要的尴尬。

理论分析：

该案例中，A男士的愤怒源于沟通不畅和误解，这种情况在酒店行业中并不少见。要有效处理此类问题，必须从以下几个方面入手：

（1）服务质量模型的应用。服务质量理论强调五个关键维度：有形性、可靠性、响应性、保证性、移情性。在本案例中，前台服务员虽然根据酒店流程为客人办理了入住，但在沟通过程中未能体现出足够的移情性和可靠性，导致客人误解了服务员的好意。因此，在处理客户问题时，服务人员应更加注重客户的感受，确保每一步操作都得到客人的理解和认可。

（2）客户关系管理理论的运用。客户关系管理强调通过建立长期的客户关系来提升客户满意度和忠诚度。在本案例中，A男士情绪失控是因为他感到自己未被充分理解，并认为酒店员工没有尊重他的需求。值班经理的介入和耐心解释起到了关键作用，帮助化解了矛盾。这表明，在处理客户投诉时，迅速、有效的沟通和解释至关重要，酒店应培养员工在应对投诉时的灵活性和同理心，迅速平息客人情绪，避免冲突升级。

（3）顾客感知公平性理论的应用。该理论指出，客户在获得服务时会关注自己是否得到了公平对待。A男士可能认为自己留了现金，酒店应当直接将其保存，而不应转交给他人。这种感知的不公平性放大了他的情绪反应。因此，酒店在遇到类似情况时，应提前告知客人处理方式，确保每一步操作都能获得客人的认可。

解决方案：

基于理论分析，酒店应采取以下措施来优化处理此类客诉问题：

（1）优化沟通方式。前台人员在处理类似情况时，应加强与客人的沟通，确保每个步骤都与客人达成一致。在A男士将现金留在前台时，服务员应再次确认他是否同意将现金直接转交给B男士，避免后续因沟通不足而引发的误解。

（2）加强服务人员的培训。酒店应定期为前台和服务人员提供情绪管理与客户沟通技巧的培训，帮助员工学会在面对情绪激动的客人时保持冷静，并能迅速判断出客户情绪波动的根本原因。服务人员不仅要熟练掌握业务流程，还要学会在关键时刻提供额外的关怀与支持。

（3）预设应急处理机制。对于类似未携带身份证件的突发情况，酒店可以设立应急机制，提前为客人提供等待期间的便利服务，如在大堂提供免费的休息区或茶水服务，以减少客人的焦虑情绪。

（4）提升客户体验的细节服务。在处理类似问题时，酒店可以通过细节进一步改善客户体验。例如，客人未能携带身份证，酒店可以协助联系派出所，并为客人提供详细的交通指引，或安排专人送客人前往派出所，展现酒店的服务关怀。

三、房态管理与预订处理中的常见问题及解决策略

案例： VIP房卡重复分配引发的服务失误及应对策略

案例描述：

在某酒店，一批VIP客人即将到达，大堂副理提前将他们的房卡准备好并放置在前台，以便为贵宾提供便捷服务。然而，前台一名员工将房卡交给VIP客人后，未能及时在系统中进行相关操作。因而，有一个房间又被分配给了另一位普通客人。VIP客人将行李放入房间后暂时离开，第二位进入的客人则未发现该房间已经被VIP客人使用，正常入住并使用了房间的设施。

不久后，第二位客人在房间中发现了VIP客人的行李，感到疑惑并立即联系前台。大堂副理立即向第二位客人致歉并为他更换了房间，但还未来得及安排人员整理房间。结果，VIP客人回来后发现房间凌乱不堪，个人物品也被他人动用，感到十分愤怒，要求酒店给出合理解释。

最终，前厅经理亲自与VIP客人沟通，向其解释情况并表达诚恳的歉意，同时给予了适当的补偿，VIP客人原谅了酒店的失误。

案例分析：

该事件的核心问题在于酒店前台员工未能严格按照操作规范执行客房分配程序，导致VIP客人房间被重复分配。同时，在发现问题后，酒店管理层的应对措施存在滞后性，未能及时清理房间，进而加剧了VIP客人的不满情绪。

（1）系统操作流程不严谨。前台员工在将房卡发放后，没有及时在系统中进行更新，导致房间被错误分配。

（2）内部沟通不及时。当发现第二位客人进入VIP客人房间时，大堂副理虽然及时解决了当前问题，但未能同步安排清理工作，导致问题进一步恶化。

（3）服务细节管理缺失。对于 VIP 客人的服务标准未能落实到细节，尤其是在客房管理、信息更新和事后处理方面存在较大疏漏。

改进方案及理论支撑：

要处理并避免类似情况的发生，酒店需要从流程、员工培训和应急机制等多个方面进行完善。

（1）加强系统管理和操作规范。酒店的客房管理系统是确保房间分配准确的关键工具。因此，必须强化系统操作规范，确保每一位前台员工在为客人办理入住手续时，严格按照流程操作，做到"发卡即操作"。同时，酒店应对系统进行优化设计，增加自动化提醒功能，如员工未在规定时间内更新系统，系统自动提醒管理层或操作人员。

理论支撑：基于服务质量理论，标准化操作流程有助于减少人为错误，提升服务一致性。

（2）建立信息共享与内部沟通机制。酒店应建立高效的内部沟通机制，特别是在处理客房问题时，确保各部门之间的信息同步。例如，当房间出现异常情况时，前台应立即通知客房服务部门进行检查和清理，确保房间状态符合 VIP 客人的需求。

理论支撑：基于信息管理理论，信息的有效传递和共享是提高服务效率的关键因素，能够降低沟通成本和缩短响应时间。

（3）提升 VIP 服务标准与加强细节管理。针对 VIP 客人，酒店应制定更高的服务标准，落实到服务的每一个环节。比如，VIP 客房分配后，需加设特别标识以避免误操作，并定期查看房间情况。此外，在处理 VIP 客人的投诉时，应迅速响应并采取多部门联合应对，确保服务补救措施到位。

理论支撑：根据"期望差距理论"，顾客的不满往往源于实际体验与期望值之间的差距。加强 VIP 客人服务细节管理，有助于缩小顾客的期望差距，提升顾客满意度。

（4）建立紧急预案机制并定期进行员工培训。酒店应制定一套完整的紧急预案处理机制，并定期对员工进行培训，使其能够快速、高效地处理各种突发事件。针对类似房间分配失误的情况，酒店应制定明确的应对步骤，确保客人不受影响，减少事件对服务质量的负面影响。

理论支撑：应急管理理论指出，建立完善的应急预案有助于在突发事件中保持组织的正常运转，减少服务失误带来的损失。

此次事件的发生，反映了酒店在系统操作、内部沟通和 VIP 客人服务管理等方面的不足。通过加强系统管理、优化内部沟通机制、提升 VIP 服务标准以及建立紧急预案机制并定期进行员工培训，酒店能够更好地预防类似问题的发生。同时，基于服务质量理论和应急管理理论，这些改进措施不仅能够有效提高服务水平，还能够增强客户的信任感，提升客户的满意度。

四、前厅安全与紧急事件处理

案例： 酒店客人摔倒事故的处理与解决方案
案例描述：

2020 年 11 月下旬的一天，一个公司团队在重庆某酒店举行会议。当日室外有降雨，团队会务组成员 P 女士在早上 9 点左右进入酒店一楼大堂时，不慎摔倒受伤。酒店保安部迅速通知值班 GSM（宾客服务经理）。GSM 在现场发现 P 女士情况严重，决定立即将其送往医院治疗。随后，酒店 MOD（值班经理）和相关人员带着备用金推着轮椅将 P 女士送往医院。

P 女士被送达医院后，经过 X 光检查确诊腿部三处骨折，需住院进行手术治疗。酒店方面垫付了初步的医疗费用，共计 2000 余元。然而，P 女士的男朋友提出了多项额外要求，包括酒店承担后续所有医疗费用、陪护期间的日常用品、营养费用，并无偿借用酒店的轮椅直至 P 女士康复。面对这些要求，酒店 MOD 解释说，按照规定，酒店只能在责任确定后报销合理的费用，无法提前垫付所有治疗费用，并且现有备用金不足以支付全部开支。

尽管酒店解释清楚程序和责任，P 女士的男朋友仍坚持酒店需全额垫付费用，否则拒绝离开医院。最终，酒店 MOD 同意借用轮椅，但坚持其他要求需按照程序办理，才结束当时的僵持局面。

回到酒店后，相关监控录像显示 P 女士进入酒店时步伐较急，且她经过酒店大堂的三块防滑垫时摔倒。当天，酒店已经按照常规安排了防滑措施并张贴了地滑提示牌。经调查确认，P 女士摔倒是因脚底有雨水导致打滑，并非酒店的全部责任。因此，酒店只承担了部分医疗费用赔偿。

案例分析：

在这个案例中，主要的争议点在于事故责任的界定以及酒店是否需要承担全部的赔偿责任。P 女士的男朋友主张酒店应承担全部责任，要求酒店垫付所有费用，而酒店认为已采取了必要的防滑措施，不应承担全部责任。

根据酒店管理的相关理论及法律责任划分，酒店作为公共场所经营者，负有对顾客人身安全的注意义务。如果未能尽到合理的注意义务，如未及时清理积水、未放置明显的警示标志等，酒店可能要承担全部或主要责任。然而，在本案例中，酒店已经采取了适当的防滑措施，且有明确的提示标志，说明酒店尽到了合理的安全保障义务。P 女士摔倒的直接原因是脚底有雨水，这表明事故并非由酒店的疏忽直接导致，因而酒店只需承担部分赔偿责任。

处理方案：

为妥善解决该案例，酒店采取了以下处理步骤：

（1）第一时间救助。酒店在得知客人摔倒后，立即采取了救助措施，及时送客人前往医院，并提前垫付了医疗费用。这种做法展示了酒店对客人的关怀和高度的责任感，避免了进一步的纠纷升级。

（2）明确责任划分。通过调取监控录像、查看现场防滑措施，酒店确认已尽到合理的安全义务，因此并不需要承担全部责任。根据事实和相关法律法规，酒店仅需承担次要责任。

（3）坚持流程和原则。在面对客人额外要求时，酒店 MOD 及时做出回应，向客人解释了赔偿流程和责任划分，避免了随意答应不合理要求。酒店同意无偿借用轮椅显示了适度的灵活性和人性化服务，但同时坚持了其他赔偿需依照程序办理的原则。

（4）后续赔偿处理。事后，根据酒店内部规定和与客人协商的结果，酒店只承担了与其责任相符的部分治疗费用，避免了因无责任承担而造成的过度赔偿。

解决方案的理论依据：

根据《中华人民共和国民法典》和《中华人民共和国消费者权益保护法》的相关规定，经营者在提供服务时负有安全保障义务。若经营者尽到了合理的安全保障义务，但由于顾客自身行为导致损伤，经营者只需承担部分甚至不承担责任。本案例中，酒店已采取合理的防滑措施并进行了提醒，证明其已履行了相关的义务，摔倒原因与酒店管理的疏忽无直接关联。

此外，酒店的应对策略也符合危机管理理论中的"快速反应原则"和"控制情绪管理"原则。酒店在第一时间采取了积极的行动，确保客人的安全和基本需求，并通过合理沟通，化解了客人提出的过度要求，避免了事态进一步恶化。

总结：

此案例中，酒店通过快速反应、合理调查责任、坚持程序与原则，最终达成了一个相对圆满的解决方案。酒店不仅维护了自己的利益，还展示了对客人的人性化关怀。对于类似的意外事件，酒店应持续完善安全管理措施，保持与客人的良好沟通，同时依据法律与事实来合理处理赔偿问题，以维护企业声誉并降低经营风险。

五、团队合作与领导力在前厅中的作用

案例：前厅部团队协作与领导力应用实践——高峰期的挑战与解决方案

案例描述：

作为一名酒店管理专业本科生，我曾在一家五星级酒店的前厅部实习。酒店的前厅部是直接面对客人的服务窗口，负责办理入住、退房、客人咨询等工作。高效的团队协作和领导力在这一部门尤为重要，尤其是在酒店入住高峰期，任何细小的失误都会给客人带来不便。

在一个忙碌的周末，我们酒店的入住率达到了 90% 以上，前厅部面临较大的压力。当天不仅有大量的新客人办理入住，还有多个团体旅客到达，现场异常繁忙。就在这个时候，酒店系统突然出现故障，导致无法及时为客人办理入住。前厅部顿时陷入了混乱，等待办理入住的客人逐渐焦躁不安，投诉不断。

面对这种突发情况，前厅部的李经理展现出了卓越的领导力，迅速组织团队展开应急处理。他立刻召开简短的团队会议，明确分工并制定解决方案：

（1）前台员工继续安抚排队等待的客人，向他们解释系统故障的原因，并为他们提供免费饮品券以缓解焦虑。

（2）礼宾部主动帮助客人暂时寄存行李，让客人无须长时间等待，可以先去酒店休息区享用茶点。

（3）客服团队临时协助前台，通过手工登记的方式为客人办理入住，并告知客人将尽快通过手动方式解决他们的需求。

（4）李经理亲自与 IT 部门沟通，以尽快修复系统问题，并同时查看前厅情况，确保客人情绪得到安抚，服务有序进行。

整个过程持续了约一个小时，系统恢复正常后，团队快速完成了剩余客人的入住手续。最终，虽然经历了突发事件，但团队合作得当，加

上李经理的果断指挥，客人对酒店的处理方式表示理解，且整体满意度较高。

案例分析：

（1）团队合作的体现。此次突发事件得以顺利解决，主要依赖于前厅部团队成员之间的有效分工与协作。每位成员在关键时刻都能各司其职，及时应对危机。这种合作不仅提升了团队的工作效率，还缓解了客人的不满情绪，避免了投诉升级。

（2）领导力的作用。李经理的应变能力和领导力在此次事件中发挥了至关重要的作用。他在危急时刻迅速做出决策，临时调配人手，并积极与技术部门沟通，展示了作为管理者应具备的统筹和协调能力。此外，他在团队成员中树立了自信心，帮助他们保持冷静和有条不紊地处理问题。

处理方案：

为了确保类似事件得到更好、更迅速的处理，酒店前厅部可以采取以下改进措施：

（1）完善应急预案。酒店应针对系统故障、入住高峰等突发情况制定详细的应急预案，并定期进行模拟演练。应急预案中需明确每个团队成员的职责，以确保危机来临时，团队能够迅速响应。

（2）加强培训。前厅部员工的应变能力和情绪管理在突发情况下尤为重要。酒店应为员工提供系统化的培训，包括如何在高压力环境下保持冷静、如何向客人传达信息、如何快速解决问题等。提高员工的应急能力，可以有效减少类似事件对服务质量的影响。

（3）建立临时沟通机制。在危急时刻，快速、准确的沟通是关键。酒店应确保每位员工都能够通过内部通信系统或即时通信工具迅速联系到上级或相关部门，以便及时获得支持与资源调配。

（4）提升 IT 系统的稳定性，加强技术支持。在日常运营中，技术系统的稳定性对酒店的运作至关重要。酒店应定期进行系统维护，并与

IT 部门保持紧密合作，以防止系统崩溃或数据丢失。此外，应在高峰期安排技术支持人员驻守，确保突发问题能够得到快速解决。

理论支撑：

（1）团队合作理论。根据塔克曼（Tuckman）的团队发展理论，一个高效的团队需要经历"形成期（forming）—震荡期（storming）—规范期（norming）—成熟期（performing）"。前厅部团队在平时的默契配合是其在危急时刻能够迅速进入"表现期"的关键。通过充分信任和有效沟通，团队能够更好地应对挑战。

（2）情境领导理论。该理论由赫塞（Hersey）和布兰查德（Blanchard）提出，强调领导者应根据具体情境调整自己的领导风格。案例中的李经理展示了"指示型"领导风格，在危急情况下，他迅速做出决策，明确分工并监督团队执行，确保每位成员都能有效履行职责。

（3）服务质量理论。该理论指出，顾客的服务体验受到五大因素的影响：有形性、可靠性、响应性、保证性和移情性。案例中，前厅部通过提供饮品券、手工登记、礼宾服务等措施，展示了对客人的同理心和响应能力，这对于维护并提升客户满意度起到了积极作用。

结论：

本案例展示了在突发事件中，团队合作与领导力在酒店前厅管理中的重要作用。通过合理分工、有效沟通、果断决策，团队不仅成功解决了问题，还维持了高水平的客户服务体验。理论支持表明，优秀的团队协作和领导力是解决问题、提高客户满意度的关键。未来，酒店应在此基础上进一步完善应急预案，加强员工培训，确保团队在各类情境下都能从容应对挑战。

第三章 客房管理实习案例分析

一、 客房清洁与维护中的细节管理

酒店管理中的客房清洁与维护在整个运营体系中占据着至关重要的地位，它不仅直接关系到客人的入住体验，还对酒店的整体声誉和经济效益产生深远影响。干净整洁的客房环境能够大幅提升客人的舒适度和安全感。对于许多旅客而言，干净的床单、整洁的卫生间以及无瑕的地板都是他们选择酒店的基本标准，而这也是他们评估入住体验的首要因素之一。当客人进入房间后，看到整洁的环境，能够更快地放松身心，从而对酒店产生良好的第一印象。

良好的客房清洁能够提升酒店的整体形象，进而提高客户忠诚度。很多客人在入住体验良好时，往往会再次光顾，并向朋友或家人推荐这家酒店。而如果客房卫生出现问题，则不仅可能失去该名客人，还会导致负面的口碑效应。因此，保持高标准的客房清洁，不仅是提高顾客满意度的重要手段，也是提升酒店竞争力的关键所在。

除了清洁，客房内设备和设施的定期维护同样至关重要。客房中的各类设备，如空调、电视、热水器等，都会随着时间的推移而出现磨损或故障。如果不进行及时的维护，不仅可能给客人带来不便，还会导致设备的使用寿命缩短，从而增加酒店的维修成本。因此，定期检查和维护这些设施，可以有效降低故障发生的概率，减少因设备问题给酒店带来的经济损失。与此同时，设施维护的良好表现也会使客人感受到酒店对细节的重视，增强他们的信任感。

值得一提的是，客房清洁与维护中的细节管理是决定酒店服务水平的核心要素。具体来说，细节管理包括每日的清洁工作流程、设备保养计划以及清洁用品的合理使用等。这些环节的优化能够有效减少卫生死角的产生，确保房间每一处都保持高标准的清洁状态。此外，良好的维护计划不仅能够确保设备正常运行，还能为酒店节约成本，避免不必要的开支。

因此，客房清洁与维护不仅是酒店日常运营中的重要组成部分，更是提升酒店服务质量、提升客户满意度和忠诚度、确保酒店长期盈利的战略性环节。唯有重视这一方面，酒店才能在竞争激烈的市场中立于不败之地。

案例1：实习生的细节考验——一条未换的毛巾引发的服务改进
案例描述：

实习期间，我在一家五星级酒店的客房部工作，这段经历让我对酒店管理，尤其是客房清洁与维护的重要性有了深刻的认识。在实习的第三周，我遇到了一起典型的客房清洁与维护问题，这个案例让我深刻体会到了细节管理在酒店服务中的关键作用。

那天，我的工作任务是协助房务经理进行房间的例行检查。客房检查是酒店确保每一间房间达到标准的一项重要工作，尤其是在五星级酒店。客人的期望较高，任何微小的疏漏都可能引发投诉。在对一间刚刚打扫完的客房进行检查时，起初一切看起来都十分完美。房间内的床铺铺得整整齐齐，枕头和被子摆放得毫无瑕疵，地面打扫得一尘不染，浴室的镜子和洗手台也光亮如新。这样的整洁环境，给人一种舒适和高端的感觉，似乎已经达到了酒店的服务标准。

然而，就在我准备离开房间的时候，一个细节引起了我的注意——浴室的毛巾架上有一条毛巾显得有些凌乱。出于谨慎，我走近细看，发现这条毛巾上竟然有几处淡淡的污渍，看起来可能是上一位客人使用后没有被更换的。这种情况在日常的打扫中并不常见，但一旦发生，对客人入住体验的影响可能是巨大的。尤其是对于那些对卫生要求较高的客人，这样的疏忽无疑会让他们对酒店的管理水平产生怀疑，甚至可能导致不满与投诉。

意识到问题的严重性，我没有犹豫，立即将情况报告给了房务经理，并迅速将毛巾更换为全新的。我知道，如果这样的问题被客人发现，不仅会影响他们对房间卫生的评价，还会直接降低他们对酒店的整体印象，甚至影响酒店的声誉。五星级酒店的竞争激烈，稍有不慎，可能导致顾客选择别家，因此任何细节的管理都必须严格到位。

事后，房务经理不仅对我及时发现问题的举动表示了认可，还在团队会议中对这一事件进行了讨论。经理指出，酒店的每一位员工都应该具备敏锐的观察力和高度重视细节，因为只有通过严格的细节管理，酒店才能真正为客人提供超出预期的服务体验。这次事件让我深刻认识到，表面上的整洁和完美并不足以完全满足客人的期望，真正的高品质服务体现在每一个不易察觉的细微之处。

通过这次实习经历，我认识到了细节管理的重要性，也进一步理解了客房清洁和维护不仅仅是简单的日常操作，它们关系到酒店的声誉和客户的满意度。我坚信，今后无论在哪个岗位上，重视细节、追求完美将始终是我工作中的核心原则。

案例分析：

这个案例体现了高等级酒店服务管理中"细节决定成败"的核心原则。实习生通过敏锐的观察发现了毛巾未更换的疏漏，表面看似微小的失误，实则可能引发客户对酒店卫生标准的质疑，甚至影响品牌声誉。此事件暴露了客房清洁流程中的潜在漏洞：员工可能在完成"显性任务"（如铺床、地面清洁）后，忽视对细节（如毛巾更换）的二次核查。

从管理视角看，实习生及时上报问题并推动改进，反映了酒店内部

"问题响应机制"的有效性。房务经理通过团队会议强化细节意识，不仅是对个体的认可，更是对服务标准的重申，符合质量管理中"持续改进"的理念。此外，案例凸显了新员工视角的价值——实习生未被"流程惯性"束缚，更易发现被忽视的细节，这为酒店优化培训与监督机制提供了启示（如增设交叉检查环节）。

最终，事件从负面风险转化为改进契机，印证了"服务品质源于细节"的行业准则。酒店通过强化员工责任意识与流程管控，将潜在危机转化为提升客户信任的机遇，体现了高端服务行业"以客户体验为核心"的管理逻辑。

处理方案：

针对这个案例，酒店应采取以下措施来加强客房清洁与维护中的细节管理：

（1）强化培训和意识提升。酒店应加强对清洁人员的培训，尤其是对新员工和实习生的细节意识培养。培训应包括如何正确识别和处理未清洁或不符合标准的物品，如浴巾、枕套等。此外，酒店应通过情景模拟和定期检查，提高清洁人员的注意力和责任心。

（2）建立标准化操作流程。酒店应制定和完善一套标准化的清洁操作流程，确保每位清洁人员在清洁房间时有明确的步骤和检查清单。例如，清洁结束后，必须按清单逐项检查，确保所有物品都符合标准，特别是毛巾、床单等高频使用的物品。

（3）实施交叉检查制度。建议引入交叉检查制度，由不同的清洁人员或主管进行二次检查，以确保任何细节问题都能被及时发现和解决。交叉检查可以作为一种质检机制，有效防止因个人疏忽而产生的错误。

（4）引入激励与奖惩机制。为了激励员工重视细节管理，酒店可以引入奖励机制，对那些在细节管理上表现突出的员工给予适当的奖励。同时，也要有明确的惩罚制度，以确保员工在工作中保持高标准的责任心和细致的态度。

（5）建立反馈机制。建立员工反馈机制，鼓励清洁人员将工作中遇到的问题和挑战及时反馈给管理层，并定期召开会议，讨论改进措施和方案，不断优化清洁和维护的流程。

通过这些措施，酒店可以显著提高客房清洁与维护的整体质量，增强员工的责任感和细节意识，从而提升客人的满意度和酒店的声誉。总之，酒店管理不仅仅是大方向的策略，更需要在每一个细节上精益求精。

案例2：毁掉第一印象的工具箱——一次难以挽回的入住体验
案例描述：

张女士满怀期待地来到重庆，这是一座她向往已久的城市，这里有她所热爱的美食、风景和文化。在这次假期中，她希望能够尽情享受城市的魅力，并让自己在舒适的住宿环境中放松身心。基于前期的调查和筛选，她选择入住了一家在网上评价颇高的酒店，原以为这家酒店能够为她提供一个完美的住宿体验，成为她愉快旅途中的重要一环。然而，事情的发展却出乎她的意料。当她拿到房卡，走进酒店为她安排的2020号房间时，眼前的景象瞬间打破了她的所有期待。映入眼帘的是卫生间里赫然放着一个工具箱，里面凌乱地摆满了清洁工具和清洁剂，仿佛打扫人员刚刚结束清洁，但还未来得及将这些工具拿走。这样杂乱的景象让她心头一紧，不禁质疑酒店的管理和清洁标准。她原本希望的舒适、整洁的入住环境，在这一刻变得充满了不确定性和失望。

不止如此，当她进一步查看房间时，问题变得更加严重。张女士在床单上发现了明显的污渍，这显然是打扫人员的疏忽，未能及时更换干净的床上用品；而地毯上也残留着一些未被清扫的垃圾，令人十分不悦。这样糟糕的清洁状况不仅与她期待中的五星级标准相差甚远，还直接影响了她的整体心情。原本对酒店的美好期待，在此刻都被这些细节上的失误所彻底打破。

对于张女士来说，这种住宿体验十分不符合她的预期，更令她在心理上产生了较大的反差和失望。于是，她立刻前往酒店前台，情绪激动地表达了她的愤怒和不满。她严肃地指出："我原本以为，这里会给我提供一个温馨的环境，让我能够在旅途中得到放松和享受，但眼前的情景完全让我对这次重庆之行的所有期待大打折扣。"张女士的语气中充满了失望。显然，这次入住的糟糕体验已经大大影响了她对酒店的看法。

面对张女士的投诉，酒店的前台工作人员迅速作出了回应，立刻致以真诚的歉意，并提出了几个补救措施。酒店表示可以为她更换到另一间经过彻底清洁的房间，同时愿意提供一些额外的服务或优惠，以弥补给她带来的不便。然而，尽管酒店表现出了足够的诚意，张女士的心情却难以因此完全好转。对于她来说，这次入住体验的负面影响已经形成，甚至难以被后续的补救措施彻底消除。

这种"第一印象效应"在心理学上被认为具有重要意义。人们在初次接触某事物时所形成的印象往往是持久的，并且会影响他们对未来相关事件的感受和认知。张女士原本对酒店、对重庆的美好印象在这次入住经历中被破坏，哪怕后续的服务再好，也无法完全挽回她的情绪。她的这次不满，不仅影响了她对酒店的评价，也可能影响她对这座城市的整体观感。

酒店的管理和服务细节是顾客体验的重要组成部分。任何看似微不足道的失误，都可能对顾客的整体感受产生深远的影响。对于酒店来说，确保每个环节的服务质量，特别是房间的清洁和整理工作，是提升顾客满意度、建立良好口碑的基础。毕竟，第一印象一旦形成，往往很难改变。

案例分析：

这个案例揭示了酒店服务中"关键时刻"管理失位对顾客体验的毁灭性影响。张女士入住时遭遇房间清洁工具遗留、床单污渍及垃圾残留等问题，直接触发了心理学中的"首因效应"——顾客对酒店的第一印象因负面细节被锚定为"不专业"与"低标准"。尽管酒店迅速道歉并更换房间，但初始体验已造成情感信任断裂，印证了服务补救的"玻璃杯理论"：裂痕修复后仍会留下痕迹。

从管理层面看，问题暴露了酒店清洁流程的双重漏洞：一是执行环节的粗放（清洁工具未及时撤离、床品更换疏漏），二是质检机制的失效（未通过终检排除隐患）。此类失误在高度依赖重复性操作的服务业中尤为危险，可能因员工疲劳或惯性思维导致系统性风险。

案例的深层启示在于：高端酒店的核心竞争力不仅在于硬件设施，更在于对"隐性服务链"的精细管控。建议酒店引入"双盲检查"（员工与质检员独立核查）及"顾客视角模拟验收"，将清洁标准从"无可见污渍"升级至"无心理不适感"。唯有将细节管理转化为品牌本能，方能避免"一次失误，永久流失"的顾客信任危机。

处理方案：

为了解决这一案例并避免类似问题的发生，酒店应结合服务质量理论和心理学理论采取以下方法：

（1）重视"第一印象管理"。酒店应认识到第一印象的关键作用，确保每一个房间在客人入住前都经过严格检查，清除任何可能影响客人初次体验的瑕疵。酒店可以建立一套标准化的房间检查流程，由专人负责检查房间的清洁度和整理情况，尤其是卫生间和床上用品的整洁度。

（2）建立更严格的清洁和准备规范。酒店应对清洁人员进行进一步培训，提高他们的服务意识和细节关注度。例如，每位清洁人员在完成工作后，都应检查房间的所有区域，确保不留下任何工具或清洁用品，并且所有物品摆放整齐、卫生达标。

（3）快速响应与真诚补偿策略。面对客人的投诉，酒店管理层应迅速采取行动，表达诚恳的歉意，立即解决问题。酒店可以考虑为客人提供房间升级、餐饮券赠送、免费延迟退房等形式的补偿措施，以最大限度地挽回客人的信任和好感。同时，应在事后跟进了解客人的满意度，确保其在离开酒店前对服务有所改善。

（4）引入客户体验管理系统。利用客户体验管理系统，记录每位客人的入住反馈和投诉信息，并进行数据分析，识别服务中的薄弱环节，及时进行改进。这有助于酒店在未来的服务中更加准确地满足客人的期望和需求。

通过以上方法，酒店不仅能够避免类似问题的发生，还可以提高整体服务质量，确保为每位客人提供良好的第一印象，从而提升客人的满意度和忠诚度。

二、客房实习中的时间管理与工作效率

在客房实习期间，时间管理与工作效率是每一位实习生都必须掌握的关键技能，因为这两者不仅关系到个人的表现，还直接影响到酒店的整体服务质量和客户的满意度。对于酒店来说，尤其是在高峰期，如何高效地为每位客人提供及时、优质的服务是保证良好客户体验的基础，而其中，实习生的工作效率起到了重要作用。

首先，良好的时间管理能够帮助实习生合理安排工作任务，确保每间客房在规定的时间内完成清洁和整理工作。例如，在清扫过程中，实习生需要根据房间的清洁程度、客人的需求和日常的清洁标准来调整每个环节的时间分配。有效的时间管理意味着他们可以在清扫任务开始前就有一个清晰的工作计划，清楚地知道每个房间的优先顺序，哪些房间可能需要更多的清洁时间，哪些房间可以较快完成。通过这种方式，实习生能够在保持高标准的前提下，确保所有客房都能在预定时间内准备完毕，从而避免因延迟导致的客人等待或不满。

此外，工作效率的提高不仅能够帮助实习生在有限的时间内完成更多的任务，还能降低酒店的运营成本。在高效完成清洁任务的同时，实习生能够更好地利用清洁工具和物资，减少不必要的资源浪费。例如，正确使用清洁剂、合理分配劳动力、避免重复劳动，这些都是提升工作

效率的有效方法。通过减少资源的浪费和不必要的时间消耗，酒店能够在运营中节省成本，从而将更多的精力投入提升客户体验上。

高效的工作方式还能够减轻员工的工作压力，尤其是在高强度的工作环境下。如果实习生能够通过时间管理与工作效率的提升，更好地应对工作任务，他们就可以避免因任务繁重而感到疲惫或焦虑。这样不仅能够降低失误的发生率，还能在长时间的工作中保持身心健康。工作压力的减轻不仅对个人有益，也有助于提升整个团队的协作性和凝聚力。当每一位员工都能够高效完成任务时，团队的工作流程就会更加顺畅，彼此之间的配合也会更加默契。

从整体酒店运营的角度来看，时间管理与工作效率的提升具有深远的影响。它们不仅关系到个体的工作表现，也直接影响酒店的服务水平和客户的满意度。对于客人来说，高效的服务意味着他们能够在更短的时间内享受到更优质的住宿体验；而对于酒店来说，高效运营意味着能够以更低的成本、更高的效率来维持和提升服务质量。

因此，作为一名实习生，学会合理管理时间、提升工作效率不仅是对个人职业素养的提升，也是对酒店整体运营效能的积极贡献。在实习过程中，积极培养这些能力，能够帮助实习生在未来的职业生涯中更好地应对各种挑战，也能够为酒店的长远发展注入更多活力和竞争力。通过这些努力，实习生不仅能提升自身的表现，还能为整个团队和酒店创造更高的价值，最终为每一位客人提供更优质的服务体验。

案例：一次客房清洁的效率挑战

案例描述：

我实习的部门是酒店的客房部，负责客房的清洁和维护工作。经过系统的培训，我对清洁流程有了深入的了解，并且在实习初期，我对自己充满了信心，认为能够高效且顺利地完成各项任务。然而，一次特殊的经历让我意识到时间管理和工作效率的重要性，也让我对工作中潜在的挑战有了更深刻的认识。

那是一个周末的早晨，酒店的入住率非常高，很多客房都需要工作人员在短时间内进行清洁并重新布置，以迎接即将到来的新客人。当天，我需要清洁 12 间客房。这些房间都是新客人将在下午入住的空房，前台已经明确告知我，所有客房必须在中午 12 点之前全部准备好。面对这样的任务量，我起初并没有感到压力，依旧按照平时的节奏逐一清洁每一间房间，仔细检查每个角落，确保所有细节都能符合酒店的高标准。

然而，时间很快流逝。当我完成第六间客房时，我无意间瞥了一眼手表，赫然发现时间已经接近上午 11 点，而我仅仅完成了任务的一半。此时，我的情绪瞬间从自信转为紧张和焦虑。我意识到，继续按照现有的速度进行清洁的话，我绝对无法在规定的时间内完成 12 间客房的清洁。这不仅会导致新客人无法按时入住，还可能引发客户的不满和投诉，这对酒店的服务声誉将产生负面影响。

面对这一突如其来的时间压力，我不得不快速调整策略，重新评估接下来的工作方式。经过冷静思考，我决定采取一种更加灵活的清洁方法，将清洁步骤分为两种模式：快速模式和详细模式。在剩下的时间内，我选择对每间客房进行快速模式的基础清洁，确保房间的基本卫生达到标准，同时优先处理客人较为关注的区域，如床铺和浴室。对于不太容易引起客人注意的角落，我暂时减少了细节清洁的投入，等到有更多时间再进行更深度的打扫。

在接下来的一个小时里，我尽可能提高效率，加快清洁的节奏，但同时又尽量保持高标准的清洁效果。我一边快速整理床铺，一边留心确保毛巾、洗漱用品等重要物品摆放整齐。在浴室清洁时，我优先清理水迹和污渍，确保整体视觉效果干净整洁。通过这种方式，我逐渐恢复了进度，并且最终在 11 点 50 分之前顺利完成了 12 间客房的清洁任务。

虽然在规定时间内完成了任务，但当我最后放下清洁工具时，已经筋疲力尽。而且，回想整个过程，我意识到虽然加快节奏的策略帮助我按时完成了任务，但这种方式也增加了出错的风险。在高强度的工作环境下，快速工作可能导致一些细节被忽略，甚至可能引发清洁质量问题。幸运的是，这次并未发生任何重大失误，但这一经历让我意识到，良好的时间管理和灵活应对能力在实际工作中至关重要。

通过这次经历，我深刻感受到，在客房清洁工作中，时间管理与工作效率并不仅仅意味着按时完成任务，更重要的是在有限的时间内合理分配精力，保持工作质量。今后，我将更加注重如何提高自己的工作效率，并努力在高效工作的同时，确保服务质量不打折扣。这次实习经历不仅让我学会了如何应对压力，更让我深刻理解了作为一名合格的酒店员工，时间管理与高效工作能力是不可或缺的职业素养。

案例分析：

这个案例展现了酒店服务场景中时间管理与质量把控的动态平衡难题。实习生初期因过度追求细节完美导致效率不足，在任务过半时发现时间危机，通过策略调整实现效率突破。实习生成功的关键在于运用"任务分级法"，将清洁流程拆解为核心区（床铺、浴室）与次重点区，通过优先级划分实现资源优化配置。这种灵活应变能力体现了服务行业工作者在压力情境下的关键素质——既要有标准化的质量意识，又需具备动态调整的决策智慧。

另外，本案例提供了两个管理启示：第一，服务流程标准化需预留弹性空间，针对高峰期应预设应急方案；第二，员工培训应强化时间预估能力，通过模拟演练提升多任务处理技能。实习生最终在效率与质量的博弈中找到了临界点，这种经验将转化为职业成长中的重要能力——系统化思维与风险预判意识。该案例为酒店业优化服务流程提供了微观样本，证明了科学的时间管理是提升服务效能的核心竞争力。

处理方案：

通过这个案例，在客房实习中，时间管理和工作效率对于维持服务质量和客户满意度至关重要。根据这个案例描述的情况，酒店可以采取以下措施：

（1）工作任务优先级划分。酒店应教导实习生如何根据客人的需求和入住时间表进行工作任务的优先级划分，在任务繁重的情况下，优先处理即将入住的客房，同时保持其他房间的基本清洁标准，可以采用"四象限法"（重要性和紧急性）来确定每项工作的优先级。

（2）标准化工作流程。酒店应制定并实施标准化的清洁操作流程，确保每位实习生能够按照相同的步骤和流程进行工作，减少不必要的时间浪费。例如，可以通过"5S管理法"（整理、整顿、清扫、清洁、素养）来优化客房清洁的流程，使工作更高效有序。

（3）使用时间管理工具和技术。实习生可以使用时间管理工具（如定时器、工作任务清单等）来更好地规划和跟踪自己的工作时间。通过合理安排工作时间和休息时间，保持高效的工作状态。

（4）团队协作与沟通。在时间紧迫的情况下，团队协作显得尤为重要。实习生应学会与其他团队成员协作，共同完成清洁任务。酒店可以引入交叉协作机制，在高峰期调配更多资源进行房间清洁工作。

（5）提高个人技能与速度。酒店应为实习生提供定期的技能培训，尤其是如何高效地进行客房清洁的培训，通过模拟实战演练，提高实习生的清洁速度和效率，同时确保清洁质量不受影响。

通过这些改进措施，不仅可以显著提高实习生的工作效率，还能确保客房在高标准下按时准备好，从而提升客人的满意度和酒店的整体服务质量。总之，酒店管理不仅仅是做事，更是如何高效地做正确的事。

三、实习生在客房服务质量控制中的角色

尽管实习生在酒店客房部的工作时间通常不长，但他们在酒店的日常运营中扮演着不可忽视的重要角色。作为酒店服务中的一线工作人员，实习生不仅承担着清洁和维护的任务，更在客房服务质量的控制中起到至关重要的作用。他们的角色涵盖了多个层面，每一个层面都直接

关系到客人的入住体验和酒店的整体声誉。

首先，实习生担任着"质量监督者"的角色。在客房清洁完成后，他们需要对房间进行检查，确保清洁程度、设施完好性以及物品的摆放都符合酒店的标准。在这个过程中，实习生需要仔细检查床单、毛巾等是否更换干净，地板、浴室等区域是否彻底清洁，电器和家具是否正常运作，甚至包括房间内小物件的摆放是否整齐。这些看似细小的工作，却直接影响到客人对酒店服务质量的感知。如果实习生严格按照标准检查客房，就能够有效减少因疏忽而引发的客人不满和投诉，为客人提供一个干净舒适的居住环境。

其次，实习生还扮演着"问题反馈者"的角色。在日常工作中，他们往往是第一时间发现客房内问题的人，如房间内设施损坏、清洁不到位或物资短缺等情况。一旦发现这些问题，实习生需要及时向主管或相关部门反馈，以便问题能够迅速得到处理，避免对客人的入住造成影响。这种及时的反馈机制可以大大提高酒店内部的运营效率，确保在客人入住前所有潜在问题都能被消除，提升客户的满意度。

再次，作为一线的操作人员，实习生还充当了"服务执行者"的角色。在日常的清洁和维护工作中，实习生必须严格按照酒店的标准操作流程进行操作，确保每个清洁环节和操作步骤都符合酒店的质量规范。无论是床铺的整理、浴室的清洁，还是垃圾的处理，都需要实习生按照既定的标准完成。高标准的执行不仅保证了客房的清洁度，还维护了酒店的品牌形象，确保客人在入住时能够享受到与酒店定位相符的优质服务体验。

最后，实习生作为酒店的新鲜力量，还能够成为"改进建议者"。由于实习生往往以独特的视角观察工作中的细节，他们能够从不同的角度发现酒店在服务中的不足之处。比如，他们可能会发现某些清洁流程过于烦琐，或某些服务环节有待优化。在实习过程中，实习生可以积极提出改进建议。这些建议不仅有助于提高整体工作效率，还能为酒店的服务质量提升提供新思路。

总而言之，实习生在客房服务中发挥着多重重要作用，不仅是工作中的执行者和监督者，还是发现问题的反馈者和提出改进建议的贡献者。通过这些角色的有效履行，实习生为酒店的服务质量提升和客户满意度的提升做出了重要贡献。虽然实习生的工作时间有限，但他们的积极参与和贡献无疑为酒店的运营带来了重要的价值。

案例：客房服务质量的守护者——实习生在客房服务中的关键一役

案例描述：

在客房部实习过程中，有一次突发事件让我深刻体会到，实习生在客房服务质量控制中也能发挥至关重要的作用。

那天，我像往常一样在客房部协助进行清洁工作，主要负责检查已清扫完毕并即将迎接新客人的客房。下午2点左右，我被指派去检查几间准备入住的客房，以确保这些房间都符合酒店的高标准要求。在检查第三间客房时，我突然发现一个不容忽视的问题：床单上有一处不明显的污渍。虽然这块污渍面积不大，而且位置较为隐蔽，但考虑到这是五星级酒店，对于清洁标准的要求非常严格，我知道这种情况是完全不合格的。

更让我惊讶的是，这间房的清洁工作已经被正式签字确认完成。这意味着房间已经通过了清洁审核，按理来说应该处于完全准备好的状态。然而，如果客人在入住时发现了这块污渍，不仅会对酒店的清洁水平产生怀疑，还可能导致投诉和负面评价。这不仅影响酒店的声誉，更有可能影响客人的整体入住体验。

意识到问题的严重性，我没有犹豫，立刻采取了行动。我首先联系了负责该区域的清洁主管，并详细报告了床单问题。主管接到消息后，迅速来到现场进行了查看。确认问题后，主管立即指示清洁人员重新更换床单，并对这间客房进行彻底的复检。同时，主管还决定检查其他已清洁完成的房间，以确保没有类似的问题存在。整个过程进行得非常迅速，幸运的是，所有问题在客人入住前都得到了妥善解决，避免了可能的投诉事件。

通过这次事件，我不仅帮助酒店避免了潜在的服务质量问题，还深刻认识到实习生在质量控制中的重要角色和责任。尽管我只是一个实习生，但我细心的观察和积极的反馈使得问题得以在第一时间解决，保障了酒店的服务质量不打折扣。这次经历让我明白，实习生不仅是工作中的执行者，更是酒店服务链条中不可或缺的一部分，能够在关键时刻发挥重要作用。

这次经历增强了我的责任感，也让我明白，在服务行业，每一个细节都至关重要，任何疏忽都可能影响顾客的体验。即使作为一名实习生，我也要时刻保持高度的责任心，关注工作中的每一个细节，以确保为客人提供更优质的服务体验。

案例分析：

这个案例展现了实习生参与酒店服务质量控制的实践价值，揭示了服务行业质量管理的三个关键要素：第一，服务标准的执行性。五星级酒店的高标准需通过全员参与来落实，实习生作为基层观察者能够有效填补质量监控的盲区。第二，质量控制的动态性。案例中，客房虽通过常规检查，但实习生凭借细致观察发现隐患，说明质量管理应是持续改进的闭环系统。第三，组织责任的共担性。实习生主动担责的行为突破了传统层级观念，体现了现代服务管理中"人人都是质量官"的管理理念。该事件的成功处理验证了扁平化管理的优势——基层员工（包括实习生）的即时反馈能够缩短质量缺陷的响应时间，避免服务失误的涟漪效应。

这对服务型企业的启示在于应建立鼓励全员参与的质量文化，完善即时反馈机制，将各层级员工纳入质量保障体系，形成多维度的质量监控网络，从而提升服务可靠性和客户满意度。

处理方案：

为了更好地处理类似案例，提高客房服务质量，酒店应结合服务质量控制理论采取以下措施：

（1）强化"全员质量意识"。酒店应加强对所有员工（包括实习生）的培训，使每个员工都意识到自己是服务质量的守护者。酒店可以通过全面质量管理理论，确保每位员工都了解质量控制的标准和流程，鼓励员工主动发现和反馈问题。

（2）建立双重检查制度。除了清洁人员的自检，酒店应建立双重检查制度，即在清洁人员完成工作后，由另外一名员工或实习生进行复检。这样的交叉检查可以有效减少失误，确保房间的每一个细节都符合标准。

（3）优化质量控制流程。酒店应制定明确的质量控制流程和标准操作规程，确保每个清洁步骤都得到严格执行。实习生在入职培训时应接受这方面的学习和演练，了解如何发现并解决问题。

（4）鼓励反馈与改进机制。酒店应建立开放的沟通环境，鼓励员工和实习生反馈工作中的问题和改善建议，定期组织质量评审会议，讨论发现的问题和解决办法，不断优化服务质量。

（5）使用数据和技术支持。利用数据分析和科技手段，如客房清洁记录系统和智能检查工具，帮助员工更精确地管理和控制清洁工作，及时发现并解决质量问题。

通过这些措施，酒店可以显著提升整体服务质量，确保每一位客人都能享受到高标准的入住体验。总之，实习生的工作不仅仅是完成任务，更是要用心去守护酒店的质量和声誉。

四、特殊客房需求与个性化服务

在酒店客房实习中，实习生不仅要掌握基本的清洁和维护技能，还需要具备应对特殊客房需求和提供个性化服务的能力。这一点对于提升客人的入住体验和整体满意度至关重要。面对不同的客人，实习生的灵活应变和服务意识不仅能够直接影响客人的评价，还能够为酒店创造更高的客户忠诚度和更强的市场竞争力。具体来说，这种能力的培养和应用体现在以下几个方面：

（一）提升客户满意度

每位客人在入住时都会有各自独特的需求和偏好。这些需求可能包括额外的枕头、过敏床品的使用、特定温度的空调设置，甚至是特定的清洁要求，如避免使用某些化学清洁剂等。实习生在面对这些个性化需求时，需要具备足够的灵活性和应对能力，能够快速调整客房的配置，以确保客人入住时能够感受到被酒店关注和重视。通过细心满足客人的这些特殊要求，酒店能够显著提升客户满意度，让客人感到备受关怀，并为其留下深刻的印象，进而提高其忠诚度。

（二）增强应急处理能力

在酒店运营过程中，客人往往会在入住期间提出一些临时或紧急的特殊需求，如突然需要儿童床、额外的被子，或者在深夜要求房间清洁。这时，实习生不仅需要具备足够的反应速度，还要能够在压力下迅速找到有效的解决方案。通过这种应急处理能力的锻炼，实习生可以在面对客人突发要求时保持冷静、有条不紊地处理问题，确保客人的需求能够得到及时的满足。实习生的快速应对和解决问题的能力不仅能提升客人的好感，也能展现出酒店的专业服务水平。

（三）体现服务个性化

个性化服务是现代酒店业在竞争中取胜的关键之一。实习生在实际操作中应学会主动了解客人的个人喜好和需求，提前为客人准备相关的设施或服务，从而提供更贴心的个性化服务。例如，在得知客人喜欢喝某种茶时，提前在房间内准备好这种茶叶，或者为特别关注健康的客人提供低过敏性的床品等。这些细微但贴心的举措能够大大提升客人的入住体验，使客人感受到与众不同的关怀，同时能够为酒店树立良好的品牌形象，增强其在市场中的竞争力。

（四）培养沟通和协调能力

面对客人的特殊需求，实习生往往需要与多个部门进行协调和合作，如餐饮部、客房部、工程部等，以确保服务能够顺利交付。这就要求实习生具备良好的沟通能力，能够在短时间内准确传达客人的需求，并与相关部门协作，确保问题快速有效地得到解决。这种跨部门的协调能力不仅在解决当下问题时至关重要，也为实习生未来的职业发展奠定了坚实的基础。具备良好的沟通和协调能力，实习生将在酒店管理工作中更加得心应手，能够处理复杂的客户需求和多部门协作任务。

通过这些实践中的锻炼，实习生不仅能够在短期内提高自己在酒店服务中的适应能力，还能够为未来的职业发展积累宝贵的经验。这种对特殊客房需求和个性化服务的应对能力，不仅是酒店优质服务的体现，更是个人职业素养的提升。实习生在具备了这些能力后，不仅能够为酒店的运营带来积极的影响，也能为自身在酒店行业中的未来职业发展打下良好的基础。

案例 1：跨楼层的服务

案例描述：

张先生是一位繁忙的生意人，住在 2020 号套房。这次来到重庆，他不仅计划享受一段轻松的时光，还与生意伙伴一起洽谈重要的业务。对于张先生而言，酒店的舒适度和清洁度至关重要，因为这不仅关系到他和伙伴的休息质量，还直接影响到他们接待客户的心情和商务谈判的氛围。作为一个注重细节的人，他对酒店的服务抱有很高的期待。

那天早上 9 点，张先生已经安排好接待一位来自国外的重要客户，准备在房间内举行商务之合谈。他一早起来，本想梳洗打理，为即将到来的会谈做好准备。然而，令人不快的是，当他走出卧室，发现房间的状态让他十分不满——床铺没有整理，垃圾桶已经满了，地毯上也残留着一些污渍，整个房间看起来杂乱无章，显然没有达到应有的清洁标准。这样的环境无疑会给他接下来的商务会谈带来负面影响。张先生觉得这样不整洁的房间不仅影响他自己的心情，也会给客户留下不好的印象。

面对这种情况，张先生立刻意识到需要马上解决清洁问题，于是他决定联系客房服务人员。然而，可能是出于急迫感，他选择亲自到走廊上寻找服务员，而不是拨打酒店的服务电话来寻求帮助。在走廊上，他看到远处有一位忙碌的服务员正在处理其他房间的清扫工作。由于时间紧迫，张先生快步走过去，直接向这位服务员说明了自己房间的情况，并请求尽快派人过来进行打扫。

然而，令张先生意外的是，这位服务员在听完他的请求后，并没有立即采取行动，而是告知他自己并不是负责该楼层的服务员，建议他拨打总机联系具体楼层的服务人员来处理。这种回应让张先生感到极度不满。由于时间有限，张先生觉得服务员在推卸责任，没有主动帮他解决问题，这种服务态度和应对方式让他产生了强烈的挫败感。张先生意识到，继续等待这位服务员的帮助可能会耽误时间，于是他随即拨打了酒店总机，直接进行了投诉。

案例分析：

在这个案例中，张先生的不满主要源于服务员的反应和处理方式。尽管这位服务员并不负责该楼层的客房清洁，但从客人的角度来看，服务员的第一反应是主动帮助，而不是直接告知无法处理。这不仅是关于任务分工的问题，更反映了在面对紧急情况时，服务人员的态度和服务意识显得尤为重要。客人期待的是一种"我来帮您解决问题"的服务态度，而不是简单的"这不属于我的职责范围"。

当客人面对紧急情况时，服务人员应当表现出足够的同理心，即使当时无法亲自处理，也应主动为客人寻找解决方案，而不是让客人感到无助。从案例中可以看出，灵活应变和跨部门协调能力在酒店服务中尤为重要。即使并非自己的职责范围，服务人员仍应积极协助客人联系相关人员，确保问题得到及时解决，而不是让客人自己去寻找其他帮助。这不仅可以提升客人的满意度，也能维护酒店的专业形象。

这个案例揭示了酒店服务中跨部门协作与客户体验管理的核心矛盾。从服务流程看，酒店虽设有楼层责任制，但未建立跨层级应急响应机制，导致员工面对突发需求时陷入"职责陷阱"——服务员机械执行岗位分工，却忽视客户核心诉求的即时满足，暴露出服务系统柔性不足的短板。

从服务意识层面，员工缺乏"首问责任制"思维，未将客户需求置于流程规范之上，反映出服务文化中客户中心理念的渗透不足。该事件触发双重负面影响：直接影响层面，清洁问题未及时处理导致客户体验断裂；间接影响层面，服务推诿引发客户信任危机，可能造成口碑传播中的涟漪效应。

改进方向应聚焦三点：一是构建"服务接力"机制，通过佩戴跨楼层通信设备或设置快速响应代码，实现需求无缝转接；二是强化员工授权，培训非责任区服务员至少完成"三步服务"——致歉安抚、即时上报、进度追踪；三是建立服务触点考核体系，将客户问题解决率而非单纯岗位完成度纳入绩效评估。此案例印证了服务行业黄金法则：客户感知的服务完整性，永远优先于内部管理边界。

处理方案：

要处理好这个案例，酒店应结合服务质量理论采用以下方法：

（1）建立"服务无边界"理念。服务员应接受培训，理解"服务无边界"的理念，即使不负责该楼层的清洁任务，也应采取积极态度，如立即联系负责楼层的服务员或通知前台尽快安排清洁，而不是直接拒绝客人的请求。这种主动服务能有效提高顾客的满意度。

（2）加强内部沟通和协调。酒店应优化内部沟通流程，确保每位员工都能快速、准确地联系相关人员。建议引入快速沟通工具（如即时通信系统或对讲机），让员工在遇到类似情况时，能迅速找到合适的同事来解决问题。

（3）建立顾客问题反馈与处理机制。针对张先生的投诉，酒店管理层应立即与他取得联系，表达歉意并提供合理的补偿，如免费房间升级或赠送早餐券等。同时，应向张先生保证会改进服务流程，避免类似事件发生。

（4）强化服务培训和应急预案。酒店应加强员工的服务意识和应急处理能力培训，使员工能够灵活应对不同的顾客需求，同时制订并演练应急预案，以确保在类似情况发生时，能迅速响应和解决问题。

通过这些改进措施，酒店不仅可以提升整体服务质量，还能树立更好的品牌形象，提升顾客满意度和忠诚度，从而在激烈的市场竞争中占据优势。

案例 2：多方协作下的高效应急服务
案例描述：

在担任酒店客房部文员期间，我还兼职洗衣服务的工作。2022 年 11 月 1 日，楼层主管于当日下午 7 点 30 分收到了来自 16 楼 VIP 客人的一份洗衣服务需求。我们酒店的洗衣服务是外包给一家洗衣店的，所以赶紧将客人的衣物送到洗衣店进行清洗。

11 月 2 日下午 2 点，这位 VIP 客人突然提出了加急取回洗衣的要求，并希望能够在下午 4 点 30 分前收到。然而，到了下午 3 点，客人突然更改了计划，表示自己将在下午 4 点离店，要求洗衣在下午 3 点 30 分之前必须送回。这一时间的缩短给我带来了较大的挑战。我立即与酒店合作的洗衣店联系，强调客人的新需求。然而，洗衣店的首次回复依旧是原定的下午 4 点 30 分送回。随后，在我再次沟通时，洗衣店给出的答复模棱两可，没有明确承诺在下午 3 点 30 分前完成，这让我感到压力倍增。

在这个过程中，我面临两方面的挑战：一方面，我需要不断与洗衣店协调，尽可能催促他们加快处理速度；另一方面，我必须安抚客人，向他保证我们会尽最大努力满足他的需求。最后，经过不断催促和协调，洗衣店最终在下午 3 点 25 分将衣物送回，满足了客人下午 3 点 30 分前收到衣物的要求。虽然问题最终得以解决，但整个过程显得非常紧张和被动。

案例分析：

从这次事件中，可以看出几方面的问题：

（1）沟通不畅。洗衣店对时间要求的模糊回复使得"我"在沟通中处于被动状态，无法明确告知客人时间安排。这导致了"我"在与客人沟通时，压力加大，且服务质量容易受到影响。

（2）外包服务管理不到位。作为酒店与洗衣店的中间协调者，"我"没有明确的权力要求洗衣店加速服务。而洗衣店对于时间要求的反应迟钝，增加了服务的不可控性，这也反映了在与外部供应商合作中，缺乏有效的管理和激励机制。

（3）服务应急响应不足。客人在短时间内提出时间更改后，酒店内部缺少一套应急响应机制。在面对类似紧急情况时，酒店并没有足够的灵活性和资源调配能力，导致压力主要集中在负责沟通的人员身上。

处理方案：

（1）加强外包供应商管理。酒店应加强与外包洗衣店的合作协议，在合同中明确规定应急响应时间要求，并建立绩效考核和反馈机制。如果洗衣店无法在特定情况下满足酒店客人的需求，应该有相应的罚款或其他措施，以确保洗衣店能够积极应对紧急需求。

（2）设立内部应急预案。酒店可以设立一套应急服务流程，尤其是针对 VIP 客人，应该有更加灵活的资源调度机制。比如，当外部洗衣店无法及时完成任务时，酒店是否可以考虑有备用洗衣设备或其他合作供应商，确保紧急需求能够及时处理。

（3）提升沟通效率。在类似的事件处理中，沟通的效率至关重要。酒店应提供更有效的沟通工具或系统，实时追踪服务进度。同时，内部沟通中需要强调跨部门协调的重要性，如前台、客房部与洗衣部门之间的信息应该及时共享，避免多次重复传递。

（4）加强客户关系管理。对于VIP客户，酒店应该有专人负责客户服务，及时了解客户的个性化需求。在紧急服务中，酒店可以提前与客人沟通当前可能存在的困难，取得他们的理解，以缓解客人的不满情绪。

理论支撑：

从服务管理理论的角度来看，这次事件反映了服务质量模型中的"服务交付差距"，即酒店提供的服务未能完全符合客户的预期。在这种情况下，顾客对时间的敏感性较强，因此酒店在服务过程中应尽量缩小这种"差距"，通过有效的沟通、管理和应急响应来提高客户满意度。

此外，根据客户忠诚度理论，优质的服务不仅仅是满足客户的基本需求，还要超出他们的期望。酒店能够在紧急情况下展示出高效的服务和响应能力，可以提升VIP客户的忠诚度，建立长期合作关系。

结论：

这次洗衣服务的事件虽然最终顺利解决，但也暴露了酒店在应对特殊情况时存在的不足。通过加强外包管理、设立内部应急预案、提升沟通效率等，酒店可以更好地应对类似挑战，确保高标准的服务体验。今后，通过理论的支持和实际案例的反思，酒店应持续优化酒店服务流程，从而为客户提供更加优质和贴心的服务。

五、客房物资管理与成本控制

客房物资管理与成本控制中的难点主要体现在以下几个方面：

（1）库存管理复杂。客房物资种类繁多，包括洗漱用品、床上用品、清洁用品等，因此管理这些物资的库存数量、质量和有效期具有挑战性。过度采购会导致库存积压和浪费，而采购不足又会影响客房服务质量。

（2）需求预测困难。客房物资的需求会因季节变化、客人入住率、客人类型（商务或休闲）等多种因素产生波动，准确预测需求量困难，容易导致物资供应不平衡，造成浪费或短缺。

（3）控制成本与维持质量的平衡。在控制成本的同时，还需确保物资的质量符合酒店标准，以满足客人的期望。低质量的物资会影响客人体验，损害酒店声誉，而高质量物资又可能增加成本，因此找到平衡点十分困难。

（4）物资消耗监控难。由于客房物资多为日常消耗品，使用频率高，实习生和员工在管理和监控物资消耗时容易出现疏忽和错误，导致浪费和成本上升。

（5）协调与沟通不足。物资管理涉及多个部门（如采购、客房、财务等），各部门之间的协调和沟通不畅容易导致信息不对称和管理不当，影响物资使用效率和成本控制。

这些难点要求酒店建立完善的物资管理系统、制定合理的库存策略、采用有效的需求预测方法，以及加强部门间的紧密协作，以实现物资管理与成本控制的平衡。

案例1：实习生眼中的成本控制之战
案例描述：

在星级酒店的客房部实习期间，我经历了从最基础的工作逐步深入管理环节的过程。实习初期的几周，我的主要职责是检查和整理客房物资，如洗漱用品、床单等。在这个过程中，我逐渐意识到酒店客房部物资的管理和成本控制是酒店日常运营中非常重要且复杂的部分。

　　每天，酒店的客房物资都会被大量消耗和补充，涉及多种物品的调配和管理。一开始，我只是根据清单例行整理这些物资，但随着工作内容的深入，我开始关注到其中存在的更深层次的问题。有一天，在整理客房物资的仓库时，我发现了一大堆过期和堆积的物品，包括大量的过季浴袍、已经发霉的拖鞋以及一些没有及时处理的毛巾等。这些物品占据了宝贵的存储空间，且部分物品因为堆放过久，已经完全失去了使用价值。

　　出于对这些物资堆积原因的好奇，我进一步了解了情况。通过与客房部的同事沟通后，我得知这些物资的积压并不是偶然，而是由于之前一个采购周期中，采购部门没有与客房部进行充分的沟通，大批量物资的过度采购。这些物资大部分没有被及时投入使用，加上季节变换和客人需求的变化，最终成为仓库中的"废物"。这个问题的暴露让我意识到，物资管理不仅仅是简单的整理和发放，还涉及更复杂的成本控制和供应链管理。

　　更让我惊讶的是，每周都有新的物资不断送入仓库，而这些物资的采购量是基于上一季度的消耗数据，而不是根据当前的实际需求和季节变化来进行调整。例如，酒店的入住率会因淡旺季的变化产生波动，但采购量却未能根据这些实际情况进行相应的调整，导致仓库中不断积压过剩物资。这种采购模式不仅造成了物资浪费，还使得仓库的管理难度大幅增加，空间被不必要的物资占据，真正需要的物品反而难以得到合理的存储和管理。

　　面对这一问题，我感到有必要向上级反映情况。于是，我主动与客房部的主管进行了沟通，详细说明了我在仓库管理中发现的问题，包括物资的过度积压、采购与实际需求不匹配等。主管对我的主动反馈表示高度赞赏，并鼓励我进一步提出具体的改进建议。我建议采购部门在每个季度的采购前，应该与客房部进行更密切的沟通，了解当前的物资库存状况和未来的需求预估，而不是单纯依靠过往的数据来制订采购计划。此外，针对季节性的物资，如浴袍和拖鞋等，也应该考虑到其使用周期，避免因过季无法使用而产生浪费。

在我的建议下，主管决定让我参与新的物资管理和成本控制方案的制定。我开始协助制定更加灵活的物资管理流程，提出了定期盘点库存、优化采购计划以及减少不必要库存积压的策略。通过这次经历，我深刻体会到物资管理和成本控制不仅是一个简单的物品流通环节，更是酒店运营中的一个重要组成部分。它涉及跨部门的沟通和协调，同时需要考虑到季节性、入住率等多个因素。

案例分析：

本案例揭示了酒店成本控制中普遍存在的"部门壁垒"现象，其本质是供应链管理与实际运营需求脱节的典型问题。客房部物资积压的根源在于采购部门与运营部门形成信息孤岛——采购依赖滞后数据而非实时需求，客房部缺乏库存预警机制，导致采购决策与使用场景严重错位。

实习生发现的过期物资堆积现象，实质暴露了传统酒店业在库存管理中存在的三重矛盾：采购周期与市场波动的矛盾、批量采购与精细化管理的矛盾、部门考核指标与整体效益的矛盾。案例的价值在于通过基层视角验证了动态采购模型的必要性：建立客房部实时库存数据与采购系统的数字孪生连接，将季节性因素、入住率预测纳入采购算法，形成需求驱动的弹性供应链。实习生提出的跨部门沟通机制，本质上是在打破组织内部的数据壁垒，推动采购模式从经验驱动向数据驱动转型。

该案例对服务业的启示在于成本控制要构建"三同步"机制——采购计划与运营节奏同步、库存周转与市场需求同步、部门考核与整体效益同步，最终实现从被动清库存到主动管理的升级。

处理方案：

为了有效解决这个案例中的问题，酒店应结合库存管理与成本控制的理论采取以下措施：

（1）建立精准的物资管理系统。酒店应采用先进的库存管理系统，如 ERP（企业资源计划）系统，实时追踪物资的消耗情况和库存量。通过数据化管理，酒店可以有效避免物资的过度采购和库存积压，确保采购与实际需求相匹配。

（2）优化采购流程与沟通机制。采购部门与客房部应建立定期沟通机制，确保采购计划与实际使用需求一致。酒店可以引入"just-in-time"（准时化）采购方法，根据实际需求进行采购，减少库存积压和物资浪费。

（3）实施动态库存管理策略。根据入住率、季节变化和客人习惯等因素，酒店应进行动态的库存调整和管理，通过数据分析，合理预测物资的消耗趋势，优化库存管理，避免因预测错误导致的过度采购或库存短缺。

（4）强化成本控制意识与培训。酒店应对员工进行定期的成本控制意识培训，使每位员工都意识到物资浪费对酒店运营成本的影响，通过奖励机制，鼓励员工提出节约物资和提高效率的建议。

（5）引入定期盘点与评估机制。定期对仓库进行盘点和评估，检查物资的使用和库存情况，及时发现问题，采取相应的调整措施。同时，定期评估采购策略的效果，根据评估结果进行相应的改进。

通过这些改进措施，酒店可以有效地优化物资管理，降低运营成本，提升整体管理效率。从这一案例中可以看出，作为一名实习生，虽然职位低，但仍然可以通过细心观察和主动沟通，为酒店的成本控制和运营优化作出贡献。

理论支撑：

根据物资管理理论，有效的物资管理不仅仅是保障供应链的稳定运行，更是降低库存成本的重要手段。通过科学的库存控制，酒店可以在满足运营需求的同时，减少过多的储存成本和资源浪费。此外，成本控制理论强调，控制成本不只是通过减少支出来实现，更需要优化整个供应链流程，以减少隐性成本，如过度采购带来的积压和废弃物处理费用。

结论：

实习生不仅仅是简单执行任务，还应积极发现和反馈问题，并提出解决方案。在酒店的物资管理和成本控制中，细致的观察和主动的沟通能够为酒店节省大量成本，优化资源配置。同时，通过跨部门的合作和灵活的采购策略，酒店可以更加高效地运行，减少浪费，提升客户服务质量。

第四章 餐饮管理实习案例分析

一、餐厅服务中的客户满意度提升技巧

客户满意度直接影响餐厅的声誉、回头客率和盈利能力。满意的顾客更可能推荐餐厅并再次光顾，从而为餐厅带来稳定的收入和更好的市场口碑。高客户满意度还有助于提升员工的成就感和工作动力，形成良性循环。

在餐厅服务中，提升客户满意度是餐厅成功运营的关键因素之一。为了确保每位客人都能拥有愉快的用餐体验，餐厅可以采取多种有效的服务技巧，这不仅能提升客人的忠诚度，也能为餐厅带来更多的回头客和良好的口碑。

第一，热情友好的接待是至关重要的一步。餐厅员工应该保持微笑，主动问候每一位进店的顾客，给他们留下一个好的第一印象。服务员应快速且礼貌地回应客人的需求，展现出专业的态度。无论是点菜、回答问题还是处理特殊需求，迅速的回应都能让客人感到受到重视，从而提升他们的满意度。

第二，提供个性化服务也是提升客户体验的重要手段之一。对于经常光顾的顾客，服务员可以记住他们的饮食偏好，甚至根据他们的习惯提供定制化的菜单推荐或者安排他们喜欢的座位。这种贴心的服务不仅能让客人感到餐厅对他们的重视，还能建立长期的信任关系。

第三，食品质量和上菜速度也是影响客户满意度的关键因素。餐厅应严格把控菜品的质量，从原材料的选择到烹饪过程的控制，确保每道菜都符合餐厅的高标准。此外，优化餐厅的运营流程，缩短上菜的时间，避免客人因为等待过久而产生负面情绪也至关重要。

第四，服务细节也不容忽视。餐厅的环境和服务的细节直接影响着客人的整体体验。及时更换餐具、补充饮品以及保持用餐环境的整洁舒适，都会让客人感受到餐厅的用心和专业。这些细节，其实能够大大提升客人的满意度。

第五，当面对投诉和负面反馈时，餐厅应该积极处理并迅速做出回应。真诚的道歉是第一步，接着要采取有效的补救措施，以此来挽回客人的信任。此外，跟进客人反馈，了解他们的真实需求和期望，能够帮助餐厅不断改进服务，提供更好的用餐体验。

第六，员工的培训和激励是保证高质量服务的基础。定期对员工进行专业的服务技能培训，提升他们的职业素养，并通过合理的激励机制，鼓励员工在工作中积极主动地为客人提供优质服务。这不仅能提高员工的工作积极性，还能提高整个团队的服务水平。

案例1：语言的突破——从害羞到自信的服务蜕变
案例描述：

在餐饮部实习的初期，我常常因为害怕讲英语而感到不安和紧张。面对前来用餐的外国客人，我总是踌躇不前，不敢主动上前服务。每当有外国客人到来时，我都会心跳加速，担心自己的英语不够流利而出错。即便是餐饮部经理过来用英语问候时，我也只是勉强听懂，面对他们的提问，我常常语无伦次，不知道该如何回应。

这种对讲外语的羞怯和腼腆持续了差不多一周的时间。幸运的是，随着每天的工作积累和不断的实践，我渐渐敢于尝试使用英语与客人交流。工作变得越来越顺手，我的信心也在慢慢增强。很快，我发现之前的语言障碍似乎消失了，与外国客人的互动也变得更加自然和游刃有余。

到了 10 月，一位外国客人来到酒店酒吧点了一杯威士忌酸鸡尾酒。由于我已经经过一个月的实习，逐渐熟悉了各种鸡尾酒的英文名称，所以我迅速明白了他的点单需求。随后，他用英语询问菜单上帕尼尼、汉堡和三明治的肉类种类和其他成分。尽管我的解释比较简短，但对方听得很明白，我们的交流也很顺利。客人在用餐时多次热情地向我表示感谢，这让我感到非常自信。

接下来的几天，这位客人几乎每天都来酒吧喝酒，而且每次都是我为他服务。第二次见面时，我就大胆地用流利的英语问是否还是要威士忌酸。他微笑着回答"yes"。从那时起，我们便形成了一种默契。他几乎是进门后就直接与我对视，会心一笑，然后简单地说："One glass, thank you."。（来一杯，谢谢。）我立刻就明白他的需求，并用热情的问候与他互动："Good evening! Nice to see you again! How was your day?"。（晚上好！又见到您真高兴！今天过得怎么样？）

我们的互动逐渐变得愉快而自然，甚至成了朋友。这次经历让我意识到，语言障碍其实并不可怕，重要的是勇敢迈出第一步，积极与客人沟通和交流。

处理方案：

要解决初期在外语交流中的困难并提升实习生的信心和服务能力，酒店基于沟通技巧和员工发展理论可以采取以下措施：

（1）提供语言培训。酒店应为实习生提供基础的外语培训，特别是常见的服务用语和菜单内容。这有助于他们在日常服务中更加自信和准确地使用外语。

（2）鼓励实践与反馈。酒店应鼓励实习生在实际工作中多用外语，与外国客人交流。通过实际互动，实习生可以不断提高自己的语言能力。同时，主管应及时给予正面反馈和指导，帮助实习生不断进步。

（3）模拟情境练习。酒店可以定期组织模拟练习，模拟不同类型的客人需求和对话场景，让实习生熟悉各种可能的服务情况，克服紧张感，提升对外语的熟悉度和使用流畅度。

（4）培养主动服务意识。鼓励实习生勇敢迈出与客人交流的第一步，保持积极的态度，用笑容和热情来弥补语言上的不足。良好的态度往往比完美的语言更能打动客人，提升服务满意度。

（5）加深文化理解与培养共情能力。培训实习生了解不同国家的文化和习惯，培养共情能力。通过了解和尊重客人的背景，增强与客人建立友好关系的能力，从而提升服务质量。

通过这些措施，实习生可以逐渐克服语言障碍，增强自信心，提高与外国客人沟通的能力，为客人提供更优质和贴心的服务。实习生要明白语言的障碍只是暂时的，只要敢于尝试、不断学习、不断突破自我，终会成为一名优秀的服务人员。

案例2：突破心理障碍，赢得顾客的认可与好评
案例描述：

在酒店餐饮部实习期间，我们部门实行了一项好评卡奖励制度。根据规定，每当有客人填写并点名表扬某位员工的好评卡时，该员工就可以兑换15元现金或15元的礼物奖励。如果在一个月内累计超过20张好评卡，每张好评卡的奖励会提高到25元，封顶奖励为50张好评卡。这一制度大大激励了员工保持高质量的服务和积极的工作态度，而我也希望通过这个制度获得奖励。

然而，尽管我一直尽力保持良好的服务态度和工作热情，却始终没有得到一张好评卡。原因在于我内心的恐惧：我害怕向客人提出申请会被拒绝，担心客人不满意会拒绝填写，甚至害怕客人因为我的请求而对我产生反感，导致投诉。因此，即使我服务尽心尽力，仍然没能主动迈出那一步去争取好评卡。

终于有一天，我在早餐服务时注意到一对中年夫妇带着一个小孩在餐厅用餐。他们对我第一次的服务微笑致意，对我的推荐表示感谢。这让我觉得自己得到了他们的认可，心中燃起了自信的火花。于是，我决定进一步加强与他们的互动。在不干扰他们用餐的情况下，我主动询问他们的用餐需求和喜好，并与小朋友愉快地交谈，努力提供优质的服务。在征得主管同意后，我还特意送给小朋友一个小的纪念品，这进一步增强了我的亲和力。

虽然我感觉到客人对我的服务很满意，但由于对拒绝的恐惧，我仍然犹豫着是否要去请求他们填写好评卡。我在原地徘徊了几分钟，不断劝说自己："如果不迈出第一步，你永远不知道结果如何。失败并不可怕，可怕的是在面对失败之前就已经选择了放弃。"

最终，当我看到这桌客人用餐完毕准备离开时，我鼓起勇气微笑着走上前去，说道："请问您对我的服务还满意吗？能耽误您几分钟帮我们填写一下您的用餐体验吗？如果您对我的服务满意的话，能否在卡片上写下我的名字？我叫×××。感谢您的反馈，祝您愉快！"让我惊喜的是，他们欣然接受了，并在卡片上写下了我的名字。

就这样，我终于得到了第一张好评卡。那一刻，我感到无比开心和有成就感。我意识到，这不仅是对我服务的认可，更是对我勇敢迈出那一步的鼓励。此后，我的信心不断增强，越来越多的客人愿意填写好评卡。到那个月底，我一共收获了50张好评卡，达到了封顶奖励。

处理方案：

针对该案例，为了进一步提高实习生获得好评的积极性和能力，酒店可以结合心理学与顾客服务理论采取以下措施：

（1）提供心理建设培训：酒店应提供心理建设培训，帮助实习生克服害怕拒绝的心理障碍。通过模拟训练和角色扮演，实习生可以学习如何在不同情境下自信地与客人互动，提高对拒绝的耐受度和应对能力。

（2）设立阶段性奖励制度。在原有好评卡制度的基础上，酒店可以设立阶段性奖励，如每月最佳好评实习生奖，或者对实习生第一次获得好评卡给予特别表扬和小奖励。这种奖励机制可以激励实习生更加积极地追求客人的好评。

（3）提升与顾客的互动技巧。酒店可以定期进行服务技能培训，教授实习生如何更好地与客人沟通，识别客人需求，以及如何通过有效的语言和肢体语言赢得客人的信任和好感。

（4）建立支持性工作环境。管理层应鼓励员工互相支持，共同分享经验和成功案例。在团队会议中，实习生可以分享他们如何成功获得好评卡的经验和技巧，促进共同成长。

（5）注重反馈与持续改进。在好评卡收集过程中，酒店可以同时引入顾客的建议与反馈机制。这样不仅能帮助实习生了解自身的优劣势，还能不断改进服务质量，进一步提高获得好评的可能性。

通过这些措施，酒店可以帮助实习生更自信地面对客人，提升服务质量，促进其与客人之间的积极互动，从而大大提高客户满意度和酒店的整体声誉。实习生要明白，勇敢迈出第一步是成功的关键，真正的成长在于不断挑战自我，敢于面对和克服内心的恐惧。

二、餐饮实习生在高峰期的服务协调

在餐饮服务中，实习生在高峰期的服务协调工作非常重要，主要体现在以下几个方面：

在餐饮行业的实习生岗位上，特别是在高峰期时，实习生的表现对整个餐厅的运营效率和客户满意度起着重要作用。实习生不仅要协助团队完成基本的服务任务，还需要在忙碌时刻灵活应对各种突发情况，以确保顾客得到优质的服务体验。

第一，有效沟通是实习生在高峰期必备的能力之一。餐厅的前台、厨房和服务人员都需要紧密协作，而实习生作为其中的纽带，必须及时传达客人的订单和特殊要求，确保信息准确无误。尤其是在高峰时段，餐厅运作压力大，实习生与厨房和前台的沟通至关重要，只有通过清晰的沟通才能确保订单得到快速处理，降低出错率和减少客人的等待时间，从而提升服务的整体效率。

第二，合理分配任务也是实习生的重要职责之一。在高峰期，餐厅的每一位服务人员都可能面临工作负荷增加的情况。实习生需要协助主管根据服务人员的工作量和能力，合理分配客人的需求和任务。例如，有的服务员擅长处理点单，有的服务员则更适合迎宾或处理顾客的特别要求。通过合理的任务分配，实习生能够帮助团队更有条不紊地工作，提升服务效率。

第三，灵活应变能力是实习生在高峰期表现突出的关键。在客流增加或出现突发情况（如顾客投诉、设备故障或特殊要求）时，实习生需要迅速做出反应。例如，当顾客提出投诉时，实习生应立即安抚顾客情绪，并快速通知主管采取进一步措施。实习生通过灵活应对这些挑战，能确保每位顾客都得到及时关注和优质服务，不至于因为突发情况而影响顾客整体用餐体验。

第四，实习生还要帮助维持餐厅的秩序。在高峰期，餐厅客流较大，容易出现拥挤和混乱的情况。实习生应主动引导客人就座，合理安排座位，避免客人因找不到合适的座位而产生不满。同时，保持餐厅环境的整洁也是实习生的重要任务。干净整洁的餐厅环境能为客人带来舒适的用餐体验，从而提升顾客的满意度。

第五，在高峰期，实习生还要具备及时汇报问题的意识。餐厅在忙碌时段容易出现各种问题，如订单错误、供应不足或设备故障等。实习生应时刻关注这些潜在问题，并及时向主管汇报，以便主管能够迅速做出调整和处理，保证餐厅的服务质量不会受到影响。

案例：如何应对客人的不满

案例描述：

那天晚上，酒店餐饮部面临一场前所未有的挑战。酒店有4个包间，4个包间同时有客人预订。餐厅的服务团队正按照常规的流程为已经到齐的客人陆续上菜。然而，意外发生在2号包间。一位客人刚一入座，就表现出强烈的不满，称上菜速度太慢，服务严重不到位。

这位客人表示，自己早在下午3点就已确认包间和菜品，期待按时享用晚餐。然而，实际情况是酒店餐厅直到下午4点多才最终确认了包间的安排，6点多客人抵达后才开始确认菜品的细节。这一沟通上的差异，导致客人与酒店之间的信息不对称，进而引发了客人的误会和不满。

随着晚餐的进行，2号包间的客人多次催促服务员加快上菜速度，但仍然感到不满。他的情绪愈加激动，甚至在一次催促未果后，愤怒地走到后厨，直接向后厨的工作人员表达了自己的不满。随后，为了进一步宣泄情绪，他走到大厅的收银台前，坐在收银台附近，希望引起其他客人的注意，以此加大对酒店的压力，表达他对服务的不满和失望。

面对这一紧急情况，餐饮部副经理与大堂副理迅速做出反应，他们决定亲自上前安抚这位情绪激动的客人。两位管理者来到收银台，首先真诚地向客人表达了歉意，详细解释了当天的工作安排和出现的问题。他们承认酒店在包间预订和菜品确认过程中存在疏忽，并承诺将立即采取措施改善服务流程，以避免类似的事情发生。

餐饮部副经理的态度十分真诚，他不仅站在客人的立场上理解和认同客人的不满，还展现了酒店致力改进的决心。与此同时，大堂副理也耐心地倾听客人的诉求，并及时给予反馈。两人的专业应对逐渐缓解了客人的情绪。通过真诚的道歉和耐心的解释，客人最终表示理解，并在情绪平复后，决定回到包间继续用餐。

这一案例不仅凸显了酒店在应对突发情况时灵活应变的重要性，也显示了管理层的迅速反应和有效沟通技巧。通过迅速处理问题、真诚道歉并提出实际解决方案，酒店成功化解了这次服务危机，避免了更大的负面影响。同时，这一事件也为餐厅今后的工作提供了宝贵的经验，提醒团队在处理预订信息和客人期望时需更加细致和严谨。

最后，酒店内部进行了总结和反思。餐饮部在此事件后，立即加强了内部沟通流程的管理，明确了各部门在确认预订和菜品时的职责分工。同时，酒店还加强了员工的培训，提升他们在处理客人投诉和突发情况时的应对能力，以确保在今后的服务中能够更加精准和高效地满足客人的需求。

处理方案：

为了有效解决此类案例并避免未来出现类似问题，酒店基于服务质量理论和沟通理论可以采取以下措施：

（1）优化预订和确认流程。酒店应优化预订和确认的流程，确保每个预订环节都得到有效记录和确认。酒店可以采用电子化系统进行订单和菜品确认，以减少信息传递中的误差，确保客户的要求被准确记录和执行。

（2）及时沟通与信息透明化。在确认包间和菜品安排后，酒店应及时与客人沟通任何可能的变更或延迟。酒店可以建立一个及时反馈机制，如发送确认短信或邮件，让客人了解最新的进展，减少不确定性。

（3）培训员工应对突发情况的能力。针对突发的客户不满，酒店员工需要接受培训，学习如何迅速平息客人的情绪，掌握有效的沟通和危机处理技巧，如如何倾听客人的诉求、共情理解、快速回应并提供解决方案。

（4）引入客户体验反馈机制。酒店应在用餐结束后主动征求客人反馈，了解服务中的不足，并及时做出改进。这样不仅能提升服务质量，还能提升客户的忠诚度和满意度。

（5）设立专门的客户关系管理团队。酒店可以设立一个专门的客户关系团队来处理投诉和不满。团队成员应具备出色的沟通能力和解决问题的技巧，能够快速识别客户问题，提供及时和有效的解决方案。

（6）制定补偿方案。为因服务失误而不满的客人提供合理的补偿措施，如打折、赠送菜品或下次用餐优惠，以弥补客人因服务体验不佳而产生的负面感受。

通过这些措施，酒店可以显著提高客户服务质量，减少因信息不对称和沟通不畅导致的误会。这个案例表明，及时的沟通和真诚的态度是化解客户不满情绪的关键，而完善的服务流程和高效的应急处理能力则是防止此类问题发生的根本保障。

三、菜品推荐中推销技巧的实际应用

在餐饮部实习期间，实习生的菜品推荐与推销技巧在实际工作中起着至关重要的作用。这不仅能有效提高顾客的用餐体验，还能促进餐厅的销售额增长。通过实际应用这些技巧，实习生可以不断提升自身的沟通能力和专业素养，同时为餐厅创造更多的商业价值。以下是一些具体的技巧及其应用方式：

第一，实习生需要对餐厅的菜单及特色菜了如指掌。这意味着实习生不仅要了解每道菜的名称，还要清楚它们的主要食材、口味特征、烹饪方法以及适合的人群。例如，一道海鲜菜品可能特别适合喜欢清淡口味的顾客，而某些辛辣的菜品则适合热爱刺激味觉体验的客人。尤其是餐厅的特色菜和当季推荐菜，实习生更需要重点掌握，以便在与顾客交流时能够自信、准确地进行推荐。这种知识储备不仅能让实习生显得更加专业，也能赢得顾客的信任。

第二，识别客户需求是推销成功的关键。实习生可以通过仔细观察顾客的行为和聆听他们的偏好，迅速了解顾客的实际需求。例如，有的顾客可能偏好健康食品，或者对某些食材过敏。通过与顾客的有效沟通，实习生能够更好地为他们推荐符合需求的菜品，避免出现因推荐不当而导致的尴尬或不满。比如，当顾客明确表示喜欢清淡口味时，实习生可以推荐一些少油、少盐的菜品。

第三，运用恰当的推销语言技巧至关重要。生动的描述可以大大提升顾客的兴趣和购买欲望。例如，在向顾客推荐菜品时，实习生可以使用一些形象的描述，如："这道菜使用了当天采购的新鲜海鱼，搭配特制酱汁，口感鲜美，让您感受到大海的味道。"这样具有感染力的推销语言，能够引发顾客的共鸣，增加他们选择该菜品的意愿。

第四，实习生还可以运用组合推荐的方式提升销售额。许多顾客在选择主菜时可能忽略了其他菜品，这时，实习生可以主动为他们推荐搭配的开胃菜、饮料或者甜品。比如，当顾客点了一道牛排后，实习生可以建议搭配一款红酒或一份沙拉，这不仅能提高顾客的用餐体验，还能增加订单的总价值。通过套餐推荐或者组合销售，实习生可以帮助餐厅实现更高的销售目标。

第五，关注销售目标与顾客反馈也是推销技巧中的一部分。实习生应了解餐厅的销售策略，积极推荐那些利润较高或库存充足的菜品。此外，在推销后向顾客询问他们的用餐体验和反馈，能够帮助实习生不断改进自己的推销技巧。如果某道推荐菜频繁受到好评，实习生可以在未来的推销中继续重点推荐；如果某道菜不受欢迎，则应在推荐时慎重选择。

通过这些技巧的应用，实习生不仅能够提升自己的推销能力，还能为餐厅带来实际的销售业绩增长。这一过程既是对实习生沟通能力的锻炼，也是为他们未来职业发展打下坚实基础的机会。与此同时，顾客也能从中获得更好的用餐体验，从而提高对餐厅的满意度和忠诚度。

案例 1：从路过到入座——将"闲客"转化为"消费主力"
案例描述：

我们酒店是一家新开业的会议型酒店，地理位置较为偏僻，平时的客源主要依靠会议的预订和集团股东内部的餐饮需求，很少有散客光顾。酒店虽然远离市中心，但依托会议资源，一直以来都保持着相对稳定的营业状态。在一个看似普通的午后，一次偶然的机遇让我在帮忙站台领位时进行了一次意料之外的成功销售实践。

当时，我正在餐厅门口站台迎客，突然注意到有三位看起来并不是会议客人的行人经过酒店门口。虽然他们的到来显得有些不寻常，但我的职业敏感告诉我，他们可能是潜在的顾客。于是，我迅速调整状态，主动上前向他们打招呼，用友好的语气问道："您好，请问是找餐厅用餐吗？"

果然，他们正打算找地方吃饭。得知他们的需求后，我没有错失这个难得的机会，立刻向他们推荐了我们酒店的餐厅。我为他们介绍了当天的午餐套餐，并特别强调了我们餐厅的菜系特色和酒店主厨的资历背景。为了更好地吸引他们，我亲手递上菜单，指着几道招牌菜详细解释了它们的烹饪工艺与食材来源。这几位客人一边翻看菜单，一边表现出明显的兴趣，随即向我询问了套餐的价格。

根据我们酒店的服务规范，餐厅提供不同价位的套餐选择以满足客人的多样化需求。考虑到这次接待人数较少，我主动向客人介绍了300～800元的多档套餐，并详细说明各价位对应的菜品搭配与服务内容。结合经理培训中提到的锚定效应，我重点推荐了600～800元的精选套餐，通过强调主厨特制菜品、当季新鲜食材及专属包间服务来展现其价值。

此时，我察觉到他们对价格产生了一些顾虑。为了打消他们的疑虑，我灵机一动，邀请他们参观餐厅的包间。我带着他们走进了装修精致、环境幽静的包间，向他们详细介绍了包间的私密性、舒适性以及良好的用餐氛围。同时，我还向他们强调了酒店餐厅独特的服务优势，如能够为客人提供个性化的服务和更加贴心的用餐体验。三位客人经过商量后，最终决定选择600元的套餐。

订单确定后，我立即通知了餐厅的服务团队，安排了细心的服务员负责照顾这三位客人的用餐需求。同时，我迅速与后厨沟通，确保菜品能够尽快出餐，以免耽误他们的用餐时间。随着菜品陆续上桌，餐厅舒适优雅的环境和高效周到的服务逐渐打动了客人。很快，这三位客人的朋友也陆续赶来。

　　这次聚餐不仅为餐厅带来了 4800 元的营业额，也让我深刻意识到，在销售过程中，细致入微的服务和灵活应对的能力至关重要。通过这次销售实践，我进一步体会到了酒店服务行业中如何有效运用销售技巧与客户心理学的联动作用。

　　解决方案分析与理论支撑：

　　（1）主动营销策略。在客流量较少的情况下，酒店工作人员应该积极主动地与潜在客户互动，通过热情的服务和有效的推荐，将路过的潜在顾客转化为实际消费者。案例中的热情打招呼和主动推荐餐厅便是一个很好的实践。

　　（2）锚定效应的巧妙运用。锚定效应是行为经济学中的一个重要概念，即当人们对某个不熟悉的价格或价值进行判断时，往往会依赖于最先获得的信息。案例中，工作人员首先完整展示了 300 ～ 800 元的全价位套餐选项，并通过专业讲解突出 600 元套餐的性价比优势——相较于基础套餐增加了主厨特制菜品和专属服务，使客人在全面了解各档位差异后，能够基于价值判断做出自主选择。

　　（3）体验式营销。体验式营销强调通过直接的体验让顾客感受到产品或服务的价值。在客人对价格产生疑虑时，工作人员迅速带他们参观包间，让他们直接体验到餐厅的环境和设施。这种直接的感官体验帮助他们消除了价格顾虑，提高了顾客对服务的认同感。

　　（4）灵活应对与增值服务。当意识到其他潜在顾客可能加入时，工作人员迅速调整策略，与后厨沟通，确保高效服务，从而吸引更多的顾客。这种灵活的应对策略和周到的增值服务，提升了顾客的满意度和体验。

　　实践建议：

　　（1）培训实习生主动营销能力。加强实习生在面对潜在顾客时的主动推荐和推销能力，通过定期培训，提高实习生识别机会和抓住机会的能力。

（2）精确运用心理学定价策略。在制定价格时，灵活运用行为经济学理论，通过精确的定价策略，提高客单价。

（3）营造卓越的体验氛围。加强酒店环境和服务的展示，主动邀请潜在客户参观和体验，通过直接体验打消顾客疑虑，提升顾客的消费意愿。

（4）优化团队协作与服务流程。建立高效的沟通机制和服务流程，确保实习生能够快速响应变化，提高服务的灵活性和客户满意度。

通过以上策略的综合运用，酒店可以有效地提升营业额和客户满意度，特别是在新开业的情况下，更能帮助酒店快速打开市场局面，吸引更多的客流。

案例2：用心服务，打动人心——黑卡会员的重庆旅游体验
案例描述：

一位首次入住我们酒店的黑卡会员带着家人来重庆旅游，在酒店停留了三天。其间，这位客人多次带家人前往酒店酒廊享用餐饮。通过与客人的交流，我了解到他们是外地来重庆旅游的，因此我特别用心地为他们推荐了附近的美食和景点。

第一次是客人下午来到酒廊享用下午茶时，询问了关于重庆当地好玩的地方。在了解客人旅游目的的基础上，我详细推荐了几处适合家庭游玩的景点，并附带了几家有特色的餐馆。第二天，客人与家人再次来到酒廊用早餐时，我主动关心他们前一天的游玩体验，询问他们对重庆的印象如何。在为他们提供餐饮服务的过程中，我还及时帮忙收拾餐具，确保他们用餐的舒适体验，并询问是否有任何需要帮助的地方。

当客人退房时，他们特意写了一封感谢信，感谢我们酒廊团队在他们的重庆之行中提供的周到和贴心的服务。这封感谢信不仅体现了他们对服务的满意度，也展示了酒店与客人建立良好关系的成果。作为一名实习生，我也很开心我的工作获得了客人的认可。

案例分析：

这次的服务案例中，酒店员工通过细致入微的服务打动了客人，不仅为他们提供了高品质的餐饮服务，还推荐一些旅游景点，积极询问他们的旅游体验。这种超出客人期望的服务方式，不仅提升了客人的整体入住体验，还成功地将一次普通的旅游行程变成了令他们难忘的回忆。

（1）顾客需求识别。客人通过询问附近景点表明他们是来旅游的，而员工能够敏锐地捕捉到这一信息，迅速调整服务策略，主动为客人提供旅游相关的建议。这种服务意识表明员工对顾客需求的高度关注，是个性化服务的关键。

（2）服务的持续跟进。在初次服务之后，员工没有止步于一次性的交流，而是在客人再次用餐时，主动询问前一天的体验。这种持续的互动进一步加强了酒店与客人的情感联系，增加了服务的深度。

（3）高标准的服务态度。无论是主动询问游玩感受、帮助收拾餐具，还是随时关注客人的需求，这一系列细致的行为展示了员工对服务细节的极高要求。同时，这些小小的举动让客人感受到了宾至如归的体验，提升了他们的满意度。

处理方案：

（1）主动关心与信息提供。在客人初次询问时，员工不仅回答了问题，还进一步根据他们的需求提供了个性化的推荐，展现了酒店对客人体验的关注。这种预见性服务提升了客人的信任度。

（2）持续互动。第二天早餐时，员工主动询问客人的游玩感受，并通过细心观察和及时服务，维持了高水准的客户体验。这种关怀式的互动不仅让客人感受到了尊重，也加深了他们对酒店服务的好感。

（3）感谢信反馈的处理。客人退房时留下感谢信，这不仅是对服务的肯定，更是一个重要的客户反馈。酒店可以借此机会分析其服务的亮点和不足之处，并以此为契机提升未来的服务质量。

理论支撑：

（1）客户关系管理理论。在此次服务过程中，酒店成功地应用了客户关系管理理论，展现了通过与客人的持续互动和提供个性化服务，来建立和维护深厚客户关系的能力。该理论的核心在于通过精准识别客户的需求和偏好，持续提供满足甚至超出客户期望的服务，从而提升客户的满意度和忠诚度。在本案例中，酒店通过一系列细致入微的服务举措，如对客人个人偏好的关注和针对性服务的提供，显著提升了客户体验。这样的情感联系不仅使客人在此次入住中感受到宾至如归的体验，也赢得了客人对酒店的信任。这种深厚的客户关系不仅能提高客户的回头率，还能通过客户的口碑宣传，提升酒店的推荐率，进而扩大酒店的市场影响力。

（2）服务超预期理论。该理论强调服务人员不仅要满足客人的基本需求，还应通过提供超出客人预期的服务来增强客户的愉悦感和提升客户的忠诚度。这种超预期的服务往往是通过一些细微的、额外的增值服务来实现的，而这些服务虽然看似简单，但能够带给客人深刻的印象，从而提升对酒店的整体评价。在本案例中，酒店员工通过主动关心客人、提供旅游建议以及细致入微的个性化服务，成功获得了客人的高度评价。例如，员工不仅仅是完成了客人的基本需求，还在与客人的互动中提供了额外的信息和帮助，超出了客人的预期。这种超预期的服务体验，不仅让客人感到惊喜，也大大提升了他们对酒店的好感度和忠诚度。

（3）情境服务理论。该理论主张服务人员应根据不同的场合和客户需求，灵活调整服务方式，以确保服务的精准性和有效性。服务的个性化不仅体现在标准流程的执行上，还体现在对顾客具体需求的细致关注和满足上。在本案例中，员工通过了解客人的旅游背景，针对性地提供了符合客人需求的建议，这种基于情境的服务不仅增强了服务的针对性，也使得客户感受到酒店服务的专业性和贴心度。例如，员工可以根据客人的旅游计划提供当地的最佳景点推荐或交通信息，使客人的行程更加顺利。这种高度个性化和情境化的服务方式，不仅提升了客户的满意度，也为酒店树立了以客户为中心的良好形象。

结论：

本案例展示了酒店服务人员如何通过用心、细致的服务，成功提升客人对酒店的满意度，并建立良好的客户关系。通过主动捕捉顾客的需求、提供超预期的服务和与顾客的持续互动，酒店不仅获得了客人的认可，还为未来的客户管理和服务提升提供了宝贵的经验。

四、餐饮安全与卫生标准管理

在酒店餐饮部实习时，实习生在餐饮安全与卫生标准管理中可能会遇到以下难点：

（1）理解和遵守复杂的规章制度。餐饮安全和卫生标准通常涉及多个方面，如食品储存、加工、清洁、消毒等，每个环节都有详细的规范和要求。实习生可能需要时间理解这些复杂的规定并在实际操作中严格遵守。

（2）处理突发卫生问题。在餐饮服务过程中，实习生可能会遇到突发的卫生问题，如食物交叉污染、清洁不及时等。实习生缺乏经验，可能在发现和处理这些问题时不够及时和有效。

（3）落实严格的个人卫生要求。实习生在日常工作中需要保持个人卫生，如勤洗手、穿戴清洁的制服、佩戴口罩和手套等。由于缺乏习惯，实习生容易在繁忙或高压环境下忽视这些细节。

（4）在高峰期保持标准。高峰期工作繁忙，实习生容易因为赶时间而忽略卫生操作流程，如食品的温度控制、用具的清洁消毒等，导致无法维持高标准的卫生水平。

（5）沟通与协调不足。餐饮部实习生需要与后厨、服务人员、清洁工等多部门协作，确保整个流程符合卫生标准。沟通不畅或协调不充分，可能导致卫生管理上的疏漏。

这些难点要求实习生具备良好的学习能力、执行能力和团队合作意识，以确保餐饮安全和卫生标准的管理到位。

案例 1：快速响应与真诚道歉——餐厅处理自助餐意外事件的成功案例

案例描述：

在某个平静的夜晚，一对夫妇来到我们餐厅，选择在自助餐区用餐。两人悠闲地挑选了各式美食，愉快地享用着晚餐。然而，当他们用餐到一半时，突然在一盘菜中发现了一根头发丝。这一意外让他们立即感到不悦，并迅速召唤了餐厅的服务人员处理问题。

作为当时的服务员，我第一时间上前，面带歉意地向客人进行了真诚的道歉。我解释道，由于餐厅采用自助餐形式，食物被放置在公共的供餐台上，客人自行取餐，这根头发丝可能是在取餐或准备过程中，由厨师疏忽或其他顾客在取餐时无意间掉进去的。无论如何，这依然是我们的失误。我主动承认了这一点，并立即为客人更换了新的菜肴，保证他们的用餐体验不再受到影响。

随后，我礼貌地请两位客人稍作等待，并立刻向餐厅经理报告了这起事件。我将事情的经过详细汇报给经理，确保经理能够全面了解情况，便于他做出进一步的处理和决定。同时，我强调了需要迅速解决问题，以避免客人产生进一步的不满。

幸运的是，这对夫妇在经过了解之后，表现出极大的理解和宽容。为了表达我们的歉意并感谢他们的包容，餐厅为他们准备了一份特制的小饼干作为补偿。这个小小的举动不仅显示了我们的诚意，也让客人的心情得到了缓解。最终，他们愉快地接受了我们的道歉，继续享用晚餐。

解决方案分析与理论支撑：

（1）进行及时且真诚的道歉。在服务行业中，当出现服务缺陷或事故时，进行及时且真诚的道歉是建立信任和缓和紧张情绪的第一步。根据服务补救理论，顾客对错误的态度往往取决于企业如何处理这一错误。在这个案例中，迅速道歉并承认错误，向顾客展示了企业对服务质量的重视。

（2）快速响应和解决问题。消费者行为研究显示，顾客在面对不满时，最希望的是企业能够迅速采取行动来解决问题。因此，在发现问题后，工作人员立刻向经理汇报情况，让管理层能够尽快介入并解决问题，避免了问题的进一步恶化和顾客情绪的升级。

（3）提供额外补偿以展示诚意。餐厅提供了一份特制的小饼干作为补偿，这符合期望理论的建议：当顾客遭遇服务失误时，超出他们期望的补偿可以提高他们的满意度，甚至可能让他们的最终体验比没有出现问题时还要好。

（4）保持沟通和礼貌的态度。在整个事件处理中，保持与顾客的沟通和礼貌态度是关键。这种做法有助于建立信任，让顾客感觉受到尊重。根据情境领导理论，按照具体情境调整沟通策略有助于产生更好的客户关系管理效果。

实践建议：

（1）建立有效的服务失误应对机制。餐厅应当制定清晰的服务失误应对流程，包括如何迅速道歉、汇报问题、解决问题和提供补偿，确保每一位员工在面对类似情况时能够迅速且得体地应对。

（2）培训员工沟通技巧和服务意识。通过定期培训，提升员工的沟通技巧和服务意识，使其能够在突发事件中保持冷静，灵活应对，提升顾客的满意度。

（3）强化食品安全和卫生管理。确保厨房和供餐台的食品安全和卫生条件良好，减少类似事件发生的可能性。同时，可以设置一些标识提醒顾客在取餐时注意卫生。

（4）提供超出期望的补偿。对于因为服务失误而受到影响的顾客，酒店可以提供超出其预期的小礼物或优惠券，提升其对餐厅的好感度和忠诚度。

通过以上方法的实施，餐厅能够更好地管理服务失误事件，不仅能有效缓解顾客的不满情绪，还能进一步提升品牌形象和顾客忠诚度。

案例 2：灵活应对突发状况，成功解决客房赔偿纠纷

案例描述：

一天晚上，我负责看守酒店包房的用餐服务。包房主人已经提前结账离开，但其他几位客人还在继续用餐。十几分钟后，这几位客人也吃完准备离场。当我准备整理餐具时，负责打扫卫生的阿姨告知我，包房的地毯上被客人丢弃的烟头烫了好几个大洞。此时，餐厅的管理人员都不在场，我便立即向经理汇报了情况。经理表示，应该向客人索赔 300 元。

为了尽快处理此事，我赶紧拦住了正在等电梯的几位客人，向他们说明了烟头烫坏地毯的情况，并表示需要他们等我联系上已经结账的客人再离开。然而，已经结账的客人未回应电话和消息。电梯旁的几位客人则坚称地毯的损坏不是他们造成的，甚至表示地毯在他们进入包房时就已经有破损。

在这种情况下，我提议查看监控来确定责任归属，并承诺如果是酒店的失误，我们会负责处理。然而，客人不愿意配合，拒绝等候监控结果，并准备离开。情急之下，我一边联系经理请求支援，一边随客人下楼。在一楼，保安帮助我再次拦住了客人。

最终，我成功联系上了最早结账的客人，向她说明了情况。然而，她对赔偿金额表示异议，认为 300 元的赔偿过高。考虑到这位客人是酒店的万豪会员，经理经过协调后决定为她减少了 80 元的赔偿金额，最终以 220 元的赔偿金额解决了问题。

案例分析：

该案例中的突发事件对酒店的服务流程提出了严峻考验。首先，客房地毯因烟头被烫坏涉及赔偿问题，给服务员带来了直接的顾客沟通和

现场处理的压力。其次，负责结账的顾客已经离开，无法直接联系，且当事顾客拒绝承担责任，导致服务员陷入了双方不配合的僵局。此时，如何有效沟通，平衡顾客体验与酒店利益成为解决问题的关键。

处理方案：

（1）迅速判断和处理。在发现地毯损坏后，服务员第一时间向经理报告，明确了酒店的赔偿要求，并快速实施行动，拦下正在离开的客人，避免纠纷升级。

（2）妥善沟通。在与客人沟通过程中，服务员始终保持冷静，采用了协商与提议查看监控的方式，希望能够通过事实来确认责任，尽量避免与客人发生正面冲突。

（3）寻求支援。在无管理人员的情况下，服务员及时向经理寻求帮助，并在无法控制局势时，协调保安人员一起拦住客人，防止事态进一步恶化。

（4）灵活调整策略。在联系上结账的顾客后，经理考虑到顾客的忠诚度，适时调整赔偿金额，展示了酒店在维护利益的同时，兼顾客户体验的灵活处理方式。

理论支撑：

（1）服务补救理论。在服务行业中，服务失误时有发生，服务补救的有效性直接影响顾客的忠诚度和对酒店的整体评价。案例中，酒店通过灵活调整赔偿金额，达到了让顾客满意的效果，这是典型的服务补救成功案例。

（2）客户关系管理。酒店最终的处理方案考虑到了顾客的会员身份，通过减少赔偿金额来维系与忠诚顾客的关系，体现了该理论中"个性化服务"的理念，有助于提升顾客的长期满意度和忠诚度。

（3）沟通策略理论。服务员在处理问题时，使用了事实沟通（查看监控）和情感沟通（友好解释和积极应对）的策略，尽量避免矛盾激化，这种双重沟通策略在客户服务中具有积极作用。

结论：

本案例展现了酒店服务人员在面对突发情况时的应急处理能力、灵活应变的销售技巧以及通过合理的补救措施来维系客户关系的实践经验。通过迅速判断、冷静沟通、协调各方资源，最终将可能导致的冲突化解，成功达成了双方都能接受的解决方案。这为其他服务行业的从业者提供了宝贵的参考经验。

五、餐饮活动中的创新及其执行

在餐饮活动中，创新是指引入新颖的理念、独特的菜品设计、创意的主题或活动形式，以吸引更多顾客，提升顾客体验和品牌影响力。创新包括开发季节性菜单、举办特别主题夜、采用新技术（如无接触点单）等。

执行则是将这些创新想法付诸实践的过程，确保活动顺利进行。执行涉及人员培训、资源准备、活动流程管理和实时调整等，确保每个细节都达到预期效果，最终提升顾客满意度和活动成功率。

案例：如何用创意晚餐打破淡季困局——酒店实习生的创新之路
案例描述：

去年，我在一家五星级酒店的餐饮部实习。实习的时间正值酒店的淡季，客流量明显减少，餐饮部的营业额也随之下降。我们部门为了培训实习生，给我安排了新的工作任务，就是协助餐饮经理策划活动，以提高餐厅的客流量和收入。

在日常观察和与顾客的交流中，我发现很多客人希望在酒店能有一些特别的餐饮体验，而不仅仅是普通的自助餐或点餐服务。于是，我提出了一个创新的想法：举办一场以"世界美食之夜"为主题的创意晚餐活动。

我设计的创意晚餐活动包含了以下几个关键元素：

（1）多国美食站点设置。将餐厅划分为不同的美食站，每个站点代表一个国家的特色美食。比如，意大利站点提供现烤比萨和手工意大利面，日本站点提供寿司和天妇罗，法国站点提供鹅肝酱和法式蜗牛，印度站点提供咖喱和烤饼。每个站点不仅有美食，还有当地的装饰和音乐，营造沉浸式体验。

（2）互动环节与现场表演。除了美食品尝，还设立一个互动环节，如寿司制作教学和意大利面拉面表演，同时邀请当地的乐队演奏异国音乐，丰富用餐体验。

（3）社交分享与优惠推广。鼓励客人将他们的体验照片分享到社交媒体上，并标记酒店的官方账号。对于参与社交分享的客人，提供下一次用餐的特别优惠券，以此激励他们成为酒店的回头客。

创意活动的执行过程：

在获得餐饮经理的支持后，我和团队开始着手执行这个活动。首先，我们与厨师团队一起研究和确定了每个国家站点的菜品，并与供应商联系，确保食材的新鲜和正宗。同时，我负责与市场部合作设计活动的宣传材料，包括线上和线下的广告、社交媒体推广、酒店大堂的海报等。

活动当晚，餐厅的氛围热烈而充满异国情调。各个美食站点布置得各具特色，吸引了大量的酒店住客和外来客人。寿司制作教学和意大利面拉面表演吸引了众多客人围观和参与，不仅提高了顾客的满意度，还增强了互动性和趣味性。顾客纷纷拍照分享，使酒店的社交媒体账户迅速吸引了大量关注。

活动结束后，我们的餐饮收入比平常提高了40%，且参与活动的客人中有超过60%的人表示愿意再次光临，并对活动给予了高度评价。同时，我的工作得到了顾客和经理的认可，我真的很高兴。

解决方案分析与理论支撑：

（1）创新驱动顾客体验。根据客户体验管理理论，创新的餐饮活动可以为顾客提供超出预期的体验，从而提升他们对品牌的忠诚度。通过将传统的餐饮服务转变为"体验＋美食"的模式，酒店成功地创造了差异化的竞争优势。

（2）沉浸式营销策略。沉浸式体验是当今营销界的热门趋势，通过调动顾客的多重感官体验（味觉、视觉、听觉等），增强他们对品牌的情感认同。活动中设置的多国美食站点和现场表演正是这种沉浸式营销的体现，有助于提升顾客的满意度。

（3）社交媒体的传播效应。利用社交媒体的传播特性，让顾客成为品牌的自发传播者，这种"病毒式营销"策略不仅能扩大品牌的影响范围，还能在潜在顾客中建立良好的口碑。通过鼓励顾客在社交媒体分享照片并给予优惠券的方式，酒店成功地实现了对顾客的激励和二次营销。

实践建议：

（1）不断创新，打造独特体验。酒店应定期策划各种创意活动，结合不同的节日、季节和文化元素，不断创新餐饮体验，增强顾客的品牌黏性。

（2）深度挖掘顾客需求。通过观察和与顾客的交流，深入了解顾客的需求和偏好，为活动策划提供真实的市场反馈和数据支持，确保活动内容符合目标顾客的喜好。

（3）优化社交媒体营销策略。加强社交媒体的推广和互动，利用顾客的自发传播和口碑效应，最大限度地提升品牌知名度和影响力。

通过这些创新与执行，餐厅不仅实现了收入的显著提升，还在无形中增强了顾客对酒店品牌的认同感。每一个服务细节的优化、每一次顾客体验的提升，都使得顾客在享受美食的同时，深刻感受到酒店的用心和专业性。这种全方位的服务体验，不仅让顾客在用餐过程中更加愉悦，更加深了他们对品牌的信任与依赖。随着时间的推移，越来越多的回头客选择了酒店餐厅，顾客的忠诚度也随之大幅度提升，为酒店的长期可持续发展打下了坚实的基础。

第五章 财务与收益管理实习案例分析

一、成本控制

在酒店管理中的成本控制方面，实习生通常扮演着辅助性角色，帮助酒店的各个部门实现高效运营。具体来说，他们的工作包括收集和整理成本相关的数据，利用基本的财务分析工具对这些数据进行分析，并协助编制各类预算，确保资金流动的透明性和合理性。同时，实习生还会参与日常支出的监控和审查，及时发现潜在的成本节约机会，支持各部门进行成本优化调整。通过这些工作，实习生能逐渐熟悉酒店资源的分配与使用流程。

然而，在参与这些实际操作时，实习生也会面临一定的挑战。由于经验有限，他们可能不够熟悉复杂的财务数据结构和专业分析工具的使用，在数据处理和解读上遇到困难。此外，他们对酒店运营模式和成本构成的理解尚浅，在制定成本控制措施时可能无法精准把握要点。再者，实习生需要与多个部门沟通协作，而不同部门的利益和需求差异可能使得跨部门的协调工作复杂化。

尽管如此，实习生通过不断积累经验和适应酒店实际运营，能逐步克服这些挑战。在学习成本控制的过程中，他们不仅能加深对酒店管理体系的理解，还能掌握许多实用的分析工具和技巧。这些能力的提升，使得他们在未来的酒店管理工作中能够更好地为公司资源的合理分配和成本节约作出贡献。

　　案例：细节之战——实习生如何在酒店成本控制中发挥关键作用

　　案例描述：

　　在酒店实习期间，我被分配到财务部，与经验丰富的张姐一起工作，她负责日常成本的监控。初入职场的我，对酒店财务的实际操作流程充满了好奇和求知欲，但也因为缺乏经验而略感不安。然而，张姐耐心地为我介绍了酒店的各项财务流程，并鼓励我在工作中大胆提出疑问和建议，这让我逐渐在紧张的工作节奏中找到了自己的节奏。

　　一个周一的早晨，我和张姐开始了每周一次的餐饮部报表审查。与往常不同的是，这次的报表中显示出一个异常现象：餐厅部门的食品成本在上周突然出现了大幅度的增加，然而根据同期的客流量数据来看，餐厅的客流量并没有显著增长。这一矛盾引起了我的注意，我本能地觉得这里面可能存在某些问题。

　　带着疑问，我将这一发现告诉了张姐。仔细听完我的分析后，她认同我的看法，并鼓励我深入分析问题的根源。在她的指导下，我开始查阅相关的采购记录和库存管理情况。由于对这些流程并不熟悉，我花了比预期更长的时间去理解各种数据的关联性，但我始终保持着耐心和细致的态度。

　　经过几天的反复查阅和数据比对，我发现了一些异常之处：某些特定食材的损耗率明显高于既定标准，且这些食材的采购价格也比平时偏高。更令人惊讶的是，部分采购记录显示，某几次采购并没有按照标准流程进行审核，而是通过了非标准的审批路径。这些线索表明，可能存在采购流程管理不严的问题。

　　虽然找到了问题的蛛丝马迹，但作为一名实习生，我也面临严峻的挑战。首先，我缺乏足够的经验来判断这些现象背后的真正原因，这使得我在向张姐报告时显得有些不自信。其次，当我试图与其他部门沟通以进一步核实情况时，碰到了意想不到的阻力。由于我的身份是实习生，许多同事对我的工作并不配合，甚至有人质疑我的能力，认为我只是一个来"学习"的新人，无法胜任这样的调查工作。

为解决这个问题，我首先向张姐诉说了我的顾虑，但她还是鼓励我做下去。我就勇敢地向主管进行了汇报，没想到，主管也支持我的工作。接着，我依据在学校里学习的成本控制理论，如"零基预算"和"采购优化"，建议与采购部门和餐厅管理层召开会议，提出建立更严格的采购审核流程，实施季度供应商评估，优化库存管理，并加强部门间的沟通与合作。

通过这一过程，我参与了多个部门的联席会议。会议上，主管们讨论了我的提议。尽管我实习结束的时候，上一阶段的成本还没有计算完毕，但我还是很开心，起码我的工作在尽量帮助酒店降低不必要的食品成本，我还增强了对成本控制的理解，提升了实际操作能力，我觉得自己的实习很有收获。这次经历让我深刻意识到，作为实习生虽然经验不足，但只要保持细心、坚持原则，并勇于面对挑战，依然能够在工作中发现并解决实际问题。同时，我也学到了沟通的重要性，尤其是在面对质疑和阻力时，如何通过合理的沟通技巧和事实依据来获得他人的信任和支持。

案例分析：

本案例展现了实习生敏锐的观察力、认真的工作态度和初步的财务分析能力，同时反映了职场新人在面对挑战时的困惑和压力。

实习生初入职场，对财务工作充满好奇和求知欲，并在张姐的耐心指导下逐渐熟悉工作流程，展现出积极的学习态度和快速成长的能力。在审查报表时，实习生能够敏锐地发现食品成本与客流量数据之间的矛盾，并主动提出疑问，体现了其细致入微的观察力和对数据的敏感度。在张姐的鼓励下，实习生查阅采购记录和库存管理情况，发现食材损耗率异常、采购价格偏高以及采购流程不规范等问题，展现了其初步的财务分析能力和逻辑思维能力。尽管在调查过程中遇到经验不足、沟通受阻等挑战，但实习生始终保持耐心和细致的态度，努力克服困难，展现了其职业潜力和解决问题的能力。

本案例展示了新时代的大学生在初次尝试企业工作场景时，也能够展现职场新人的积极主动态度，不断提升自身能力，这样的年轻人能够给酒店企业的发展带来新鲜气息。

理论支撑：

（1）零基预算理论强调从零开始分析所有费用，帮助发现不必要的成本。

（2）采购优化理论指出，通过供应商评估和谈判可降低采购成本。

（3）沟通管理理论强调跨部门沟通对于实现成本控制目标的重要性。

二、财务报表中的常见误区与应对之策

实习生在酒店财务部的工作时间有限，通常承担的是学习和辅助性的任务。尽管如此，他们仍然有机会接触到一些财务数据报表，并负责进行处理和初步分析。这一过程中，实习生往往会遇到一些常见的挑战。

首先，数据录入错误。由于缺乏足够的工作经验，实习生在录入财务数据时，可能会出现数字、日期或类别上的输入错误。这类错误不仅会影响报表的准确性，还可能对后续的分析和决策产生不利影响。其次，实习生在工作中往往对财务报表中的专业术语理解不够全面，如应计、摊销等术语。如果不理解这些关键概念，实习生可能会对报表信息产生误解，甚至可能造成不当的操作或分析。最后，忽视细节和审核也是常见的问题。在面对时间紧迫的任务或缺乏经验的情况下，实习生有时会忽略报表中的细微错误或未充分检查和审核数据，导致遗漏重要的信息，错过发现潜在问题的机会。

为了解决这些问题，实习生应采取一系列应对策略。首先，加强学习与参与培训。实习生应主动学习财务基础知识，特别是与酒店业相关的财务术语和概念，通过自学或参与公司的培训项目，确保能够准确理解报表中的内容。其次，在实际操作过程中仔细核对数据。实习生应养成良好的工作习惯，在数据录入和报表编制过程中，逐步提高对数字和信息的敏感度，确保所有输入的信息准确无误。最后，寻求指导与反馈。在遇到不确定的问题或复杂的任务时，实习生应及时向上级或有经验的同事请教，通过学习他们的经验来提高自己的工作能力，并积极接受反馈，以便在后续的工作中不断优化和改进。

通过这些方式，实习生能够逐步克服财务工作中的困难，提升自身的专业水平，进而为酒店财务部的工作作出贡献。

案例：实习生眼中的报表误区与破解之道
案例描述：

作为一名在酒店财务部实习的新人，随着逐渐接触酒店的财务报表，我发现很多看似简单的数字背后隐藏着一些常见的误区。在老师和同事的帮助下，我也学到了如何在日常工作中识别和应对这些问题，确保报表准确反映酒店的经营状况。以下是我在实习期间遇到的一些典型误区以及应对的经验分享。

误区一：将"平均房价"误认为酒店盈利能力的全部。在酒店行业，平均房价常被用作衡量酒店经营效果的指标之一。然而，有时会误以为平均房价越高，酒店的盈利能力就越强。实际上，平均房价并不能反映酒店的整体盈利情况。比如，当酒店的入住率很低时，即使房价很高，收入也可能不足以覆盖成本。

应对策略：在日常的财务报表分析中，我学会了结合入住率和每间可用客房平均收入来更全面地评估酒店的盈利情况。每间可用客房平均收入是综合考虑入住率和房价的一个关键指标，它能更准确地反映酒店整体运营的效益。在实际操作中，我会同时关注这两个指标，避免仅依赖平均房价来判断酒店的财务健康状况。

误区二：错误理解"总收入"与"净利润"的差距。初次接触酒店的损益表时，容易将总收入视为酒店的经营成果。然而，酒店的收入来源多样，包括客房、餐饮、会议等，而这些业务的成本结构各不相同。如果仅看收入，忽略各业务的成本，容易导致对实际利润的误判。

应对策略：通过实习，我逐渐了解到酒店财务不仅仅是看收入的多少，更要关注成本的控制。在整理报表时，我会仔细核对各部门的成本和费用，确保它们与实际运营相匹配。同时，我学会了对酒店的各项业务进行单独分析，尤其是餐饮部门，它的成本通常较高，因此单独核算时要格外注意成本分摊的准确性。

误区三：现金流量表容易被忽视。在酒店行业，现金流量表有时没有得到足够重视，因为许多人更关注损益表中的利润数字。然而，酒店的现金流状况直接影响到日常运营的顺畅程度。尤其是在淡季，酒店虽然账面上看似有盈利，但如果现金流不足，仍然可能面临支付员工工资、供应商费用等方面的困难。

应对策略：为了应对这一问题，我在实习期间学习了如何通过现金流量表来分析酒店的运营现金流。我会特别关注经营活动产生的现金流，确保酒店的运营资金充足，能够应对日常的现金需求。同时，我也建议主管部门在淡季时通过一些促销活动或灵活的资金安排，确保酒店的现金流保持稳定。

误区四：未充分考虑季节性波动对财务报表的影响。酒店行业具有明显的季节性波动，旺季和淡季的收入差异很大。如果在分析财务报表时没有考虑到这些波动，可能会对酒店的经营状况产生误解。在旺季，收入通常较高，容易忽视运营中的潜在问题；而在淡季，收入较低，又可能过度紧张，影响正常运营决策。

应对策略：通过这段时间的学习，我了解到财务分析不能只看单一时期的数据，而是要结合酒店的季节性特点进行全年分析。在实习过程中，我逐渐掌握了如何通过对比多个季度的财务报表来判断酒店的真实运营情况，并且学会使用滚动预算来应对季节性波动，确保酒店全年财务管理更平稳。

误区五：混淆资本性支出与日常经营费用。在酒店的财务报表中，资本性支出（如酒店装修、大型设备购置）与日常经营费用常被混淆。将资本性支出错误地计入经营费用，可能导致报表中当期费用过高，进而影响利润判断。

应对策略：在整理财务数据时，我开始更加注意区分资本性支出和日常经营费用。对于大额的设备购置或改造支出，我会与主管确认这些是否应作为资本性支出处理，并按折旧或摊销的方式分期计入费用。同时，保持与其他部门的沟通，确保各项支出都能准确归类，避免财务报表出现错误。

通过在酒店财务部的实习，我不仅学会了如何处理和分析财务报表，也逐渐意识到每个数字背后都代表着真实的业务状况。通过识别和纠正常见的财务误区，我提高了对酒店财务的敏感度，学会从多个角度分析酒店的经营情况。在未来的工作中，我将继续深入学习，希望能为酒店的财务管理贡献更多力量。

案例分析：

本案例中，实习生在酒店财务部的工作中发现了五个常见的财务误区，并通过学习和实践逐步掌握了应对策略。这些误区在酒店财务管理中较为常见，容易导致对酒店经营状况的误判。

通过案例可以看出，财务数据的准确性和全面性对酒店经营决策至关重要。实习生通过结合多个指标（如每间可用客房平均收入、入住率等）进行综合分析，能够更全面地评估酒店的盈利能力。同时，区分资本性支出与日常经营费用、关注现金流量表、考虑季节性波动等因素，有助于避免财务分析中的片面性和错误。

实习生应具备全局视角，结合行业特点，综合运用多种财务指标和分析工具，确保财务数据的准确性和决策的科学性。通过不断学习和实践，实习生可以更好地识别和应对财务误区，提升企业的财务管理水平。

三、收益管理中的价格策略实施

收益管理中的价格策略是通过动态调整价格以最大化收入和利润。常见策略如下：动态定价，根据市场需求和竞争情况实时调整价格；差别定价，针对不同客户群体、预订时间和购买渠道设定不同价格；促销折扣，在需求低谷期提供折扣以刺激消费；捆绑销售，将多个产品或服务组合打包以增加销售额。有效的价格策略能够提升酒店的客房利用率，进而提升整体收益。

案例：价格策略的智慧——实习生如何助力提升酒店收益？
案例描述：

在这次实习中，我被安排在酒店的收益管理部，主要负责协助团队处理房间的定价策略。实习期间的一个周末，我注意到酒店的入住率明显低于预期。尽管当时正处于旅游旺季，但许多房间仍处于空置状态，这让我非常意外。为了找到原因，我迅速调查了周边竞争酒店的定价情况，发现它们的房价比我们酒店略低，这可能是影响我们入住率的一个关键因素。

于是，我向我们的团队提出了调整房价的建议，以提升我们酒店在市场中的竞争力。然而，我的建议并没有立即得到团队的认同。部分同事认为，降价可能会损害酒店的高端品牌形象，同时可能会导致酒店整体收入的下降。在团队质疑的情况下，我意识到，仅仅提出降价并不足以解决问题，必须基于详细的数据分析和理论支持，才能做出更具说服力的决策。

　　为了更深入地探讨问题，我决定运用我在课堂上学到的收益管理理论，进行更加详细的市场和价格分析。我收集了竞争酒店的实时价格数据，结合我们酒店的历史数据，以及当前客户的预订行为进行对比和研究。通过分析，我发现酒店的价格设定未能充分反映当前市场的动态变化，尤其是在某些时间段，竞争对手已经意识到市场需求的变化，提前调整了房价，而我们仍然坚持较高的定价策略。

　　此外，结合历史数据，我还发现，在这段时期，市场需求存在波动，属于旺季中的淡季节点，这也是入住率下降的一个主要原因。我们的房价过高且缺乏灵活调整策略，导致潜在顾客转向了其他竞争对手。经过一系列分析，我向我的经理分享了这些发现，并详细解释了我的定价调整思路。

　　在与经理讨论后，我们决定参考收益管理理论，采取一套更加灵活和精准的定价方案。具体措施如下：

　　（1）实时动态定价。根据市场需求的变化以及竞争对手的定价策略，实时调整房价。我们利用市场数据监控系统，确保能够快速、准确地反映市场需求波动，进而动态地调整我们的房间价格，保持竞争力。

　　（2）捆绑销售策略。除了降价，我还提出了增加附加值的方式，即推出房价与酒店其他服务（如餐饮、SPA、健身房等）的捆绑套餐。通过增加顾客的整体感知价值，而不仅仅是降低房价，我们可以在不牺牲品牌形象的情况下，吸引更多的客户。

　　（3）差别定价。针对不同类型的顾客群体，我们实施了差别定价策略。例如，针对常住会员、商务旅客和本地居民分别设计不同的优惠和套餐价格。这种方式可以最大化不同客户群体的购买意愿，提升总体收入。

　　经过调整后的定价策略，酒店的入住率在接下来的几天中显著提升，空置率大大降低，同时由于捆绑销售和差别定价的实施，总收入并未受到明显影响，甚至在部分时段超出了预期。通过这次实践，我深刻意识到，定价不仅仅是单纯的数字调整，它是基于市场数据、客户行为和品牌定位的一系列战略组合。精准的数据分析和灵活的定价策略，能够帮助酒店在激烈的竞争中保持领先地位。

案例分析：

在这个案例中，实习生在酒店收益管理部的工作中发现了入住率低于预期的问题，并通过深入分析和灵活定价策略成功解决了这一问题。案例的核心在于如何通过数据驱动的决策和收益管理理论优化定价策略，提升酒店的市场竞争力。

首先，实习生通过调查发现，酒店的高房价在竞争激烈的市场中缺乏吸引力，导致入住率下降。然而，单纯的降价建议并未得到团队的认可，因为降价可能损害品牌形象和整体收入。这体现了定价策略的复杂性，需要平衡短期收益与长期品牌定位。

其次，实习生通过详细的市场和价格分析，发现酒店的价格设定未能反映市场动态变化，尤其是在旺季中的淡季节点，缺乏灵活调整策略。这凸显了实时数据监控和动态定价的重要性。通过引入实时动态定价、捆绑销售和差别定价策略，酒店不仅提升了入住率，还通过增加附加值的方式维持了品牌形象和收入水平。

最后，案例展示了数据分析和理论支持在决策中的关键作用。实习生通过结合市场数据、客户行为和收益管理理论，提出了科学合理的定价方案，成功提升了酒店的运营效率。这一经验表明，定价策略不仅仅是数字调整，还是基于市场洞察和战略组合的综合决策，能够帮助企业在竞争中保持优势。

理论支撑：

（1）动态定价理论指出，根据需求变化实时调整价格能优化收入。动态定价的核心思想是根据实时的市场供需变化，灵活调整价格。这一策略在酒店行业尤为重要，能够帮助酒店在竞争激烈的市场中占据优势，并避免因固定价格错失潜在客源。

（2）感知价值定价策略强调通过捆绑销售提升客户的价值感受，从而增加客房销量。通过捆绑销售策略，酒店不仅提供了折扣，还增加了顾客的附加价值感。这种策略能够有效提升客户对酒店服务的感知价值，避免单纯的价格竞争，维护酒店品牌的高端定位。

（3）差别定价理论有助于最大化不同市场细分的收益潜力。这一理论强调在适当的时间，以合适的价格，向合适的顾客出售适当的产品。通过细分市场和客户群体，酒店可以针对不同的客户需求制定个性化的价格策略，从而最大化收益。

四、动态定价与顾客满意度平衡

动态定价是一种根据市场需求、竞争情况和客户行为进行实时价格调整的策略，广泛应用于酒店行业。在实施动态定价的过程中，酒店的目标是通过灵活的价格策略最大化收益。然而，频繁或大幅度的价格变动可能会影响顾客的心理预期，导致对价格的敏感度上升。因此，如何在动态定价与顾客满意度之间取得平衡，成为酒店管理的重要课题。

首先，酒店应确保价格调整的透明性和合理性。当顾客能够理解价格的变化是基于合理的市场因素，如需求高峰期或重大节假日，他们更容易接受价格的波动。为此，酒店可以通过官方网站、APP或第三方预订平台明确标示价格变化的原因，帮助顾客更好地理解价格调整背后的逻辑。这样，透明的定价机制能够增强顾客的信任感，避免产生"不公正定价"的误解。

其次，酒店需要避免过于频繁或大幅度的价格变动。虽然动态定价强调灵活调整，但若价格频繁波动，尤其是在短时间内发生大幅变化，可能会引发顾客的焦虑和不满，甚至影响他们的预订决策。因此，酒店可以在制定价格策略时，设定一定的浮动范围和频率，确保价格变动不会给顾客带来太大心理冲击。

最后，酒店还可以通过提供优质的服务和额外的价值，来提高顾客对价格波动的接受度。即便价格有所上涨，顾客若能感受到物有所值，仍然愿意为优质的住宿体验买单。通过提供个性化服务、优质的客房设施、餐饮或其他附加服务，酒店可以增强顾客的整体体验感，让他们觉得价格变动是合理的，从而提升顾客的满意度。

案例：如何在定价变动中赢得客户——实习生的动态定价平衡之道
案例描述：

去年实习，我是在酒店前厅部工作的。因为我之前曾在其他酒店的前厅部进行过短期实习，所以这一次我被安排的主要工作是负责协助收益管理团队执行动态定价策略。一次长周末期间，酒店的房价因高需求而大幅上调。不久后，我接到了几位常客的投诉，他们对价格突然上涨感到不满，认为这种调整缺乏透明度和公平性。此时，我面临两难：既要维护酒店的收益策略，又不能降低顾客的满意度。

作为实习生，我意识到我们需要找到一个平衡点，让价格策略既符合市场需求，又能顾及客户感受。

根据动态定价和客户满意度管理理论，我向主管提出以下解决建议：

（1）透明定价沟通。通过邮件和社交媒体告知顾客价格调整原因，提升价格变动的透明度，以减少顾客的不满。

（2）个性化优惠策略。向常客和忠诚会员提供个性化折扣或特殊套餐，确保他们感受到被尊重和重视。

（3）实时反馈机制。在网站和预订平台上增加反馈通道，鼓励顾客对价格调整发表意见，及时进行客户关系管理。

案例分析：

这个案例反映了酒店行业在动态定价策略实施过程中面临的挑战，尤其是在高需求时期如何平衡收益管理与客户满意度。实习生通过观察和思考，提出了三个具有实践意义的解决方案，体现了其对动态定价和客户关系管理的理论理解与实际应用。

首先，透明定价沟通是解决客户不满的关键。通过提前告知价格调整的原因，酒店可以提升价格变动的透明度，减少客户的误解和不满。其次，个性化优惠策略能够有效维护常客和忠诚会员的关系，通过提供折扣或特殊套餐，让他们感受到酒店的重视，从而降低因价格上涨带来的负面情绪。最后，实时反馈机制有助于酒店及时了解客户对价格调整的反应，并进行相应的客户关系管理，避免问题进一步扩大。

总体而言，本案例展示了实习生如何在实践中运用理论知识，提出切实可行的解决方案，既维护了酒店的收益策略，又兼顾了客户满意度，体现了其在酒店管理中的潜力和能力。

理论支撑：

（1）动态定价理论。该理论强调通过实时调整价格来最大化收益，这是酒店等服务行业常用的策略之一。它的核心在于根据市场需求、季节性变化、竞争态势以及客户的购买行为等因素，灵活调整价格，从而在不同的市场环境下优化收益。然而，在实施动态定价时，酒店不仅需要考虑如何通过价格波动获取最大化利润，还必须平衡顾客的感知价值。也就是说，价格调整要有理有据，让顾客感觉到价格的变化是合理的，不会产生"被宰"的心理。此外，价格调整应透明，并与提供的服务质量相匹配，以确保顾客仍然感受到物有所值。

（2）客户满意度理论。该理论指出，酒店在实施价格调整的同时，通过透明沟通和提供个性化服务，能够有效提高顾客的忠诚度。即使在价格上调的情况下，如果酒店能够清楚地向顾客传达价格变动的原因，并在服务中给予顾客更多关怀和个性化体验，顾客对酒店的满意度依然可以维持在较高水平。例如，当酒店因旺季或特殊活动而上调房价时，如果能够在预订时就提前告知顾客，并在入住时提供如欢迎饮品、房间升级等额外服务，顾客对价格上涨的敏感度将会降低，甚至可能因为享受到的优质服务而更加满意，从而提升对酒店的忠诚度。

（3）客户关系管理理论。该理论强调，酒店应积极倾听客户的反馈，并采取相应的改进措施，以提升客户的体验和满意度。当顾客对价格调整或服务有疑虑时，酒店通过及时回应和解决顾客的问题，可以有效缓解顾客的不满情绪。例如，当一位常客对房价上涨表示不满时，酒店可以通过个性化的沟通和关怀，向顾客解释价格调整的原因，并提供其他增值服务，如下次入住的优惠券或特别礼遇，从而转化顾客的负面情绪，并提升他们的忠诚度。

这些理论和措施的应用，有助于酒店在追求收益最大化的同时，维持与顾客的良好关系，降低因价格调整而引发的客户流失风险。通过平衡收益和客户体验，酒店不仅能够提高利润，还能建立起更加稳固和长久的客户关系。

五、如何突破酒店财务软件应用中的实际操作难点

酒店财务软件的应用对于现代酒店的高效管理至关重要，但其实际操作过程中面临诸多难点和挑战。

第一，系统复杂性是一个主要问题。现代财务软件往往包括多个模块和功能，如账务处理、预算管理、收入分析等。用户需要熟悉这些模块的工作流程和操作方式才能有效使用软件，这对没有相关经验的员工而言是一个不小的挑战。尤其是在酒店行业，涉及的财务流程更加复杂，要求操作人员具备更高的系统掌控能力。

第二，数据准确性在财务软件的应用中至关重要。酒店的财务数据包含大量交易记录、费用报表、预订收入等，每一项数据都必须得到准确无误的录入和处理。任何细微的错误都可能导致账目不符，影响酒店的财务报告和决策。同时，财务数据的安全性问题不容忽视。随着数字化系统的普及，防止数据泄露和未授权访问变得尤为重要。酒店需要确保其财务软件具备高水平的加密和访问控制措施，以保障敏感财务信息的安全。

第三，财务软件的系统集成能力也是操作中的一大难点。酒店的财

务系统通常需要与其他管理系统无缝对接，如预订系统、库存管理系统和客户管理系统等。只有通过良好的系统集成，酒店才能确保各部门数据的统一和流畅运行，避免因信息孤岛导致的工作低效或数据不一致。

第四，实时更新也是确保财务信息及时性和准确性的关键。酒店的运营环境瞬息万变，财务数据需要随时更新，以反映最新的收入、支出和利润情况。这要求财务软件具有强大的数据处理能力，能够实时更新财务信息，为酒店管理层提供准确的财务状况和决策支持。

第五，员工培训和适应新软件也是不可忽视的挑战。酒店财务软件的引入或升级通常需要一定时间的过渡期，其间可能会出现员工在使用过程中遇到操作困难或对系统不熟悉的情况。充分的培训和持续的技术支持是帮助员工顺利过渡的关键，确保他们能够快速掌握软件操作，提高工作效率。

案例：解码财务迷宫——实习生如何突破酒店财务软件的应用难点？

案例描述：

在酒店财务部实习期间，我参加了很多与酒店财务相关的实践工作，学到了很多知识，有一次，我被要求使用一款全新的财务管理软件来生成月度报表。虽然我对基本的财务概念有一定的理解，但这个软件的界面复杂且功能繁多。第一次尝试使用时，我发现自己难以找到所需的模块，输入的数据也多次出错，导致生成的报表不准确。除此之外，系统的操作步骤烦琐，缺乏明确指引，这让我对软件的操作感到十分挫败。

面对这些挑战，我意识到软件的使用直接影响到酒店财务工作的效率和准确性。如果不能尽快掌握，可能会延误财务报告的提交，并影响酒店的决策过程。

为解决这一问题，我就拿出在学校学习时候的方法，做了一些工作：

（1）主动学习与参加培训。申请参加酒店组织的财务软件培训课程，系统学习软件的操作流程和功能模块。

（2）编写操作手册。在学习过程中，我整理出一份简化的操作指南，记录常用功能和快捷键，以便快速参考。

（3）与同事合作。定期与有经验的同事交流，向他们请教软件使用中的常见问题和解决办法。

（4）模拟操作练习。利用空闲时间在软件的模拟环境中反复练习，确保对每一步骤的操作都熟练掌握。

通过这些方法，我不仅熟练掌握了财务软件的使用，还大大提高了自己的数据处理和分析能力。在日常工作中，我能够快速、准确地整理和分析大量财务数据，为财务部门的决策提供有力支持。此外，我还学会了如何高效地处理各类突发问题，从而确保工作流程的顺畅进行。这次经历让我深刻认识到，面对复杂的软件操作，主动学习是至关重要的，它不仅帮助我掌握了新的技能，还增强了我解决问题的能力。同时，我也意识到，团队中的有效沟通是提高工作效率和质量的关键，通过与同事的交流，我获得了许多宝贵的经验和技巧。在持续的实践过程中，我不断地将所学的知识应用到实际工作中，这不仅让我克服了最初的困难，也让我在专业能力上取得了显著的进步。这段经历让我更加自信，并坚定了我在未来继续提升自己、迎接更多挑战的决心。

案例分析：

本案例中，实习生在酒店财务部的工作中遇到了使用新财务管理软件的挑战，并通过主动学习和实践逐步克服了困难。案例的核心在于如何通过有效的学习方法和团队协作，快速掌握复杂工具，提升工作效率和准确性。

首先，实习生面对新软件的复杂界面和烦琐操作感到挫败和困惑。这反映了新工具在初期使用中可能带来的障碍，尤其是对缺乏经验的实习生而言。然而，实习生意识到软件的使用对财务工作的效率和准确性至关重要，如果不能尽快掌握，可能会影响酒店的决策过程。这种问题意识体现了实习生的责任感和对工作重要性的理解。

其次，实习生通过主动学习和实践，采取了多种方法解决问题。例如，参加培训课程、编写操作手册、与同事交流以及模拟操作练习。这些方法不仅帮助实习生快速掌握了软件的使用方法，还提高了工作效率和准确性。特别是编写操作手册和与同事交流的做法，不仅解决了自身问题，也为团队提供了参考和支持，体现了实习生的团队合作精神和创新思维。

最后，案例展示了在面对新工具和复杂任务时，主动学习和实践的重要性。通过系统学习和反复练习，实习生不仅克服了初期困难，还提升了自身的专业能力。这一经验表明，在面对挑战时，积极的态度和科学的学习方法是解决问题的关键，能够帮助个人和团队更好地适应新环境和新工具。

理论支撑：

（1）学习曲线理论指出，反复实践有助于提高新技能的掌握速度和熟练度。

（2）知识共享理论表明，通过与同事交流和分享经验，可以更快地解决实际问题。

（3）任务简化理论强调，通过简化复杂任务的操作步骤和记录，能够有效降低出错率，提高工作效率。

第六章 市场营销与客户关系管理实习案例分析

一、实习生在酒店社交媒体管理中的实践

在当前竞争激烈的市场环境下，酒店在社交媒体平台上的宣传工作变得至关重要。通过国内外多个社交媒体平台，酒店能够全面展示其品牌形象。这些平台为酒店提供了丰富的展示渠道，不仅可以推广最新的优惠活动，还可以分享客户的真实体验和优质的视觉内容，从而吸引潜在客户，提升品牌的知名度和影响力。

社交媒体不仅是宣传的工具，更是一个与客户直接互动的桥梁。通过这些平台，酒店可以快速、及时地回应客户的反馈和需求，帮助客户解决问题，提升客户的满意度和忠诚度。例如，客户在入住期间或退房后可以通过评论区表达他们的意见，而酒店则能够迅速做出回应，以展示对客户需求的重视。通过这种互动，酒店能够增强客户对品牌的信任感，并为未来的客户建立一个更积极的形象。

此外，社交媒体平台的口碑传播功能使其成为一种强大的营销工具。用户生成内容（如客户的评论、照片和视频）不仅能够提升酒店的曝光率，还能够通过真实的用户体验提升品牌的可信度。客户往往会参考他人的评论或体验来做出预订决策，因此，这种内容能直接影响酒店的销售转化率。越来越多的研究表明，口碑传播和用户生成内容对酒店预订有着显著的推动作用，使社交媒体成为现代酒店营销策略中不可或

缺的组成部分。

在酒店管理的日常运营中，社交媒体的作用愈加重要。酒店管理专业的实习生通常被认为是与社交媒体密切接触的一群人，因此他们在酒店实习期间往往会参与酒店的社交媒体宣传和推广工作。这不仅让他们能够在实践中锻炼自己的数字营销技能，还能为酒店的品牌宣传带来新鲜的创意和视角。

实习生在社交媒体管理中的工作职责如下：首先，他们需要负责创作和发布各类内容，如撰写推文、博客、文章，并制作富有吸引力的视觉内容，以提升酒店的在线形象。这些内容可能包括酒店的特别优惠、客户的入住体验分享以及展示酒店设施和服务的图片或视频。其次，实习生需要密切监控社交媒体平台上的客户反馈和评论，及时回应顾客的需求与疑问，确保酒店的品牌声誉得到有效维护。再次，实习生还会参与社交媒体数据的分析工作。通过分析广告活动的数据表现，他们能够评估活动的效果，并提出改进建议。通过数据分析，酒店可以更精准地定位目标受众，优化未来的营销策略。最后，实习生通常还会协助策划线上活动，如举办线上竞赛、打折促销活动等，以提高酒店的曝光率和客户的参与度。

通过这些实习经验，实习生能够大幅提升他们在数字营销方面的能力，同时加深对社交媒体在现代酒店运营中重要性的理解。这些宝贵的实践经验不仅能够帮助实习生未来在酒店行业的发展，还能为酒店的社交媒体运营注入新的活力，促进其品牌建设和市场竞争力的提升。

案例：点赞的力量——实习生如何为酒店社交媒体带来新活力？
案例描述：

我在学校里是一个喜欢在社交媒体上分享各种心情、场景的人。本以为这些技能只是年轻人的一种时尚行为，没想到在实习中还派上了点用场。在酒店的市场营销部门实习期间，经过一个多月对工作的熟悉，我被安排负责管理酒店的社交媒体账户。起初，我注意到酒店的社交媒体页面缺乏互动，内容单一且发布频率不规律，导致粉丝增长缓慢，客户参与度低。我决定通过改进内容策略来提高酒店的社交媒体影响力。

我分析了竞争对手的社交媒体策略，发现他们使用了更多的视频、客户生成内容、实时互动和限时优惠来吸引关注。于是，我建议将这些元素融入我们的内容计划中，并推出了一系列创新活动，如"客房体验挑战"，鼓励客人分享他们在酒店的照片或视频。

为改善酒店的社交媒体表现，我向主管建议采用一些技巧来提升关注度：

首先，我建议多样化我们社交媒体平台的内容类型。除了传统的图文发布，我们可以引入更多的动态内容，如短视频、客户体验故事以及酒店幕后花絮等。这不仅能够展示酒店的独特魅力，还能通过生动的视觉效果吸引更多用户的注意力，增加页面的活跃度和吸引力。

其次，优化发布频率是提升社交媒体表现的关键。为此，我建议制定一个科学合理的发布日程，确保我们的内容能够定期更新。这种有计划的内容发布不仅能够维持客户的关注，还能帮助我们更好地把握发布的最佳时机，从而最大化内容的影响力。

再次，在增强互动方面，我建议通过一系列丰富多彩的活动来提升粉丝的参与度。例如，我们可以定期举办实时问答、在线投票以及限时优惠活动等。这些互动形式不仅能够活跃粉丝群体，还能促进他们与酒店之间的情感连接，从而提升品牌的忠诚度和客户满意度。

最后，我强调了用户生成内容的重要性。通过鼓励客户分享他们在酒店的真实体验，我们可以获得更多自然真实的内容，这些内容不仅能增加页面的真实性，还能激发其他潜在客户的兴趣。用户生成内容的利用，不仅能为酒店创造更多的宣传素材，还能通过客户的真实反馈来进一步提升品牌声誉。

这次社交媒体策略的成功实施让我深刻认识到，创新的内容策略在社交媒体管理中的关键作用。通过不断优化内容、加强与客户的互动，酒店不仅提升了品牌的线上形象，还有效拉近了品牌与客户之间的距离。这次实践让我更加确信，社交媒体作为品牌营销的重要平台，不仅仅是宣传产品和服务的渠道，更是与客户建立紧密关系、传递品牌价值的重要桥梁。

案例分析：

本案例提及了通过社交媒体运营策略，提升酒店品牌影响力和客户参与度。实习生凭借自身社交媒体经验，敏锐地发现酒店原有运营模式的不足，并针对性地提出改进方案，取得了显著成效，同时说明了善用大学生的社交习惯也能够帮助酒店企业实现效益。

在本案例中，实习生的成功之处有以下几点：

（1）内容策略优化。案例中的实习生摒弃了单一、枯燥的图文发布模式，引入短视频、客户体验故事、幕后花絮等多元化内容，有效提升了内容的吸引力和互动性。

（2）发布频率优化。制定科学合理的发布日程，确保内容定期更新，维持客户持续关注，并最大化内容影响力。

（3）互动活动策划。通过实时问答、在线投票、限时优惠等活动，提升粉丝参与度，促进与酒店的情感连接，提升品牌忠诚度。

（4）用户生成内容利用。鼓励客户分享真实体验，获取自然真实的内容，提升页面真实性，激发潜在客户兴趣，并为酒店创造更多宣传素材。

本案例为酒店行业的社交媒体运营提供了宝贵的经验和启示，值得学习和借鉴，同时说明了新时代的年轻人也能够通过自身的优势为酒店企业的营销宣传起到重要作用。

理论支撑：

（1）社交媒体营销理论指出，内容的多样化和定期更新不仅是吸引客户的关键，还能够显著提高品牌的知名度。在如今竞争激烈的市场中，多样化的内容形式（如视频、图文、用户故事等）能够更好地迎合不同受众的喜好，激发他们的兴趣。此外，定期更新内容则有助于保持品牌的活跃度，让客户持续关注和参与，从而在潜移默化中提升品牌的市场影响力。

（2）用户生成内容理论表明，用户生成内容因真实和可信的特点，往往比品牌自己发布的内容更具吸引力。客户更倾向于相信来自其他消费者的推荐和体验分享，这种信任感能够有效地增强品牌与客户之间的情感联系。通过鼓励用户生成内容，品牌不仅可以获得丰富且免费的宣传资源，还能通过这些真实的客户反馈进一步提升品牌的可信度和公信力，从而在目标市场中建立更稳固的关系网络。

（3）客户参与理论强调，实时互动和限时优惠是提升客户参与感和满意度的重要手段。这些互动形式使客户感受到品牌对他们的重视，从而更愿意与品牌保持长期的互动和联系。实时互动，如在线问答或直播活动，可以及时回应客户的需求和问题，提升他们的参与感；而限时优惠则通过制造紧迫感，激发客户的购买欲望。这些策略不仅能够提升客户的即时满意度，还能逐步培养客户的品牌忠诚度，最终推动品牌的长期发展。通过这些有效的措施，酒店的社交媒体页面粉丝数量显著增长了30%，不仅吸引了更多的关注者，也显著提升了页面的互动率。同时，客户的积极反馈也比以往更加频繁，不少用户在评论区分享了他们的入住体验和对酒店服务的满意度。

二、忠诚度计划的推进实施与客户反馈处理

酒店在处理客户反馈和推广客户忠诚度计划方面起着至关重要的作用。有效的客户反馈处理不仅能够帮助酒店快速发现并解决客户遇到的问题，从而大幅提升客户满意度和整体入住体验，也有助于建立良好的品牌口碑。通过及时、透明地回应客户的意见和建议，酒店能够展现出

对客户需求的重视与关怀，增强客户对品牌的信任感。此外，良好的客户反馈处理还能帮助酒店不断优化自身的服务水平，促使其更符合客户期望，进而吸引更多回头客。

与此同时，推广客户忠诚度计划则是酒店保持长期客户关系的重要策略之一。忠诚度计划不仅可以通过积分、折扣、会员专属活动等形式有效提升客户对品牌的黏性，鼓励他们进行重复消费，还能帮助酒店建立稳定的收入来源。通过这种方式，酒店能够为客户提供更高的附加价值，客户也会因为忠诚度计划的优惠而更加倾向于选择同一品牌进行消费。长期来看，这种客户忠诚度的提升不但会带来可观的直接收入，而且能通过老客户的口碑传播为酒店吸引新的客户。

两者的结合——高效的客户反馈处理与忠诚度计划的推广——能够帮助酒店有效提高客户的留存率。客户在得到了良好的问题处理和奖励机制的双重激励后，更容易与酒店建立情感连接，这不仅有利于提高回头客的比例，还能提升酒店的市场竞争力和品牌形象，从而推动酒店的可持续发展。

在这一过程中，酒店管理专业的实习生也扮演着重要的角色。他们在酒店日常运营中负责与客户直接沟通，通过直接互动来宣传和推广酒店的忠诚度计划。通过详细的解释和引导，实习生能够鼓励更多的客户加入计划，享受其中的福利与优惠，从而提升参与度。此外，实习生还负责收集和整理客户的反馈，分析反馈内容，以帮助酒店识别忠诚度计划和整体服务中的优势与不足。通过这些反馈，实习生可以向酒店管理层提出具有实际价值的改进建议，进一步优化客户的体验。

这种双向的客户管理方式不仅有助于提升客户满意度，还能增强客户的归属感，让他们觉得自己是酒店品牌社区的一部分。这种归属感的增强有助于客户与品牌之间建立更紧密的关系，为酒店未来的业务发展和品牌建设提供坚实的支持。实习生通过他们的工作，不仅为酒店带来了即时的收益，还为酒店的长期发展贡献了不可或缺的力量。

案例：实习生如何推动酒店忠诚度计划的成功实施

案例描述：

在酒店市场营销部门实习期间，酒店正好在实施一个推广酒店、提升顾客忠诚度的计划。我被分配到负责推广酒店的忠诚度计划的小组参与这项工作。项目初期推广工作就遇到了挑战，前厅部和其他部门的同事反映，客户对该计划的兴趣不高，参与率较低。客户反馈显示，许多人认为奖励不够吸引人，且加入流程复杂，难以理解。

作为实习生，经过思考，我提出了一些改进意见。我分析了客户反馈，发现我们部门同事在与客户沟通时表述不够明确（可能我们的培训不到位，酒店同事也没有深刻理解项目的内容），使客户没有充分理解忠诚度计划的价值。为了改变这一现状，我建议通过简化计划规则、增加奖励的多样性和透明度等来提升客户体验。

（1）简化加入流程。为了吸引更多客户加入忠诚度计划，简化复杂的加入流程是至关重要的一步。许多客户在面对冗长的条款和复杂的步骤时，容易感到困惑甚至放弃。因此，酒店可以将复杂的条款和条件简化为通俗易懂的语言，并提供清晰的步骤说明，帮助客户轻松理解和完成注册过程。此外，酒店可以在网站和社交媒体平台上创建一目了然的视觉化指南，结合图表、简短视频或图片引导用户，展示加入计划的好处和流程。这不仅能提升客户体验，还能增加计划的吸引力，推动更多潜在客户参与其中。

（2）增加奖励吸引力。为了让忠诚度计划更具吸引力，酒店可以根据客户的不同需求和偏好，设置更多样化的奖励选项。传统的积分兑换模式可以增加灵活性，不再局限于特定的折扣或优惠。客户可以选择兑换诸如免费房晚、餐饮折扣、酒店内的高端服务如 SPA 体验等。通过增加这些多样化的奖励类型，酒店可以让客户根据自身的需求和兴趣灵活选择，从而激发他们持续参与忠诚度计划的动力。同时，酒店可以根据客户的消费记录和偏好，定期推出一些限时的个性化奖励，以进一步增强客户的参与感，进而提升客户的忠诚度。

（3）主动获取反馈。为了确保忠诚度计划始终符合客户的期望并不断优化，酒店可以利用邮件和社交媒体平台定期收集客户反馈和建议。通过定期发送简单的调查问卷或客户满意度评估，酒店能够了解客户对忠诚度计划的真实感受，识别潜在的问题或改进的机会。社交媒体上的互动则提供了一个快速、便捷的反馈渠道。酒店可以根据客户的实时反馈做出相应调整。通过这样的方式，酒店不仅能够及时发现并修正计划中的不足，还能在客户眼中展现出对他们意见的重视和对计划的持续改进能力，进一步提升客户满意度。

（4）个性化沟通。在当今的数字化营销环境中，个性化的沟通已经成为提升客户忠诚度的关键手段之一。通过分析客户的历史行为、消费习惯和个人偏好，酒店可以向他们发送高度定制化的优惠信息和活动邀请。例如，根据客户的入住记录，酒店可以提前为他们推荐相关的折扣房价或他们之前常选择的房型，甚至提供独家优惠。对于频繁使用酒店餐饮服务的客户，酒店可以发放特别的餐饮优惠券或邀请他们参加美食活动。个性化的沟通不仅能够增强客户的参与感和归属感，还能让他们觉得自己受到了特别关注，从而进一步提升他们对酒店品牌的忠诚度。

通过这些优化措施，酒店不仅能够显著提升忠诚度计划的用户体验和客户参与度，还能在竞争日益激烈的市场中脱颖而出，吸引并留住更多长期客户。这些改进策略使得忠诚度计划的加入率提高了25%，客户对酒店的满意度也有了显著提升。客户不仅因为个性化的服务和多样化的奖励感到满意，同时对酒店品牌的忠诚度也明显提升。

在这一过程中，我深入学习并实践了如何将理论应用于实际操作中。具体而言，我明白了在忠诚度计划的推广过程中，积极的客户反馈管理是至关重要的。通过及时收集、分析并回应客户反馈，酒店能够持续优化计划的细节，满足客户的真实需求。同时，清晰的沟通在这个过程中也起到了重要作用。无论是宣传忠诚度计划的加入流程，还是在客户遇到问题时的即时回应，明确的信息传递都能有效增强客户的参与感和信任感。这些实战经验让我深刻认识到，理论与实践的结合对于成功的客户管理和营销推广至关重要。

最终，通过这些努力，酒店不仅提升了客户体验，也为未来的持续增长和长期客户关系奠定了坚实的基础。这一过程让我更加了解忠诚度计划的运营机制及其在提升品牌影响力中的重要作用。

案例分析：

本案例中，实习生在酒店营销部门实习时遇到的挑战反映了营销活动推广过程中常见的问题。客户对忠诚度计划兴趣低，参与率不高，主要原因是奖励不具吸引力以及加入流程复杂，难以理解。实习生通过分析客户反馈，识别了沟通不清晰的问题，提出了简化加流程和增加奖励吸引力等改进建议。这种分析显示出实习生对客户需求的敏感度和问题解决的能力。

该实习生通过对客户反馈的深刻理解，发现部门同事在与客户沟通时未能充分传递项目价值，这为营销策略的调整提供了有力依据。通过简化流程和提供更具吸引力的奖励，能够显著提高客户体验和参与度，也体现了该实习生对于客户关系管理和市场推广的思考和解决方案。通过这些改进，酒店不仅能提升顾客忠诚度，也能提升员工的业务理解能力，推动团队协作与效率的提升。

理论支撑：

（1）客户忠诚理论。客户忠诚理论指出，提供个性化的服务以及有吸引力的奖励措施是提升客户品牌忠诚度的关键因素。个性化服务通过满足客户的特殊需求和偏好，能够让客户感到自己受到重视，从而增强他们对品牌的认同感和依赖感。同时，具有吸引力的奖励机制（如积分兑换、专属折扣或定制化的体验）进一步激发了客户持续选择同一品牌的动机。通过这种方式，品牌不仅能够留住现有客户，还可以通过口碑效应吸引新客户，形成稳定的客户群体。客户忠诚理论认为，品牌和客户之间的长期关系建立在高度的信任和满足感之上，而个性化和奖励措施正是促进这一关系的有效手段。

（2）服务质量理论。服务质量理论强调，为了提升客户的整体体验，企业应致力简化客户的服务流程并提升服务的透明度。简化客户体验的核心在于减少客户在使用服务过程中的摩擦点，如优化预订流程、提供清晰的服务选项和简化注册或支付步骤。通过减少烦琐的流程，客户可以更快速便捷地享受到服务，进而提高满意度。同时，服务透明度也是提升客户满意度的关键。通过向客户清晰地展示服务条款、费用结构和服务流程，企业能够消除客户的疑虑，增强他们的信任感，进而提高参与率。服务质量理论认为，良好的客户体验直接决定了客户对品牌的认知和评价，从而影响他们是否愿意再次选择该品牌。

（3）反馈循环理论。反馈循环理论表明，通过持续收集和回应客户的反馈，企业可以持续优化服务，进而提升客户的满意度。客户反馈不仅是评估现有服务质量的重要工具，也是发现服务不足或改进机会的有效渠道。企业可以通过多种方式（如在线调查、社交媒体评论或电子邮件沟通）收集客户的意见和建议，并通过对这些反馈进行分析，识别客户的痛点和需求。更为重要的是，企业在收到反馈后应及时采取行动并通知客户改进措施，以表明他们对客户声音的重视。这一反馈循环不仅能增强客户的参与感，还能帮助企业在动态市场中保持竞争力，持续为客户提供符合其期望的服务，进而提升品牌的整体客户满意度。

三、客户关系管理系统的应用

酒店管理专业的实习生在使用客户关系管理系统时，常会面临一系列挑战。这些挑战不仅影响其在系统中的操作效率，还关系到客户数据的安全性和客户服务的质量。

第一，由于对客户关系管理系统复杂功能和数据处理流程不熟悉，一些实习生在初期可能会遇到操作不够高效的情况。客户关系管理系统通常包括大量功能模块，如客户信息存储、跟踪客户行为、分析数据以支持决策等。这些功能虽然强大，但操作上需要一定的经验和技术背景。对于初次接触这一系统的实习生来说，理解并有效利用这些功能可能存在一定难度，从而导致在使用过程中出现操作效率低下或功能未能充分发挥的情况。

第二，数据隐私和安全是现代客户关系管理中的重要考量，但一些实习生对这方面的关注还不够充分。在处理大量客户数据时，若未能严格遵守安全规范，可能会存在数据泄露的风险。这不仅可能影响客户对酒店的信任，还可能对酒店品牌造成负面影响。因此，实习生在使用客户关系管理系统时，必须正确处理敏感信息，遵守相关的隐私保护规定，确保客户数据的安全性。

第三，在面对大量客户信息时，实习生常常缺乏筛选和分析数据的能力，而这一能力在制定个性化服务策略时尤为重要。客户关系管理系统中存储了丰富的客户数据，涵盖客户的偏好、历史消费记录以及反馈等信息。然而，从这些数据中提取有用的信息并制定个性化的营销或服务策略，需要一定的数据分析能力和行业经验。实习生若无法有效解读这些数据，可能会错失提升客户满意度和忠诚度的机会。

第四，客户关系管理系统通常在不同部门之间共享客户信息，以确保各部门在服务客户时保持一致性。实习生需要学习如何在不同部门间协调使用客户关系管理系统，确保信息流通顺畅。例如，前台、销售和客户服务团队等部门都需要访问客户关系管理系统中的数据，因此实习生需掌握跨部门沟通的技巧，确保每个部门都能基于统一的信息为客户提供一致的服务体验。这一过程对实习生提出了跨部门协作的要求，也是他们在客户管理中面临的一个重要挑战。

应对这些挑战不仅能够提高实习生在客户关系管理系统中的操作

技能，还能够提升他们的数据管理能力和客户服务水平。通过深入学习系统功能、加强数据安全意识、提升数据分析能力以及与其他部门的协作，实习生将能够更好地利用客户关系管理系统来提升客户体验，进而为酒店的整体运营做出更大的贡献。这些技能的掌握不仅有助于实习生在酒店管理职业中的发展，还能帮助他们在未来成为更加出色的客户关系管理专家。

案例：数据驱动的卓越服务——酒店实习中的客户关系管理体验

案例描述：

在酒店实习期间，我第一次接触并使用了客户关系管理系统，这成为我学习和实践酒店管理的重要部分。通过这次实践，我不仅学到了如何操作这个复杂的系统，还深入理解了客户管理对提升酒店运营效率和客户满意度的重要性。

刚开始接触客户关系管理系统时，我感到有些不知所措。系统有大量的功能模块，包含从客户信息的记录和维护到客户行为数据的跟踪再到定制化的服务建议。由于之前没有太多数据处理的经验，我在操作上遇到了不少挑战。例如，我需要在大量的客户数据中筛选出重点客户，并为他们安排定制化的服务。然而，面对如此庞大的信息，我时常感到手足无措，因此筛选数据的效率比较低。

记得有一次，酒店推出了一个针对常住客的专属优惠活动。我被分配的任务是通过客户关系管理系统筛选出那些在过去半年内入住超过3次的客户，并为他们发送个性化的优惠信息。由于对系统操作还不熟练，我花了相当长的时间才最终找到相关的客户群体。即便如此，我还不太清楚如何根据客户的历史行为和偏好来优化优惠内容，导致最初发送的消息效果并不理想。这一问题暴露了我在数据分析方面的不足。

在导师的指导下，我开始逐渐掌握系统中更为高级的功能，尤其是如何利用客户关系管理系统中的数据分析工具进行客户细分和行为预测。我了解到，通过分析客户的预订记录、消费习惯和反馈，可以为不同的客户群体设计更有针对性的优惠方案。这不仅大大提高了客户的回应率，还提高了他们对酒店服务的满意度。通过这次任务，我深刻地体会到了数据分析在客户关系管理中的重要作用。

另外，客户关系管理系统还帮助我理解了客户数据隐私和安全的重要性。在处理客户信息时，系统会提醒我们遵守严格的隐私保护规定。例如，每次登录系统时，都需要进行双重身份验证，以确保数据的安全。还有一次，酒店接到了一位常客的投诉，声称其个人信息被滥用。这让我意识到，数据安全管理在客户关系中至关重要，任何一丝的疏忽都可能对酒店的声誉造成严重影响。

在客户关系管理系统的使用中，跨部门协作也是我学到的一项宝贵经验。酒店的前台、销售和客户服务部门都需要共同使用客户关系管理系统来保持客户信息的一致性。有一次，在前台协助一位VIP客户办理入住手续时，我注意到客户关系管理系统中显示了该客户的特别偏好，如对房间温度的要求和早餐偏好。我立即通知了客房服务部门，为该客户提前准备好了一切。当客户到达房间时，他看到为他提供的个性化服务显得非常满意。这一细节，让我感受到了客户关系管理系统在提升客户体验中的巨大作用。

经过几个月的实习，我不仅提高了自己在客户关系管理系统中的操作技能，还学会了如何通过数据优化客户服务。客户关系管理系统不再是一个复杂的工具，而是我为客户提供高质量服务的得力助手。这段经历让我深刻地认识到，在现代酒店管理中，数据驱动的客户关系管理不仅能够提升运营效率，还能让酒店在竞争中更具优势。

通过这次实践，我不仅掌握了更多实用的技能，也加深了我对客户关系管理重要性的理解。我相信，在未来的职业生涯中，这些经验会继续为我提供宝贵的指导。

四、实习生在市场活动中的角色与贡献

酒店管理专业的实习生在市场活动中的作用非常关键，既承担支持工作，也直接参与活动的策划和执行。他们在市场推广活动中扮演着不可或缺的角色，通过亲身参与多个环节，帮助酒店提升品牌知名度，吸引更多客户，并为市场的扩展贡献自己的力量。

首先，实习生负责协助策划和组织各类市场推广活动。这些活动可能包括特别促销、社交媒体宣传、品牌合作等多种形式。特别是在酒店推出限时优惠、节日促销等活动时，实习生的工作往往涵盖了从初期策划到具体执行的全过程。他们需要协助市场团队设计活动方案，确保活动的创意和内容能够符合酒店的品牌定位和市场需求。此外，社交媒体宣传作为现代市场推广的重要手段，实习生在撰写社交媒体文案、设计视觉内容、与潜在客户互动等方面也发挥着重要作用。

其次，市场调研是实习生的另一个核心任务。他们通常会参与市场的需求分析，通过收集客户反馈、分析竞争对手的活动以及评估市场趋势，为酒店的市场策略提供数据支持。例如，实习生可能会通过问卷调查、客户访谈或线上数据分析，帮助市场团队了解客户的真实需求和偏好。通过对这些数据的整理与分析，实习生能够为酒店的市场决策提供有价值的参考信息，确保推广活动能够精准触达目标客户群体。

最后，在市场活动的执行阶段，实习生通常会负责具体的现场管理工作，确保活动顺利进行。无论是品牌展会、促销活动，还是特别的客户体验活动，实习生都可能被指派到一线，协助安排现场布置、协调各方资源、管理客户互动等实际操作环节。这不仅锻炼了他们的组织协调能力，也让他们有机会在真实的市场环境中直接与客户互动，获取第一手的客户反馈。

通过参与这些实际的市场推广活动，酒店管理专业的实习生为酒店的品牌扩展和知名度提升做出了贡献。他们的工作不仅帮助酒店在激

烈的市场竞争中脱颖而出，还为酒店赢得了更多的市场份额和客户的关注。而在这个过程中，实习生也得到了宝贵的实践经验，培养了市场分析、活动策划和管理的专业能力。无论是数据分析的能力，还是活动执行的细节管理，他们都在实习中获得了提升，这些能力将为他们未来的职业生涯奠定坚实的基础。

案例：实习生的创意逆袭——如何让市场活动脱颖而出？

案例描述：

在酒店的市场营销部门实习期间，我参与了一次为期一周的"夏季特惠"市场推广活动，目标是增加客房预订量和提升餐饮消费。活动初期的效果并不理想，社交媒体上的参与度和转化率远低于预期，活动页面的点击率也持续走低。我的主管让我尝试分析原因并提出改进建议。

经过调查，我发现活动的宣传素材缺乏吸引力，缺乏创新和互动性，使客户难以产生参与的兴趣。同时，市场活动的推广渠道较为单一，主要集中在线上广告，忽视了社交媒体的潜力。

为改善活动效果，同事开会一起商量办法，最后列出了以下几项改进措施：

（1）创意内容制作。重新设计活动宣传素材，加入更多视觉元素，如短视频、动态海报等，讲述真实的客户体验和故事，增强情感共鸣。

（2）增加互动性。在社交媒体平台上举办"分享你最喜爱的度假时刻"照片比赛，鼓励客户参与并分享他们的体验，获奖者可获得免费住宿或餐饮优惠。

（3）多渠道推广。将活动推广扩展到更多平台，同时与当地网红和旅游博主合作，提升活动的曝光率和影响力。

（4）实时监测和调整。利用数据分析工具，实时监测活动的效果，根据客户反馈和数据表现，灵活调整内容和推广策略。

在活动的总结会上，我们发现这些改进措施使得市场活动的参与率增加了 40%，客房预订量明显增加，餐饮消费也有了明显的提升。对此，主管还表扬了我们。我深刻体会到创新思维和数据驱动决策在市场活动中的重要性，懂得如何通过有效沟通和团队合作实现活动的成功。

案例分析：

本案例中，实习生在酒店市场营销部门实习期间遇到的"夏季特惠"推广活动未达到预期目标，反映了市场营销活动中常见的沟通和渠道运用问题。活动初期，社交媒体的参与度和转化率低，点击率持续走低，说明宣传素材缺乏吸引力，缺少创新和互动性，未能有效吸引目标客户的注意。通过调查，实习生发现活动的推广渠道单一，主要依赖线上广告，而忽视了社交媒体的潜力。

实习生通过分析问题，提出改进建议，体现了其对营销活动效果的敏锐观察力和解决问题的能力。创新宣传素材和增强互动性，可以激发客户的兴趣，提升参与度。同时，优化推广渠道，结合社交媒体的传播力和互动性，能够更好地接触到目标客户群体。这一思路展现了实习生对于市场营销多样化策略的理解，并为未来的营销活动优化提供了有价值的参考。

理论支撑：

（1）内容营销理论。该理论强调，创意性和情感化的内容在吸引客户关注和建立品牌关系中起着重要作用。通过设计有创意的、引发情感共鸣的内容，品牌能够有效提高客户的参与度，使客户在心理层面产生共鸣和认同感。客户更容易记住那些能触动他们内心的故事或视觉内容，这种情感联系促使他们更加愿意与品牌互动，甚至将其推荐给他人。内容营销不仅仅是传递信息的工具，它也是打造品牌个性和品牌故事的关键途径。通过丰富的内容创作，品牌能够塑造出独特的形象，提升其在市场中的认知度和竞争力。

（2）社交媒体互动理论。该理论指出，客户通过参与品牌的线上活动，不仅可以增加与品牌的互动，还能够有效提升品牌忠诚度。客户在社交媒体上积极参与品牌的活动，如留言、点赞、分享或上传与品牌相关的内容，不仅可以提升品牌的曝光率，还能通过用户生成内容提升品牌可信度和影响力。用户生成内容被认为是消费者对品牌的真实反馈，能有效增强其他潜在客户对品牌的信任感。此外，社交媒体的互动性还使得客户能够直接影响品牌的形象，这种互动反过来也进一步提升了客户对品牌的忠诚度。

（3）多渠道营销理论。该理论强调，在当今高度碎片化的市场环境中，企业需要通过多个平台和多种形式的推广方式来触达广泛的受众。不同的客户群体有着各自偏好的平台和媒介。例如，有些人更倾向于通过社交媒体获取信息，而有些人则习惯使用电子邮件、网站或线下广告。通过整合社交媒体、邮件营销、搜索引擎优化、线下活动等多渠道的推广手段，品牌能够覆盖更广泛的目标群体。此外，多渠道策略还能够提升市场活动的转化率，因为客户在不同平台上多次接触到品牌信息后，形成的品牌印象更为深刻，增加了转化为实际消费的可能性。因此，酒店通过协调各渠道的推广活动，不仅能够提高品牌的知名度，还能通过一致性的信息传递有效提升客户的忠诚度和购买意愿。

五、品牌推广中的创新实践与难点

在当今竞争激烈的市场环境中，酒店在品牌推广中采取了一系列创新实践，以提高品牌的知名度和客户忠诚度。

首先，酒店通过利用社交媒体平台和影响者营销，大大提升了品牌的曝光率和影响力。借助在不同平台上拥有大量粉丝的网红或意见领袖，酒店能够快速触达目标受众，建立起广泛的品牌认知。影响者营销不仅能够通过真实的用户体验增强品牌的可信度，还能通过与客户的互动提升品牌的亲和力。

其次，虚拟现实（VR）和增强现实（AR）技术的应用也为酒店提供了创新的推广方式。通过 VR，客户可以在预订之前通过虚拟体验

"走进"酒店，感受客房、餐厅和其他设施的全貌。这种沉浸式体验不仅加深了客户对酒店的了解，还让他们对酒店的服务和环境产生了更加直观的感受。AR则可以为客户在酒店中的互动增加趣味性，如通过手机扫描来解锁隐藏的酒店信息或优惠。

最后，个性化客户体验和故事化营销也是加强客户情感联系的关键方式。通过数据分析，酒店可以了解每位客户的偏好，并基于此提供定制化的服务方案。这种个性化服务能够有效提升客户的忠诚度，进而提升客户回头率。而通过讲述品牌背后的故事、文化以及独特的历史，酒店能够引发客户的情感共鸣，使客户不仅记住酒店的服务，还记住其背后的品牌故事，从而增强客户对品牌的认同感。

然而，这些创新实践也面临一些挑战。第一，先进技术的引入，如VR和AR，成本较高，特别是对于中小型酒店而言，这些技术的实施需要大量的前期投入。第二，随着个性化服务的推广，客户隐私保护的问题也日益突出。酒店必须确保在收集和使用客户数据的过程中，严格遵守隐私政策，避免侵犯客户的个人隐私。第三，这些创新推广方式的效果评估也较为困难，特别是社交媒体和影响者营销，如何量化其带来的实际转化率和品牌忠诚度仍然是一个挑战。

作为酒店管理专业的实习生，参与品牌推广的创新实践不仅能为团队带来新的创意和视角，还能为自己积累宝贵的实践经验。在实际工作中，实习生可以协助策划和执行社交媒体活动，参与内容创作、互动管理和活动策划，帮助酒店与客户保持良好的在线互动。此外，实习生还可以分析品牌推广的相关数据，通过观察和评估客户的反馈和参与度，提供可行的建议来优化推广策略。客户体验设计和市场调研也是实习生可以参与的领域，通过调研市场趋势和客户需求，帮助酒店找到提升客户体验的新方法。

案例：突破传统——实习生如何用创新思维重塑酒店品牌形象

案例描述：

在去年的酒店实习中，我在酒店的市场营销部实习。实习期间，我参与了一项品牌推广计划，旨在吸引年轻的客人，提升酒店在社交媒体上的知名度。主管先召开了一次动员会和头脑风暴研讨会。在会上，我们营销部的年轻人商量出了一个想法：与当地艺术家合作，在酒店的公共区域和客房内打造独特的艺术体验空间，并通过短视频和直播活动在社交媒体上推广，展现酒店的创意和个性。我们酒店对外宣传的本来就是一个具有艺术气质的高品质酒店，酒店里面的陈设有不少都是来自本地和周边地区的艺术家的作品。

然而，这一想法在初期遇到了不少困难。首先，酒店管理层担心这种创新可能与酒店的传统风格不符，会破坏品牌的一贯形象。此外，也面临预算有限的问题，难以实现大规模的艺术合作和活动推广。后来，我们这些实习生在与艺术家和供应商的谈判中也遇到不少障碍，导致项目进展缓慢。

为克服这些困难，我们主管和经理一起开会商量，并采取了以下措施：

（1）内部沟通与说服。我们营销部门准备了一份详细的提案，包含市场分析和潜在收益，展示年轻人对体验型消费和艺术文化的偏好，成功说服管理层试行这一创意。

（2）资源优化与谈判。利用现有资源，与当地艺术院校建立合作，通过提供展示平台和酒店赞助的形式，降低合作成本。还与供应商谈判，达成折扣和赞助协议，控制预算。

（3）多渠道推广策略。在社交媒体上通过酒店的官方账号和本地影响力人物进行活动预告和直播，让潜在客户直接感受到酒店的艺术氛围。此外，还邀请媒体和旅游博主参加艺术开幕活动，提升品牌知名度。

（4）数据驱动优化。根据推广数据和客户反馈，不断调整活动内容和宣传策略，确保推广的持续吸引力。

经过不懈努力，这次创新的品牌推广活动总算有了一些进展，吸引了不少年轻客人，还获得了媒体的关注，提升了酒店的品牌形象和知名度。这次实践让我深刻理解了创新思维、有效沟通和灵活应变在品牌推广中的重要性，同时让我感受到了，只有思维还不行，必须结合创新思想，充分地进行实践，将思想完美地呈现出来才行。另外，要跟随团队，勇敢地面对实践中出现的困难，不停地面对困难、解决困难，才有可能获得成功。我的实习经历让我感觉非常充实，让我学到了在课堂上学不到的知识。

案例分析：

本案例提到在酒店市场营销部的实习经历中，实习生参与了一项品牌推广计划，旨在吸引年轻客群并提升酒店的社交媒体知名度。通过与当地艺术家的合作，旨在创造独特的艺术体验空间，并通过短视频和直播在社交媒体上推广。然而，项目在初期遭遇了不少困难，主要体现在酒店管理层对创新的担忧、预算限制以及与艺术家和供应商的谈判障碍。

从案例中可以看出，实习生和团队的创意具有创新性和独特性，但项目推进过程中缺乏有效的沟通与协调。酒店管理层担心这种创新与酒店品牌的传统形象不符，反映了品牌管理中对于创意与传统平衡的挑战。此外，预算限制和供应商谈判障碍也是常见的实际问题，特别是在资源有限的情况下。尽管面临困难，团队的创意依然具有潜力，只需要在与管理层沟通时更加注重品牌一致性，并寻找更具成本效益的合作方式。

理论支撑：

（1）品牌延伸理论。该理论表明，通过创新和与文化元素的有机结合，品牌能够在保留核心价值的同时注入新的活力，吸引不同背景和需求的客户群体。品牌延展并非简单的产品或服务拓展，而是通过在品牌现有的核心理念上创新，探索更多的市场机会。例如，酒店可以在其品牌故事中融入当地文化元素，推出特定文化主题的房间或服务，既符合原有品牌的豪华或舒适定位，又能够吸引对文化体验感兴趣的新客户。通过这种方式，品牌不仅能够扩大市场覆盖范围，还能确保品牌的传统价值和核心形象不会被弱化。品牌延展的成功关键在于保持创新与核心品牌定位的平衡，避免过度延展导致品牌形象的模糊或失去品牌独特性。

（2）体验营销理论。该理论强调，通过为客户提供独特的、难忘的品牌体验，品牌能够更有效地与客户建立起深厚的情感联系，从而增强品牌认同感和提升客户的忠诚度。体验营销的核心在于让客户成为品牌故事和价值的一部分。以酒店行业为例，酒店可以通过个性化的入住服务、特别的欢迎仪式或独特的活动体验让客户在每次入住时都感受到与众不同的待遇。例如，通过结合 VR 技术让客户提前体验酒店的环境，或者通过在特殊节日期间为客户安排独特的文化活动，都可以增强客户的沉浸感和参与感。这样的体验不仅能让客户感到满意，还能帮助品牌在客户心中留下深刻印象，从而提高客户的忠诚度和品牌口碑。

（3）整合营销传播理论。该理论指出，品牌应当通过多渠道、多层次的推广策略，统一传递品牌信息，最大化市场影响力。该理论的核心思想是确保品牌在不同的推广渠道和平台上传递一致的品牌形象和信息，以提高品牌传播的广度和深度。不同的渠道，如社交媒体、传统广告、线上营销、线下体验等，都有各自的传播特点和受众。通过整合这些渠道，品牌可以覆盖更广泛的市场，接触多样化的受众群体。同时，多渠道传播还能让客户在多个接触点上不断接收到相同的品牌信息，从而加深对品牌的认知。例如，酒店可以通过社交媒体推广最新的促销活动，同时通过电子邮件和线下宣传传达同样的信息，以确保不同平台的客户都能感受到一致的品牌体验。通过整合多种传播渠道，酒店不仅提高了信息的到达率，还增强了品牌的市场影响力和竞争优势。

第七章 人力资源管理与团队合作实习案例分析

一、实习生在招聘与培训中的参与

实习生在招聘与培训中的参与通常涵盖多个重要的辅助环节，尽管他们主要承担支持性工作，但其贡献对于提升招聘效率和培训质量至关重要。

（1）招聘过程。实习生在招聘工作中扮演着协助人力资源部门的角色，常常参与简历筛选、面试安排及初步的候选人沟通。在简历筛选阶段，实习生需要根据预先设定的职位要求，从大量的应聘简历中挑选出符合条件的候选人。这一过程不仅锻炼了他们的判断能力，还让他们更深入地了解了职位需求与招聘标准。在面试安排中，实习生通常负责协调候选人和面试官的时间，确保面试流程顺利进行。此外，实习生可能会负责进行初步的候选人沟通，回复邮件、电话联系或解答应聘者的初步问题。这一工作不仅提升了他们的沟通能力，也让他们更好地理解了招聘流程的整体运作。

（2）培训支持。在培训阶段，实习生的参与则体现在组织和协调培训活动的各个环节。他们可能负责准备和分发培训材料，如培训手册、PPT 等，确保培训过程中需要的资源及时到位。实习生还可能负责安排培训日程，与各个培训师进行沟通，协调时间表以确保培训顺利进行。此外，他们也可能参与培训记录和反馈收集工作。通过记录培训出勤情况、跟踪培训效果以及收集学员反馈，实习生帮助公司了解培训的实际效果，并为后续培训的改进提供有价值的信息支持。

　　实习生在招聘与培训中的参与，虽然以辅助性和支持性工作为主，但这些工作对于公司而言具有不可忽视的价值。通过协助招聘流程，实习生能有效分担人力资源团队的工作压力，提升招聘效率。而在培训方面，实习生的组织与协调工作有助于确保培训活动的顺利实施，并提升整体的培训质量。与此同时，这些实践也能为实习生提供宝贵的职场经验，帮助他们理解人力资源管理的基础流程，增强他们在组织协调、沟通和时间管理方面的技能，为未来的职业发展奠定坚实基础。

　　案例：从应聘到入职——实习生如何打造高效团队
　　案例描述：

　　在酒店前厅部实习的过程中，我有幸全程参与了招聘与培训的工作。这段经历对我的职业发展产生了深远的影响，也让我对酒店管理中的人力资源工作有了更深刻的理解。

　　当时，酒店正面临人员短缺的问题，特别是随着旅游旺季的临近，前台急需招募几名新员工以应对不断增加的工作量。我被安排协助人力资源部门处理新员工的面试和入职培训工作。起初，我的任务主要是协助准备面试材料、整理简历和安排面试时间。然而，在多次参与面试过程后，我逐渐意识到，许多应聘者并未完全展示出他们在酒店行业工作所需要的技能和服务态度，尤其是在处理客户投诉、应对压力和团队协作等方面的能力。

　　为了进一步增强面试效果，我主动与部门主管进行了沟通，分享了我的观察与见解。在部门主管的支持下，我得以参与实际面试，并有机会提出自己的建议。面试过程中，我运用了在学校中学到的行为面试法。这一技巧帮助我们深入了解应聘者在处理真实工作情境中的应对能力。特别是在考查应聘者如何处理客户投诉、如何进行团队合作以及应对压力等方面，我重点设计了开放式问题，以便了解他们在过去的工作经验中是如何应对类似挑战的。为了更全面地评估应聘者的能力，我还建议在面试环节中增加角色扮演的部分，让应聘者模拟实际的前台接待或处理客户需求的场景。这一举措不仅帮助我们更好地评估了候选人的沟通技巧和应变能力，也为我们挑选出更加适合酒店服务岗位的员工提供了更科学的依据。

经过一系列面试，我们最终筛选出了几位表现优异的候选人。但招聘工作只是第一步，接下来如何有效地进行新员工的入职培训成为新的挑战。作为实习生，我观察到传统的入职培训大多是以讲解和观看视频为主。这种方式虽然能快速传递基本信息，但缺乏互动性和实践操作。为了帮助新员工更快适应工作环境，我提出了采用"体验式学习"的培训方式，通过角色扮演、案例讨论和实际操作相结合的方式，增强培训效果。这一建议得到了部门主管的认可和支持。

在组织培训时，在我指导老师的带领下，我们策划了一场"模拟接待高峰期"的活动，模拟了酒店高峰期常见的前台接待场景，要求新员工轮流扮演客户和前台接待员，并处理各种突发状况。通过这种沉浸式的实操训练，参与的员工不仅得以更深入地理解前台工作的要求，还能通过实践不断提高处理问题的能力。培训结束后，我们收集了新员工的反馈，大家普遍认为这种"亲身实践"的培训方式更能帮助他们理解和记住所学内容，明显提升了他们的学习效率和对工作的信心。

在整个招聘与培训的实践过程中，我不仅掌握了通过有效面试技巧来选拔合适员工的方法，还学会了如何设计并实施创新的培训方式，帮助新员工更快融入团队。通过这次经历，我深刻认识到，在酒店管理中，招聘与培训不仅仅是填补职位空缺的过程，更是确保团队高效运作的基础。选择合适的人才并为他们提供适应岗位的支持和培训，是打造成功团队、提高客户满意度和确保酒店运作顺畅的关键。这次实习经历让我更加确信，作为未来的酒店管理者，除了日常运营，培养和支持团队成员的发展同样重要。

解决方案与理论支撑：

（1）行为面试法。行为面试法的核心理念是"过去的行为是未来表现的最好预测"。通过这一方法，面试官可以深入了解应聘者在过去工作中的具体表现和处理挑战的能力，从而更好地预测其未来的工作表现。在面试中，面试官会要求应聘者详细描述他们过去的实际工作经历，特别是在面临压力、解决问题或与团队合作时的表现。通过这些真实案例，面试官不仅能够评估应聘者的技术能力，还能了解他们的思维模式和行为倾向。例如，如何处理客户投诉、如何在紧急情况下做出决策等，都是评价候选人是否具备胜任能力的重要标准。通过这一系统化的评估方式，面试官可以确保招聘到更适合酒店工作环境的员工，从而提升整体团队的效率和服务水平。

（2）体验式学习理论。体验式学习理论强调"做中学"的重要性。这一理论认为，员工在培训过程中通过实际操作和角色扮演，能够更好地掌握知识并将其转化为实际技能。传统的培训方式往往依赖于讲解和理论传授，尽管有助于基础知识的学习，但在实际应用中，员工仍可能感到难以应对真实的工作场景。体验式学习通过让员工在接近真实的环境中模拟操作，不仅能提升他们的实际操作能力，还能增强学习效果。例如，在酒店的新员工培训中，通过让他们参与前台接待、客户沟通、紧急处理等真实场景模拟，可以帮助他们快速熟悉工作流程，同时提升处理突发问题的信心和能力。这种培训方式特别适合酒店这样需要面对多变工作情境的行业。通过不断实践，员工可以在短时间内从"新手"成长为能够独立处理复杂任务的"熟练员工"。

（3）团队动态理论。团队动态理论指出，在团队建设中，选择合适的成员是确保团队高效运作的基础。同时，新员工的入职支持，如系统的培训和及时的指导，也是提高团队整体表现的关键因素。酒店前台团队是一个高度依赖协作的团队，新员工能否迅速融入团队并适应工作节奏，直接影响着整个团队的服务质量和效率。通过科学的招聘流程，选择那些不仅具备胜任岗位的技能，还能与团队其他成员良好协作的员工，能有效增强团队的凝聚力。而通过精心设计的培训，确保新员工能够快速掌握工作技能、适应团队文化，也能使整个团队的工作效率得到显著提升。当团队中的每个成员都能够无缝配合，团队的整体表现和客户满意度自然会提高。

二、员工激励与士气管理中的实际操作

在酒店员工激励与士气管理的实际操作中，通常采用多种方法来提高员工的工作积极性和团队凝聚力，这些方法不仅能提升员工的表现和工作满意度，还能增强他们的归属感。以下是常用的几种方法，实习生在这一过程中可以学习到宝贵的经验和技能：

（1）认可与奖励。认可与奖励是激励员工持续提高工作表现的有效方式。通过员工表彰、发放奖金、礼品卡或提供额外的休息时间等方式，酒店管理层能够及时对表现出色的员工给予鼓励。这种正面的认可不仅能增强员工的自信，还会激励其他员工向他们学习，从而形成良性竞争氛围。实习生在这一过程中可以学习到如何通过不同的奖励机制激发员工的工作热情，并了解到在什么情况下适合给予员工及时、具体的认可，从而提高整个团队的士气。

（2）培训与发展。为员工提供培训机会和职业发展路径是长期激励员工的重要方法之一。通过提升员工的技能和知识水平，酒店不仅能帮助他们更好地胜任当前工作，还能为他们提供职业发展的前景。这种培训不局限于技术层面，还可以包括领导力培养、客户服务技巧等方面。实习生在这一过程中能够了解到，如何通过为员工提供学习和发展的机会来激发他们的潜力，并让他们保持对工作的热情。对于那些希望在酒店行业长远发展的员工来说，清晰的职业发展路径无疑是一种重要的激励手段。

（3）沟通与反馈。保持开放的沟通渠道以及提供定期的建设性反

馈，对于员工的成长和团队的合作至关重要。通过与员工保持频繁的沟通，管理者可以及时了解员工的需求、挑战以及他们的工作表现。定期提供积极且建设性的反馈，能够让员工知道他们在工作中的表现如何，以及如何进一步提高。实习生通过参与这些沟通和反馈环节，可以学到如何以有效的方式传达信息，如何通过积极反馈增强员工的自信心和提升员工的工作满意度，并更好地理解反馈对于员工和管理者之间关系的重要性。

（4）营造积极的工作环境。一个尊重、包容并鼓励创新的工作环境，能够大大提高员工的工作满意度并增强其归属感。酒店管理层通过制定公平的政策、鼓励团队合作以及创造开放的工作氛围，来确保每个员工感受到被尊重和重视。实习生可以在参与日常工作中，学习如何通过建立和维护积极的公司文化来提升团队士气。这包括理解如何处理团队中的冲突、如何营造一个让员工感到自由创新的环境，以及如何通过增强员工的归属感来提高他们的整体工作动力。

（5）弹性工作安排。根据员工的个人需求提供灵活的工作时间或休假安排，可以帮助员工更好地平衡工作与生活。这种灵活性不仅有助于增强员工的幸福感，还能提升他们对公司的忠诚度。实习生在这一环节中能够学到，灵活的工作安排如何通过满足员工的个人需求，进而提高他们的工作效率和团队凝聚力。通过理解员工的不同需求并进行相应的调整，酒店管理层能够创建出一个更加支持员工生活的工作环境。

通过观察和参与这些实际操作，实习生不仅能够更深刻地理解如何有效地激励员工，还能学会如何通过建立积极的工作环境来提升团队的整体士气。这些激励措施不仅提高了员工的工作满意度和效率，还提升了他们对酒店的忠诚度。在实习的过程中，实习生有机会参与员工管理的各个环节，学习如何通过灵活的沟通、持续的培训和适当的奖励来营造一个和谐高效的工作氛围。通过这些实践经验，实习生为未来的职业生涯奠定了坚实的基础，尤其是在如何管理团队、激励员工方面获得了宝贵的技能与知识。

案例：如何在低谷中激励团队——实习生的员工士气管理实践

案例描述：

上学期，我在一家四星级度假酒店的餐饮部门进行实习。实习期间，我遇到了一个有关员工激励和士气管理的实际挑战。这段经历不仅让我深入了解了人力资源管理中的关键问题，也让我有机会提出解决方案并亲自参与实施。

当时正值旅游淡季，客流量明显下降，导致餐饮部门的工作时间和收入随之减少。这种变化带来了员工士气的明显低落，甚至部分员工开始消极怠工，直接影响到了服务质量。餐厅内部的氛围也变得低沉，员工之间的互动减少，工作表现欠佳。

在一次团队会议上，我们的主管敏锐地察觉到了这种士气下降的问题。为了解决这个问题，他决定采取一些措施来提升员工的工作积极性和整体士气。由于我对人力资源管理一直很感兴趣，主管特意让我参与这次士气管理行动，鼓励我提出一些新想法或策略。这对我来说是一个难得的机会，能够让我将课堂上学到的知识直接应用到实际的管理问题中。

为了确保能够制定出切实可行的方案，我决定首先从调查员工的需求入手。我组织了一场小型的员工需求调查，直接与同事进行面对面的沟通，了解他们对当前工作状况的看法和感受。通过这次沟通，我了解到，大部分员工主要面临两个核心问题：一是工作中的成就感不足，二是团队凝聚力的缺失。由于淡季工作量减少，员工觉得他们的工作缺乏挑战性，无法获得成就感。另外，团队内部的互动也因为客流的减少而减少，整个工作氛围显得更加沉闷。

根据这些反馈，我设计了一个两部分的方案，旨在重新激发员工的工作动力并增强团队凝聚力：

（1）设立小目标与奖励机制。我建议部门为员工设立一些短期的可实现的小目标。例如，提升顾客反馈评分、增加某些菜品的销量等。每当目标达成时，部门可以为表现优秀的员工提供即时的小奖励，如餐厅的优惠券、额外的休息时间或其他形式的激励。这种做法能够让员工即使在淡季也感受到成就感，并通过奖励机制获得积极的反馈，从而维持他们的工作热情。

（2）团队建设活动。为了打破淡季的工作沉闷，增加员工之间的互动，我策划了一次团队建设活动。这次活动以体验式培训为主题，包含了一些轻松有趣的团队合作游戏，如角色扮演和解谜游戏。这些活动不仅能够促进员工之间的沟通和合作，还能够为团队注入更多活力，帮助大家在工作之外建立更好的关系，提升团队的凝聚力。

这些建议得到了主管的大力支持，并很快付诸实施。结果证明，这套方案非常有效。仅仅一周，餐饮部门的客户反馈评分显著提高，员工的工作态度也有了明显的改善。大家开始更积极地参与工作，服务质量也得到了明显提升。此外，团队建设活动让员工在轻松的环境中重新找回了工作的乐趣，彼此之间的关系更加紧密，团队氛围更加积极向上。

通过这次经历，我不仅从实践中学到了如何通过有效的激励措施和团队建设来解决员工士气低落的问题，还深刻意识到，在任何团队中，适时的激励和关怀都是至关重要的。员工的成就感和团队凝聚力直接影响工作效率和服务质量。作为一名实习生，这次经历让我更加明白，管理不仅仅是关注业务运营的效率，如何通过激励、反馈和团队建设来增强员工的幸福感和归属感，同样是成功管理的关键。

这次实习经历为我未来的职业发展提供了宝贵的经验，尤其是在员工激励和士气管理方面，我学会了如何通过创新的方式来应对实际问题，确保团队在任何环境下都能够保持积极向上的工作状态。

解决方案与理论支撑：

（1）期望理论。该理论指出，员工的动机取决于他们是否相信自己能够实现某个目标，以及实现这一目标后所获得的奖赏是否能够满足他们的需求。换句话说，员工的工作动力来源于三个关键因素：第一，他们对自身能力的信心（期望）；第二，他们认为实现目标会带来积极结果（工具性）；第三，所获得的奖励对他们是否具有吸引力（效价）。在本案例中，酒店通过设立小目标和即时奖励机制，来增强员工对自身工作的期望感。例如，设定提升客户反馈评分的小目标让员工感到这不仅是可以实现的，而且达成目标后能获得切实的奖励，如餐厅优惠券或额外休息时间。这种方式增强了员工的动机，使他们更加积极主动地投入工作，因而有效提升了整体表现。

（2）马斯洛需求层次理论。根据马斯洛的需求层次理论，员工的需求从低到高依次为生理需求、安全需求、社交需求、尊重需求和自我实现需求。在淡季，酒店员工的生理需求和安全需求得到了基本满足，但由于工作量减少，社交需求和尊重需求变得更加突出。员工往往觉得自己在工作中的成就感下降，团队内部的互动也减少，从而导致士气低落。为了解决这个问题，酒店通过组织团队建设活动和实施成就激励机制，满足员工更高层次的需求。团队建设活动促进了员工之间的互动，增强了他们的社交联系；而通过设立小目标并给予即时奖励，为员工创造了更多获得认可和尊重的机会。这些措施有效提升了员工的整体士气，使他们重新感受到团队中的成就感和归属感。

（2）积极组织行为学。该理论强调，通过正向的管理策略，如奖励与认可、团队建设等，来激发员工的积极性，从而提升组织的整体绩效。这一理论的核心在于为员工营造一个支持性的工作环境，鼓励他们发挥出最佳表现。在本案例中，酒店运用了积极组织行为学的理念，通过团队建设活动和奖励机制，为员工创造了一个更加正向的工作氛围。即时奖励机制使得员工在完成目标后立即感受到认可，而团队建设活动则增强了员工之间的信任与协作。这些管理措施不仅改善了员工的工作态度，还显著提升了组织的绩效与客户满意度，充分体现了积极组织行为学在实际操作中的效果。

三、实习生在跨文化团队中的适应与成长

在跨文化团队中，实习生通常会经历一段适应与成长的过程，这对他们未来在全球化工作环境中的职业发展至关重要。以下是实习生在跨文化团队中适应和成长的主要方面：

（1）文化敏感性。在跨文化团队中，实习生需要逐步学习尊重和理解不同文化背景下的同事。每个团队成员可能来自不同的国家或地区，带着各自独特的文化习惯、价值观和工作方式。实习生必须认识到，文化差异并不是障碍，而是丰富团队多样性和创意的重要来源。同时，文化差异可能带来一些挑战，如对时间的观念、沟通方式、工作习惯等方面的不同。这需要实习生具备高度的文化敏感性，能够敏锐地察觉这些差异，并用尊重的态度去面对，避免误解或冲突。通过这种文化学习，实习生不仅可以提高对全球化职场的适应能力，还能从不同文化中获得新的视角和见解。

（2）沟通能力。跨文化团队中的沟通技巧是实习生成长的另一个关键方面。在这样多元文化的团队中，不同成员的沟通风格可能存在显著差异，有些文化倾向于间接、礼貌的表达方式，而有些则偏向于直接、坦率的交流。实习生需要学会在不同文化之间找到平衡，确保沟通的清晰和有效性。他们需要适应不同的表达方式，学会使用清晰、简洁的语言，以便所有团队成员都能理解。在这个过程中，实习生也会逐渐掌握跨文化沟通的技巧。比如，如何识别和应对不同的非语言信号、文化特定的礼仪以及避免文化冲突的策略。

（3）团队协作。跨文化团队协作的成功不仅依赖于个人的能力，也需要团队成员之间的和谐互动。实习生需要学习如何在多元文化的环境

中有效地协作，并理解不同文化背景下的工作方法和决策风格。由于文化差异，有时团队成员可能会对同一问题持有截然不同的观点，这时实习生需要具备灵活的思维方式和解决冲突的能力。通过与不同文化背景的同事合作，实习生能够学会如何调解因文化差异引发的误解或冲突，从而保持团队合作的流畅性。这种经验不仅能提高实习生的团队协作能力，也能让他们懂得在多元环境中如何平衡不同观点和需求。

（4）开放心态。在跨文化团队中，培养开放和包容的态度是至关重要的。实习生需要学会敞开胸怀，接纳并欣赏不同文化的多样性，而不是仅仅坚持自己的文化习惯或工作方式。这种开放的心态不仅能够增强实习生对不同文化的包容度，还能让他们从各自的文化中汲取独特的知识和经验，从而拓宽个人的全球化视野。实习生在这样的环境中，会不断挑战自己，并逐步成长为更加多元化、具有全球竞争力的职场人才。

通过参与跨文化团队的工作，实习生能够显著提高自己的文化敏感性、沟通技巧、团队协作能力以及适应不同文化的能力。这些在全球化职场中至关重要的技能，将为他们未来的职业生涯打下坚实的基础。跨文化的工作经历不仅帮助实习生更好地理解不同文化背景下的工作方法，还使他们为日益全球化的工作环境做好充分准备。这段宝贵的经验将成为他们职场发展的强大优势，使他们无论未来身处何种文化环境，都能自信应对。

案例：实习生如何在多元文化团队中茁壮成长
案例描述：

我们被安排进入一家国际连锁酒店参加实习工作。我在这家酒店的前台部门进行实习。酒店位于一个国际化大都市，每天接待来自世界各地的客人。更有趣的是，我所在的团队成员也来自不同的国家和文化背景，包括来自欧洲的客房经理、来自东南亚的餐饮主管以及来自中东的礼宾部员工。这种多元文化的工作环境让我感到既兴奋又有些不知所措。

刚开始实习时，我在与不同文化背景的同事沟通时遇到了很多挑战。例如，在与欧洲的客房经理沟通时，他更喜欢直截了当的表达方式，而来自东南亚的餐饮主管则更注重礼貌和间接的沟通方式。有一次，我在工作中直接指出了一个同事的错误，这在我看来是希望问题能够及时得到解决，却无意中让那位来自不同文化背景的同事感到尴尬和不安，导致团队内部产生了一些误解。

为了更好地适应这一多元文化团队的工作环境，我决定主动了解和学习不同文化背景下的沟通方式和工作习惯。我开始观察和记录每位同事的沟通偏好和反应，参加酒店为员工提供的跨文化培训课程，并主动请教有经验的同事如何处理类似的跨文化沟通问题。

在培训课程上，我了解到霍夫斯泰德文化维度理论。这让我意识到不同文化背景下的人们在权力距离、个体主义与集体主义、回避不确定性和长期导向等方面可能存在差异。我尝试将这些理论应用到实际工作中，调整我的沟通方式。例如，在与欧洲同事沟通时，我更加直接和清晰；在与东南亚同事沟通时，我更加注重使用礼貌和委婉的表达方式。

通过不断学习和实践，我逐渐适应了这个跨文化团队，并学会如何在多元文化环境中建立有效的沟通和合作关系。在一次团队会议上，我主动提出了一些加强团队协作的建议，如通过举办跨文化交流活动来增进团队成员的相互了解。我的建议得到了团队主管的支持，并被纳入酒店的文化建设计划之一。之后，我们成功举办了几次文化交流活动，团队氛围明显改善，成员之间的误解减少，合作更加顺畅。

解决方案与理论支撑：

（1）霍夫斯泰德文化维度理论。该理论强调不同文化在权力距离、个体主义与集体主义、男性化与女性化、不确定性回避和长期导向等方面的差异。理解这些差异可以帮助实习生在多文化环境中更有效地沟通和合作。实习生通过学习和应用该理论，能够更好地理解和适应同事的行为和沟通方式，减少文化冲突。

（2）文化智商理论。该理论强调在多元文化环境中工作时的意识、自我调节和行为适应能力。通过培养文化智商，员工可以更好地理解和应对跨文化交流中的挑战，从而在全球化工作环境中更有效地工作。

（3）跨文化沟通理论。该理论认为，不同文化背景的人在交流时需要具备文化敏感性和开放的态度。鼓励团队进行跨文化交流活动，可以增进相互了解，减少误解和冲突，提高团队的整体凝聚力和工作效率。

通过这些实践，实习生不仅能提升自己的跨文化沟通能力，还能增强在多元文化环境中的适应性。未来，在全球化的酒店业中，跨文化沟通与合作能力将是不可或缺的核心竞争力。

四、工作冲突与压力的应对策略

在酒店实习期间，工作冲突与压力是不可避免的，而如何有效应对这些挑战，对实习生的个人成长和职业发展至关重要。以下是实习生在面对工作冲突和压力时，可以采取的几种应对策略：

（1）有效沟通。在面对工作中的冲突时，沟通是解决问题的关键。实习生应学会主动表达自己的想法和需求，同时要倾听他人的意见。在沟通过程中，保持尊重和理解的态度，避免情绪化的言辞。通过公开、透明的沟通，实习生和同事或上级可以找到共同的解决方案，从而化解冲突。对于跨部门协作时出现的误解，实习生也应当及时沟通，避免因为信息不对称而导致矛盾升级。通过良好的沟通技巧，实习生不仅能有效缓解冲突，还能提升团队合作的效率。

（2）时间管理。在高强度的工作环境中，压力往往源于对任务的积压和时间的紧迫感。实习生需要学会合理规划自己的时间，制订明确的工作计划，并按照优先级逐步完成任务，对那些重要且紧急的事项，应优先处理，避免拖延造成更大的压力。通过掌握时间管理技巧，实习生能够更加高效地完成工作任务，并减少因任务积累而带来的焦虑。同时，合理的时间安排也能为实习生留出休息时间，避免因为过度劳累而影响工作表现。

（3）情绪管理。工作压力和冲突可能会导致情绪紧张，影响个人表现。在面对压力时，实习生应保持冷静，避免因情绪化而做出不理性的决定。深呼吸、短暂休息或转移注意力，都是缓解紧张情绪的有效方式。实习生可以尝试在工作间隙进行放松练习，如简单的冥想或短暂的步行，这有助于理清思绪、降低压力。此外，实习生还应培养积极的心态，学会从不同角度看待问题，以更理性和建设性的方式面对工作中的困难。

（4）寻求支持。在面对复杂问题或冲突时，实习生不必独自承受压力。向同事或上级寻求帮助或建议是解决问题的有效途径。通过与经验丰富的同事或上级讨论，实习生可以获得宝贵的指导和支持，找到更加有效的解决方案。同时，向他人倾诉也可以减轻压力，让实习生感受到团队的支持和信任，增强其应对压力的信心。此外，实习生应学会利用团队的力量，共同应对工作挑战。

（5）积极学习。面对工作中的冲突和压力，实习生应以积极的态度看待这些挑战，并将其视为提升自身能力的机会。通过不断学习新技能和知识，实习生可以提升自身的适应能力和解决问题的能力。无论是专业技能的提升，还是软技能如沟通、时间管理的学习，都会使实习生在面对压力时更加自信。在学习过程中，实习生不仅能够提高工作效率，还能积累经验，为未来的职业发展奠定坚实基础。

通过采取上述应对策略，实习生能够更好地处理工作中的冲突与压力。这些策略不仅帮助他们在实际工作中缓解压力，还提高了他们的职业素养和个人能力。实习生在适应复杂的工作环境时，将逐渐学会如何应对挑战，保持积极的工作状态，并在团队中贡献自己的力量。这些宝贵的经验将会使他们在面对更大挑战时能够从容应对。

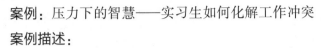

案例：压力下的智慧——实习生如何化解工作冲突

案例描述：

我在一家五星级酒店的宴会部实习期间，遇到了一个关于工作冲突与压力管理的挑战。那时，酒店正在筹备一场重要的国际会议。时间紧迫，任务繁重，所有员工都在高压下工作。我作为实习生被安排负责会议期间的餐饮服务协调工作。

在会议筹备的过程中，我发现宴会部的两个主管在如何布置会场和安排服务人员上存在意见分歧。一位主管希望采用传统的布置方式，以确保效率和稳定性；而另一位主管则倾向于创新的布置方案，以提升会议的视觉效果和客户体验。双方争执不下，导致准备工作一度停滞。这种冲突给整个团队带来了很大的压力，也让我感到焦虑和无所适从，因为我担心这场争论会影响会议的顺利进行。

面对这一情况，我意识到作为实习生，我不能只是旁观者，而需要主动参与并帮助解决问题。我首先冷静下来，分析了双方的立场和关切点。接着，我建议两位主管召开一次小型会议。

会议上，考虑到时间紧张，我建议通过虚拟模拟或平面图展示来直观地比较两种布置方案的效果。通过手绘图展示传统布置与创新布置的优势与不足，结合会场的实际条件（如空间大小、人员流动等）进行分析。在此基础上，邀请各方参与者（如客户代表或其他部门主管）提供意见反馈。这种方法既能减少时间和人力成本，又能确保每个方案的优缺点都被充分考虑和讨论。通过分析，我们发现，两位主管的方案各有优劣。一位主管的传统方案确实节省了时间和人力，但视觉效果欠佳；而另一位主管的创新方案虽然提升了视觉效果，却需要更多的时间和人手。经过讨论，我们决定采用一种折中方案：在保留传统布局核心的基础上，加入一些创新元素，以在有限的时间内兼顾效率和效果。

这种解决方案得到了团队的认同，冲突迅速平息下来，准备工作也重新恢复了正常。最终，会议取得了圆满成功，客户对酒店的服务和布置给予了高度评价。这次经历让我深刻体会到面对冲突时保持冷静和寻求合作解决方案的重要性。

通过这次经历，我学会了如何在高压环境中进行自我管理，掌握了处理团队冲突的有效策略，认识到在酒店业这样快节奏、高要求的环境中，具备解决冲突和管理压力的能力将是未来职业发展的重要竞争优势。

解决方案与理论支撑：

（1）冲突管理理论。冲突管理理论指出，冲突本身并不一定是负面的，通过有效的管理和解决，冲突可以带来创新和改进。案例中，"我"采取了"合作"策略，尝试找到双方都能接受的解决方案，以满足不同利益相关者的需求。这种策略不仅解决了冲突，还提升了团队的沟通和协作的效率。

（2）情绪智力理论。情绪智力在压力管理和冲突解决中扮演重要角色。在面对冲突时，保持冷静、理解他人的情感需求并用积极的沟通技巧来化解矛盾是关键。在本案例中，"我"运用了情绪智力理论，保持冷静的头脑来分析问题，并采取了适当的沟通方式，帮助团队找到折中方案。

（3）压力管理理论。根据压力管理理论，压力源于外界环境与个体应对资源之间的不平衡。在工作高压情况下，采用积极的应对策略（如时间管理、团队沟通等）可以有效缓解压力。在这个案例中，通过快速分析和组织讨论，"我"有效地缓解了团队的压力，确保了任务的顺利完成。

五、实习中的领导力发展与团队合作

在实习期间，领导力发展与团队合作是提升职业素养的两个重要方向，二者的结合不仅帮助实习生在短时间内掌握管理技能，还能增强他们在复杂工作环境中的适应能力。

　　领导力发展主要指实习生在实际工作中逐步学习如何有效引导团队，设定明确的目标，做出合理的决策，并通过激励他人来达成团队目标。领导力不仅仅体现在正式的管理岗位上，更体现在日常的工作细节中。例如，在一个项目中，实习生可以通过主动承担责任、组织团队讨论和分配任务，展现自己的领导潜力。在实习中，实习生往往会面临许多独立解决问题的机会。通过这些实践，他们能够提升自身的决策能力、资源调度能力以及应变能力。同时，领导力发展也涉及如何激励和影响他人。实习生需要学会通过沟通与支持，增强团队成员的参与感和责任感，推动团队共同进步。实习提供了一个展示领导潜力的绝佳机会。通过实践中的不断探索和反馈，实习生能够在领导力方面取得显著的提升。

　　团队合作也是实习中的核心技能之一。在多样化的工作环境下，实习生需要学会与来自不同背景的同事协作，共同解决问题，实现既定目标。团队合作不仅要求个人在分工中完成自己的任务，还需要实习生通过有效的沟通协调，使整个团队的工作流程更加顺畅。面对问题时，实习生在决策过程中应积极参与，提出建设性意见。同时，实习生还可以通过团队合作学习如何在处理冲突时保持冷静与理性，在分歧中找到平衡，并最终达成共识。在共享信息和资源时，实习生应高效利用团队中的优势，促进集体智慧的最大化。

　　领导力与团队合作的结合让实习生能够更全面地发展职场能力。一方面，领导力的发展让他们学会如何在团队中引领方向，推动团队进步；另一方面，团队合作则强调了与他人协调配合、共同解决问题的重要性。实习生通过在团队中的角色转换，不仅可以感受到在不同情况下的责任与义务，还能够逐步找到自己在团队中的定位，从而提高集体工作效率。

　　领导力与团队合作的培养，不仅能帮助实习生更好地适应职场中的复杂环境，还能为他们未来的发展奠定坚实的基础。实习生通过展示领导潜力、提升组织能力，同时通过与他人的高效合作，最终学会如何平衡个人目标与团队目标的关系。这种能力在未来的职场竞争中将成为他们重要的优势，使他们能够在各类团队中发挥更大的作用，并在工作中获得更高的成就感与满足感。

案例1：在挑战中崛起——实习生如何在团队合作中展现领导力

案例描述：

我的实习是在一家知名连锁酒店的客房部完成的。那是一个炎热的夏天，正值旅游旺季，酒店的入住率达到了90%以上。客房清洁和准备工作量激增，团队面临极大的工作压力。更糟糕的是，几位正式员工临时请假，导致人手严重不足。在这个关键时刻，我被推到了前台，需要协助客房经理进行团队协调。

由于人员短缺，许多新入职的员工不熟悉工作流程，客房清洁进度严重滞后，一些客人开始对延迟入住提出投诉。面对这一情况，作为实习生的我虽然经验有限，但已经入职快3个月了，我意识到这是一个可以锻炼和展示领导能力的机会。

我主动向经理请缨，希望能够承担起更多的责任。经理考虑了一会儿后，便同意了我的请求，他还特地和我谈了一些管理的技巧，同时，向客房部的员工通报了我的临时职责。在得到授权后，我立即召开了一个简短的团队会议，与每位团队成员沟通当前的工作状况和困难。我采取了以下措施：

（1）任务分配与优化。我首先快速评估了每位员工的能力和熟练程度，并根据每个人的特长重新分配任务。例如，让更有经验的员工负责复杂的房间清洁任务，而新员工则负责较为简单的清洁工作，以提高整体工作效率。

（2）即时沟通与反馈。我设立了一个临时的沟通机制，确保每个团队成员都能在遇到问题时快速得到支持。并且，我每隔30分钟检查一次进度，给予及时反馈和指导，确保清洁工作的顺利进行。

（3）动员团队士气。在繁重的工作量下，保持团队的积极性至关重要。我通过赞扬团队成员的努力和进展，以及给予小奖励（如安排短暂的休息和提供小食物奖励）来鼓舞士气。此外，我也带头投入工作，帮助团队成员完成任务，以身作则激励大家。

通过这些举措，整个团队的工作效率明显提高，客房清洁进度得以赶上，客人投诉也随之减少。酒店管理层对我们的表现非常满意，并给予了高度评价。团队成员之间的合作更加默契，工作氛围也更加积极向上。

这次实习经历让我深刻意识到，在酒店管理中，领导力和团队合作是紧密相连的。作为一个未来的酒店管理者，不仅需要具备领导团队的能力，还需要在不同情境下采取适当的领导方式，以激发团队的潜力，实现共同的目标。

解决方案与理论支撑：

（1）情境领导理论。情境领导理论认为，不同的领导风格适用于不同的情境。在人员短缺和任务紧急的情况下，"我"采用了指导型和支持型的领导风格，通过明确分工和即时反馈来提高工作效率，并通过鼓励和支持提升团队士气。这种灵活的领导方式符合情境领导理论的核心理念。

（2）团队合作理论。团队合作理论强调，团队成员的协作和相互支持是实现高效工作的关键。在这个案例中，"我"运用了任务分配与优化、即时沟通机制和士气动员等方法，增强了团队的凝聚力，提高了团队的协作效率，体现了团队合作理论的实际应用。

（3）变革型领导理论。变革型领导理论强调，通过激励和鼓舞团队成员，能够提升团队的整体表现。在面对困难时，"我"通过设立目标、赞扬进步和提供奖励来激励团队，促使成员超越自我，成功应对挑战。

案例 2：压力爆棚时刻——实习生如何巧妙化解工作冲突

案例描述：

作为酒店管理专业的本科生，我在一家五星级酒店的餐饮部实习。有一天，酒店正筹备一场规模盛大的婚礼晚宴，预计将接待 300 多位客人。由于新娘家族的特殊要求，这场婚宴的策划和准备过程相当复杂，需要协调多个部门。对于我来说，这无疑是一次绝佳的学习机会。

然而，事情并没有一帆风顺。在婚宴筹备的最后阶段，我注意到餐饮部和厨房之间出现了明显的紧张局面。餐饮部的领班抱怨厨房团队在准备菜品时效率低下，导致餐饮服务团队的工作进度一再被拖延；而厨房团队则反驳说，餐饮部频繁更改菜单和上菜时间安排，严重影响了他们的工作计划。双方的矛盾愈演愈烈，甚至出现了相互指责的局面。

作为一名实习生，我意识到这场冲突如果不能被及时化解，将会对婚礼宴会的整体效果造成严重影响。为了确保晚宴顺利进行，我决定主动介入，尝试化解两部门之间的矛盾。于是，我采取了一些方法：

（1）中立观察与倾听。首先，我并没有立即站在任何一方，而是保持中立，分别与两部门的负责人沟通，倾听他们各自的抱怨和意见，记录双方的主要关切点。我发现，问题的核心在于沟通不畅和相互之间的误解。

（2）建立透明沟通机制。为了减少误解和信息不对称，我提议建立一个跨部门的沟通群组，包含餐饮部和厨房的相关负责人。我建议大家在群组中实时分享任何可能影响工作的变动信息，如菜单调整、上菜时间的更改等，确保信息的快速流通和共享。

（3）设置明确的协调会议。我在主管的帮助下组织了一次紧急协调会议，将两部门负责人聚在一起，面对面讨论存在的问题。在会上，我引导双方各自陈述立场和困难，并共同寻找解决方案。最终，我们达成了一致：餐饮部将提前 24 小时固定所有菜单和时间安排，而厨房团队将确保在约定时间内完成菜品准备工作，双方承诺不再做最后一分钟的变更。

（4）压力缓解与团队激励。我注意到冲突让团队的压力进一步增加。为了缓解这一压力，我提议在晚宴前夕举行一次集会，为所有员工加油打气，并安排了一些小礼物作为奖励，如额外的休息时间或餐厅的餐券，以激励团队保持积极的心态。

最终，这些策略产生了积极的效果。婚宴当晚，一切都按计划进行，客人对酒店的服务和食物质量给予了高度赞扬。团队之间的冲突也得到有效化解，大家的合作更加顺畅。通过这次经历，我深刻理解了在面对高压和冲突时，如何通过有效的沟通和压力管理策略，确保工作顺利进行。通过这次实践，我意识到面对工作中的冲突和压力时，关键在于冷静分析问题、建立清晰的沟通渠道，并采用积极的压力管理策略。这样的能力在酒店行业的高压环境中显得尤为重要，也为我的未来职业发展奠定了基础。

解决方案与理论支撑：

（1）冲突解决理论。冲突解决理论强调，通过积极倾听、有效沟通和协商的方式，能够找到化解冲突的最佳路径。在这个案例中，"我"巧妙地运用了"协作"策略，通过建立透明且开放的沟通渠道，并组织协调会议，确保每一方都有机会表达自己的意见和关切。这种方法不仅帮助各方清楚地了解了彼此的立场和观点，还为他们提供了一个安全的环境，去讨论分歧并寻找解决方案。最终，通过这种协作方式，各方达成了共识，使冲突得以顺利解决。

（2）跨部门合作理论。该理论指出，跨部门合作能够显著提高组织的整体效率和成果，但前提是必须建立清晰的沟通机制和明确的责任分工。在这个案例中，"我"建议创建跨部门沟通群组，并设置明确的协调会议，以确保各部门之间的信息能够顺畅流动。这种做法不仅符合跨部门合作理论的核心原则，还有效促进了不同部门之间的合作，使各个团队能够更加协调一致地朝着共同的目标努力。这种跨部门的协作方式不仅提升了工作效率，还显著提高了最终成果的质量。

（3）压力管理理论。根据压力管理理论，工作压力如果得不到有效管理，可能会对团队和个体的表现产生消极影响。为了应对这种情况，"我"采取了一系列措施，包括实施激励计划和组织团队建设活动，以帮助团队成员缓解压力、增强士气。这些做法不仅帮助团队在高压环境下保持积极的情绪状态，还显著增强了团队的凝聚力，使他们能够更加团结地应对挑战。这种积极的团队氛围也进一步促进了工作效率的提升和项目目标的实现。

第八章 酒店活动策划与执行实习案例分析

一、活动策划中的创意与可行性分析

在活动策划中，创意与可行性是确保活动成功的两个要素。创意是指策划者通过新颖独特的想法和概念，吸引目标受众的关注并提升活动的影响力。创意可以体现在活动主题的设定、现场互动的设计、宣传方式的创新等多个方面。例如，一场活动若能融入当下的潮流趋势或加入富有趣味性和参与感的元素，往往更能激发参与者的兴趣，产生积极的反馈。同时，具有创意的活动能够有效区分自身与其他同类活动，树立独特的品牌形象，从而在目标受众心中留下深刻印象。

然而，创意的提出只是活动策划的第一步，要让这些创意落地并顺利实施，必须经过可行性分析。可行性分析是指评估创意在实际执行中的可操作性，以确保在既定条件下活动能够成功进行。这一分析包括多个层面的考量，如预算、资源配置、人力安排、时间规划等。例如，一个独特的创意或许能够吸引大量受众，但如果预算超支、场地和设备不足或人力资源无法满足活动的需求，这个创意就难以实现。因此，在策划过程中，必须详细评估现有资源能否支持创意的实现，如何进行合理的资源分配，才能保证活动的顺利进行。

创意和可行性必须相辅相成，不能单独存在。策划者在设计活动时，既要勇于创新，提出吸引人的创意，又要在评估实际情况时保持理性，确保这些创意可以落实。例如，活动的预算必须在合理范围内，场地布置要符合安全规范，时间安排要考虑到准备工作和执行环节的顺畅性。只有在创新与实际操作能力之间找到平衡，活动策划才能既具吸引力又能稳妥落地。

创意为活动策划注入活力和独特性，而可行性分析则确保这些创意能够顺利实现。两者相辅相成，是策划成功活动的核心要素。在策划过程中，策划者需要综合考虑创意与可行性，既要创新，又要符合实际操作，以确保活动的圆满成功。这种平衡不仅能提升活动的影响力，也能为未来的策划工作提供宝贵的经验和参考。

案例 1：一次意外的灵感——如何用创意拯救婚礼现场的突发状况
案例描述：

酒店实习时，我在酒店的活动策划部门参加实习。我们的酒店是一家五星级酒店，经常承办高档次的宴会、婚礼等大型活动。一次，我们负责策划一场豪华婚礼活动。这场婚礼设定了一个精致的户外场地，宾客期待着在浪漫的花园中度过一个美好的夜晚。然而，就在婚礼当天，天气预报突然显示可能会有暴雨。由于场地布置已完成，时间紧迫，这一消息引发了客户的强烈担忧。

面对这一突发情况，我的主管迅速提出了一个创新的解决方案：将婚礼从户外转移至酒店内的大型宴会厅，并迅速将宴会厅重新布置成一个"室内花园"。她建议利用酒店已有的绿植、花卉装饰和灯光效果，重现户外花园的氛围。为了让现场更有自然感，她建议使用香薰加湿器来营造清新的"室外"空气感。为了减少场地转移的视觉落差，我的同事还提出使用投影技术，在宴会厅四周墙壁上投射动态的花园景观，使整个室内布置看起来更加生动、立体。

处理方案及理论支撑：

（1）迅速沟通与协调。第一时间与客户沟通计划变更，取得客户的同意和理解。同时，快速联系各部门（如宴会服务、花艺师、灯光音响团队等），确保他们立即准备好新的布置方案。根据沟通理论中的"有效沟通模式"，保持信息透明和及时，确保各方都能理解计划变更的目的和流程。

（2）资源灵活调度。利用酒店内部现有资源（绿植、灯光设备、音响系统）重新布置现场，节省时间和成本，避免额外的物料采购。根据酒店管理中的"资源最优化配置原则"，尽可能利用现有资源进行创新性的布置，既保持了客户的预算，又最大化了现场效果。

（3）心理契约管理。在变化过程中，关注客户的情绪和期待，确保他们感到被重视和关怀。根据服务营销理论中的"服务补救策略"，采取积极的补救行动（如提供额外的免费服务或特别安排）可以弥补可能的客户不满，提升客户的整体体验。

（4）技术与创意结合。使用先进的投影技术来增强婚礼现场的创意感和沉浸感，让客人体验到"意料之外的惊喜"，这符合现代活动策划中的"体验经济"理念，即通过感官体验来提升客户满意度和参与感。

总结：

通过上述方案的实施，酒店不仅成功转移了婚礼场地，还在短时间内创造出一个与预期相近甚至更具特色的婚礼现场，而客户及宾客对此表示高度满意。这次对突发事件的完美解决展现了团队成员在突发状况下的灵活应对，通过创意和资源的整合，为客户提供了卓越的服务体验。理论支撑包括有效沟通策略、资源优化配置原则、服务补救策略和体验经济理论，这些都是确保活动成功和客户满意度的重要因素。

案例2：小预算，大惊喜——如何用创意提升低成本企业年会的体验感

案例描述：

在酒店实习的时候，由于我在校经常组织和参加一些校园的活动，有一点点名气，老师便推荐我去实习酒店的营销部门参加实习。在实习

期间，我参与了酒店内一场企业年会的策划。这次年会的客户是一家新兴科技公司，希望举办一场轻松有趣的年终庆典。然而，公司的预算非常有限，不足以支撑传统大型年会的布置和节目。面对这种情况，客户表达了担忧，担心活动缺乏亮点，不能达到激励员工的目的。

面对挑战，我和几个实习生在头脑风暴的时候提出了一个"科技＋互动"的创意方案，利用酒店现有的设施和技术，打造一个高科技、强互动的年会体验。我们的核心思路是用创意和科技代替昂贵的装饰和节目，让与会者在互动中感受到年会的趣味性。

具体实施方案如下：

（1）数字化签到墙。在年会入口处设置一个大屏幕，用平板电脑代替传统的签到簿。参会者用手机扫描二维码签到，并在屏幕上显示他们的名字和照片，营造一种受欢迎的感觉。

（2）沉浸式投影体验。利用酒店的投影设备，将年会现场变成一个科技展厅。在背景墙上投射公司过去一年的成就、未来的目标，以及员工的精彩瞬间，通过动态影像和灯光效果，增强现场氛围。

（3）创意互动游戏。设置一个虚拟现实体验区，让员工通过游戏放松心情；还设计了一个"科技大挑战"游戏，让各部门员工组队比赛，回答公司和行业相关的趣味问答，增加团队协作感。

（4）实时社交媒体互动。在现场设置一个大屏幕，实时显示员工通过社交媒体发布的年会照片和感言，增强参与者的互动性和体验感。

处理方案及理论支撑：

（1）创造性成本管理。在活动策划中，创造性成本管理是实现高性价比的关键。通过使用酒店现有的数字设备和技术，如投影仪、平板电脑和 Wi-Fi 等资源，可以大幅节省活动布置费用。例如，利用投影仪进行多媒体展示，减少了对传统纸质材料和额外装饰的依赖；平板电脑可以用于互动游戏环节，避免了购买额外设备的成本。根据"创新节约理论"，这一策略通过创造性思维实现了成本优化，既满足了活动需求，又避免了不必要的开销。通过巧妙整合已有资源，酒店不仅成功控制了预算，还能够维持高质量的活动效果，展示了在有限预算下如何实现卓越成果的能力。

（2）体验设计。体验设计强调通过精心设计的互动来增强参与者的沉浸感和参与感。遵循体验设计理论中的"参与性和沉浸性"原则，活动策划中引入了互动游戏和沉浸式投影，让员工可以更深入地参与其中。例如，利用沉浸式投影技术创建逼真的场景，使员工仿佛置身于不同的情境中，进一步增强活动的趣味性和参与感。通过这些设计，员工不仅能够感受到企业文化的独特魅力，还在参与过程中体验到团队的凝聚力和归属感。体验设计的核心在于让参与者在互动中获得有意义的体验，从而加强情感联系，这也使得活动更具持久影响力。

（3）增强心理契约的服务营销策略。在服务营销中，心理契约管理是提高员工满意度和忠诚度的重要策略之一。通过活动中设置的社交媒体墙和实时互动功能，员工能够看到自己在活动中的表现或留言即时出现在屏幕上，这不仅让每个员工感受到自己在团队中的重要性，还通过这种公开认可的形式加强了他们的归属感和自我价值感。这种策略符合服务营销中的"心理契约管理"理论，员工会因为受到关注和认可而对公司产生更强的认同感和忠诚度。这种以员工为中心的活动设计，不仅能激发员工的积极性，还能有效增强员工对企业文化的认同和团队的凝聚力。

（4）技术赋能的顾客价值创造。在顾客体验中，技术赋能已成为提升顾客价值的重要手段。通过运用数字化工具和技术，活动能够提供更加个性化和高效的体验，进而提升顾客的感知价值。例如，低成本的高科技体验，如 VR 或 AR 互动，能够为参与者带来身临其境的感受，创造出难忘的体验。根据顾客价值创造理论，活动策划不仅在于满足参与者的基本需求，更在于通过创新的技术手段，提供超出预期的体验和感知价值。这种通过技术赋能实现的顾客体验，能够有效增强参与者的活动记忆并提升其满意度，从而为品牌塑造带来长远的积极影响。

总结：

通过上述创意实践，酒店成功策划并举办了一场低成本但高体验感的企业年会，获得了客户的高度认可和好评。客户对活动效果非常满意，他们认为方案不仅有效节省了预算开支，还通过多种互动和创新设计，大大提升了员工的参与度和满意度。员工在活动中表现出了较高的热情，不仅积极参与互动游戏和沉浸式投影体验，还在社交媒体互动墙上实时分享感受，真正实现了个人与企业之间的情感联结。

这一案例清楚地表明，通过创新思维以及有效利用酒店现有资源，完全可以在预算有限的情况下策划出令人印象深刻、效果显著的活动。酒店利用现有的数字设备，如投影仪、平板电脑和 Wi-Fi 等，为活动赋予了更多互动性和趣味性，同时又避免了高额的额外投入。这不仅达到了客户的目标和期望，还证明了创造性成本管理的巨大潜力。

此外，这次成功的活动也展示了多种理论知识在实际操作中的有效应用。首先，酒店遵循了体验设计理论的"参与性和沉浸性"原则，通过沉浸式互动增强了员工的体验感和活动趣味性；其次，运用创新节约理论，通过充分利用已有资源，酒店以较高的性价比实现了出色的活动效果；再者，通过设置社交媒体墙和即时互动功能，结合心理契约管理理论，酒店成功增强了员工的自我价值感；最后，借助顾客价值创造理论，酒店运用数字化手段提升了活动的体验质量，以低成本创造了高感知价值。

这次实践不仅增强了客户对酒店的信任，也为酒店团队积累了丰富的经验和案例参考。在未来的活动策划中，酒店采用这些创新的策略，结合理论与实践的优势，可以为更多客户打造独特而成功的活动方案。同时，这次成功也证明了在预算有限的情况下，通过灵活应对和创造性思维，依然能够为客户带来超出预期的成果，展示了酒店的策划能力和执行力。

二、实习生在活动执行中的协调与沟通

在酒店的活动执行过程中，协调与沟通是确保活动成功的核心要素。它不仅指各个部门和团队之间的信息流畅、资源的合理分配，还涉及在活动各个环节中保持一致性和高效合作。无论活动规模大小，明确的协调与沟通策略都是不可或缺的，这包括制订详细的工作计划、清晰地分配任务、及时传达活动的细节、精确管理时间表，以及在面对突发问题时迅速做出反应。以下几个方面是活动执行过程中必须关注的重点：

（1）明确职责。为了避免混乱和责任不清的情况，必须确保每个团队成员和部门清楚自己的角色与责任。每个环节的负责人要清晰了解他们的任务范围，避免职责重叠或遗漏。明确的职责划分不仅有助于提高工作效率，还能减少因职责不清而导致的问题。当每个人都了解自己的工作内容和需要达到的目标时，整个团队的执行力就会显著提升。

（2）及时沟通。在活动的执行过程中，信息的传递速度和准确性至关重要。建立快速有效的沟通渠道，能够确保重要信息的及时传达。活动中可能会出现一些意料之外的变化，如时间调整、物资短缺或客户要求的变化，此时，如果信息不能及时传达给相关人员，可能会影响整个活动的顺利进行。为此，现场协调人员应保持对各部门的动态监控，确保所有变更或新指令能够迅速传达到位，避免因沟通滞后或信息误传而影响整体效果。

（3）灵活应变。在活动执行中，突发情况是不可避免的。因此，团队成员需要具备快速反应和灵活应变的能力，当某个环节出现意外时，能够迅速调整计划和安排，以保证活动顺利进行。例如，设备突然出现故障或某个环节的时间被延误，协调人员需要快速找到解决方案并重新调整后续环节的时间表，以确保活动的顺畅进行。

（4）保持客户沟通。在整个活动过程中，持续与客户沟通同样重

要。了解客户的实时需求和反馈，确保每一个环节都符合客户的期望和要求，能够有效避免因误解或沟通不畅而导致的不满。对于一些关键的决策或临时调整，及时与客户沟通确认是确保活动成功的必要步骤。这样不仅能让客户感受到被重视，也有助于在活动执行的过程中根据客户的反馈进行适当调整。

（5）文化敏感性。在与客户和宾客互动时，团队成员需要具备一定的文化敏感性，尤其是当活动涉及国际化或多文化背景的宾客时。了解并尊重不同文化的习惯和期望，避免因文化差异而引发误解或冲突，是确保活动顺利和谐的重要前提。例如，特定文化可能对颜色、礼仪、时间观念有不同的理解，对此，策划团队在设计活动细节时要特别注意这些文化差异，以确保宾客的满意度。

协调与沟通是活动执行中的关键因素，酒店管理专业的实习生通过参与这些环节，能够在实际操作中积累宝贵的经验。通过明确职责、及时沟通、灵活应变、保持客户沟通和文化敏感性，实习生能够为活动的成功举办提供有力支持，也能够在这个过程中不断成长，提升职业素养与管理能力。

案例 1：团队协作的力量——如何在紧急情况中有效协调酒店跨部门合作

案例描述：

在酒店管理专业的实习期间，我参与了一场由酒店承办的大型国际会议的执行工作。这次会议的规模很大，涉及数百位国际参会者，安排了多场分论坛、午宴和社交活动。活动开始前一天，酒店的一部分会议室因突发设备故障而无法使用，影响了原定的会议安排。客户对此非常担忧，因为活动涉及多国代表，时间紧凑且无可替代的场地选择。

面对这种突发情况，时间紧迫，需要在短时间内重新协调所有会议的场地和安排，确保活动不因设备故障而中断或推迟。这一任务涉及与多个部门（如会议服务、餐饮、客房、技术支持等）紧密合作，同时需要与客户及外部供应商保持良好沟通。

为了应对这个紧急情况，我们部门立即组织了一次跨部门的紧急会议，召集相关部门负责人一起讨论应对方案。具体实施的协调与沟通步骤如下：

（1）场地重组与协调。我们的部门经理要求我首先与会议服务和客房部负责人沟通，将原定用于休息的两个小会议室改造成临时会议场地。同时，与餐饮部协调，将原本安排在酒店中庭的茶歇区重新调整到另一个较大的休息厅，以腾出更多空间供临时使用。

（2）实时信息更新与沟通。我又被派往与技术支持部门合作，通过酒店内部的数字看板和移动应用实时更新会议安排和场地变更信息，确保所有参会人员都能及时获取最新信息。此外，我负责与客户保持频繁沟通，解释酒店的应急方案，并确保他们对新的安排满意。

（3）快速响应团队支援。我还在同事们的帮助下协调了额外的服务人员和技术支持团队，在新安排的场地提供更快速的响应服务，以防止在设备调试和场地转移过程中出现新的问题。

（4）外部沟通与公关管理。我也与外部供应商（如翻译设备和技术支持）进行紧急沟通，确保他们了解新的场地安排并按时到位。

处理方案及理论支撑：

（1）危机管理理论。根据危机管理理论，在面对突发事件时，迅速组织和指挥跨部门团队是关键。在此案例中，迅速召集紧急会议，明确各部门职责和新的行动计划，能够有效缓解紧张局面。

（2）团队协作理论。依托团队协作理论中的"跨职能团队合作"原则，通过协调各个部门，确保资源共享和信息透明，可以使整个团队高效合作，快速达成共识，解决问题。

（3）沟通理论中的透明沟通策略。在与客户和参会者沟通过程中，采用透明沟通策略，及时向客户更新情况和解决方案，确保客户对酒店的处理措施有充分的了解和信任。

（4）服务补救理论。该理论强调，在发生服务失误或问题时，通过主动、快速和真诚的服务补救措施来恢复客户的满意度。在本案例中，通过灵活调整场地安排和快速的多方协调，酒店成功地化解了危机，达到了预期的服务质量。

总结：

通过以上措施，酒店成功应对了场地设备故障带来的突发情况，确保了会议的顺利进行。客户对酒店在紧急情况下表现出的专业和高效的应对能力表示高度赞赏。此次案例展示了实习生在活动执行中的协调与沟通能力的重要性，也表明了在紧急情况下，及时有效的跨部门合作、清晰的沟通和灵活的资源调度是成功解决问题的关键。同时，这一过程体现了危机管理、团队协作、透明沟通和服务补救等理论在实际操作中的应用价值。

案例 2：从混乱到完美——如何在团队不协调中拯救婚礼庆典
案例描述：

我是在酒店的婚庆部参加实习的。我们酒店是三亚的一家五星级酒店，酒店周围有非常美丽的风景，常常有新人来酒店办婚礼。我参与了一些婚礼的庆典，其中有一场婚庆让我记忆犹新。有一天，酒店承办了一场大型婚礼庆典。对于这场婚礼，客户希望呈现一场浪漫而庄重的仪式，并设有多个环节，包括欢迎仪式、正式婚礼、鸡尾酒会和晚宴。然而，那段时间，酒店同时接待了好几场不同类型的活动，如某企业产品的发布会、某单位的大型会议等，所以各个部门都非常繁忙。就在婚礼前一晚的排练过程中，我们发现各个部门之间的沟通不畅导致了安排上的混乱：宴会部的布置时间与花艺团队的安排冲突，音响师没有及时收到最新的播放清单，服务团队对具体的时间安排不清楚。对此，客户表现出极大的不满和担忧。

面对这种部门之间缺乏协调和客户不满的局面，我意识到如果我们不迅速采取行动，那么第二天的婚礼可能无法顺利进行，酒店的声誉和客户满意度也都将受到严重影响。时间紧迫，需要立即进行有效的沟通和协调，确保各部门的工作同步进行，达到客户的预期效果。

为了化解危机，我们部门的章主管决定采取以下措施：

（1）召开紧急协调会议。她立即召集相关部门（包括宴会部、花艺团队、音响师、服务团队等）负责人进行紧急会议。会议的目的是明确各部门的时间表和工作内容，重新制订一个协调的执行计划，避免任何环节的冲突。

（2）制定详细的时间表和任务分配清单。我小心翼翼地提议创建一个详细的时间表，标明每个环节的开始和结束时间，以及每个团队的具体职责。通过使用项目管理工具，确保每个团队都能实时查看更新的信息，明确自己在整个婚礼流程中的角色和任务。章姐立马同意了，并要求大家立即制定。

（3）即时沟通渠道。我们部门的成员在婚礼当天建立了一个临时微信群充当即时通信群组，将所有相关负责人纳入其中。这样可以在活动进行过程中快速沟通和解决突发问题，确保信息流通无阻。

（4）加强与客户的沟通。为了重建客户的信任，章姐安排我联系客户，解释当前的调整措施，详细说明我们如何确保明天婚礼顺利进行。同时，邀请客户参与婚礼当天的最后检查环节，让他们提前确认所有细节，缓解他们的担忧。

处理方案及理论支撑：

（1）冲突管理理论。根据冲突管理理论，团队内的冲突和沟通不畅通常会对工作的协同性和效率产生负面影响，因此必须通过迅速且有效的沟通来化解。在这种情况下，冲突通常源于对任务目标、职责划分或时间表的误解。通过立即召开协调会议，团队能够直接面对这些问题，制定解决方案，确保每个成员都能清楚地理解自身任务，消除模糊地带。这不仅有助于缓解矛盾，还可以有效促进跨部门的协作，提高工作效率，从而确保项目顺利进行。此外，持续的沟通机制有助于防止类似冲突发生，增强团队的整体凝聚力。

（2）团队领导理论。该理论中提到，不同情境下领导者应采用不同的领导风格。在紧急情况下，指示型领导（也称为命令型领导）是一种有效的方式。这种风格要求领导者迅速做出决策，明确指出每个团队成员的职责，直接下达指示，以避免因拖延或混乱而导致项目失败。在婚礼这样的复杂活动中，突发事件时有发生。对此，领导者通过采取指示型领导风格，可以减少团队的决策时间，提高整体的执行力。与此同时，明确的分工和职责划分可以避免重复劳动或职责不清，使得团队能够有条不紊地完成每个环节。

（3）服务质量差距理论。该理论指出，客户感知的服务质量受到多种因素的影响，尤其是信息不对称或沟通不畅导致的服务失误。服务质量的差距通常体现在客户的期望与实际体验之间，当这些差距拉大时，客户的满意度会下降。通过建立主动的客户沟通机制，如定期反馈、主动汇报进展，能够有效弥补信息差距，减少服务中的不确定性。对客户的关注和及时响应，可以增强客户对服务的信任感，从而提高整体满意度。在婚礼策划的过程中，若能够及时与客户进行沟通，确保客户清楚了解每个环节的执行情况，将大大提升他们对服务的感知质量。

（4）信息沟通理论。该理论强调了信息在组织内外高效流动的重要性。有效的信息沟通能够降低不确定性，减少错误发生的概率，并提高团队的协作能力。在这个案例中，婚礼是一个需要多方协调的项目，信息的及时传递尤为关键。通过建立即时通信群组，各部门能够随时随地共享信息，确保在婚礼策划和执行过程中没有信息滞后或遗漏。此外，信息透明度的提高也有助于每个成员清楚了解项目的最新进展，进而降低各环节之间的协调难度，减少婚礼执行中的混乱。良好的沟通渠道使得团队能够迅速应对突发情况，确保婚礼顺利完成。

总结：

通过召开紧急协调会议、制定详细时间表、建立即时沟通渠道以及加强与客户的沟通，酒店成功消除了各部门之间的协调障碍。婚礼当天，各环节顺利衔接，客户对活动的整体安排非常满意，并对酒店的服务表示感谢。这个案例展示了在酒店活动执行中，实习生如何通过高效的协调与沟通来应对危机，并确保活动的成功进行。同时，这也证明了冲突管理理论、团队领导理论、服务质量差距理论和信息沟通理论在实际操作中的重要性和有效性。

三、活动预算与资源分配的管理

在酒店活动管理中，预算和资源分配往往是成功执行活动的关键因素。酒店在策划和组织大型活动时，必须充分考虑各种财务和资源限制，确保活动既符合客户期望，又能在预算范围内进行，其主要挑战包括以下几点：

（1）预算限制。酒店活动管理者必须在客户设定的预算范围内满足多方面的需求。预算的有限性意味着每一笔花费都需要精打细算，确保所有核心活动项目都能够获得足够的资金支持。而酒店活动管理者需要通过细致的成本估算，合理分配预算，避免活动因超支而带来的财务压力。同时，任何增加预算的请求都需要有充分的理由，并且要获得客户的同意。

（2）成本控制。有效的成本控制对于避免资源浪费和不必要的开支至关重要。在活动筹备过程中，可能会出现一些不可避免的小额开支，如额外的设备租赁、场地布置变更等。因此，酒店活动管理者需要时刻关注各项成本开支，确保每一笔支出都符合预算计划。同时，采取有效的成本监控机制，如与供应商签订具有固定价格的合同、使用开支报告工具等，都能在成本控制方面发挥积极作用。

（3）资源优化分配。在活动管理中，资源的合理分配是确保活动顺利进行的关键。活动所需的资源通常包括人力、场地、设备等。酒店活动管理者需要合理调配每一种资源，使其发挥最大效益。例如，在人力资源调度上，必须根据活动规模安排适当数量的工作人员，避免人手不足或过剩。而对于场地和设备的利用，也要进行精确的预估和安排，以确保资源不被浪费或重复使用。优化资源分配不仅能够提高活动的执行效率，还能够进一步节约成本。

（4）不可预见的支出。无论多么详细的活动策划，都难免会遇到突发情况，从而增加开支。这些可能来自活动当天的突发需求，如增加设备、紧急雇用人员，或应对天气变化导致的额外布置等。因此，在预算中预留一定比例的应急资金非常必要，这样可以为突发支出提供缓冲，避免因为额外费用而导致预算崩溃。同时，活动管理者必须具备灵活的应对能力，能够在短时间内做出调整，确保活动不会因为突发情况而受到影响。

（5）供应商管理。供应商是活动筹备过程中的重要合作伙伴，他们提供的物品和服务对活动的顺利进行至关重要。因此，与供应商保持良好的合作关系，确保物品和服务的质量与价格符合预算要求，是活动管理中不可忽视的一环。酒店活动管理者需要在活动开始前进行详细的市场调研，选择更合适的供应商。同时，签订详细的合同，明确价格、质量标准和交付时间，能够有效防止后续合作中出现的问题。此外，建立应急的供应商替代机制也很重要，以应对供应商未能按时交货或出现质量问题带来的风险。

案例： 限预算，创价值——如何在低成本条件下完美执行大型企业庆典

案例描述：

我在营销部实习的时候参与了酒店为一家知名企业承办的大型庆典活动的策划和执行。通过这次活动，我学到了很多东西，体会到了创意

实践对活动产生的巨大影响。这场活动的客户希望通过丰富的活动内容和精美的场地布置，营造一个高端的庆典氛围，以增强员工凝聚力和提升企业形象。然而，客户的预算非常紧张，只能覆盖基本的场地费用和餐饮支出，这使得我们在资源分配和活动策划上面临巨大挑战。

面对预算不足的情况，如何既能达到客户对活动效果的高期望，又不超出有限的预算，成为我在这次实习中的重要任务。我们发现，由于预算限制，原计划中的许多环节，如豪华的舞台搭建、外部娱乐表演、昂贵的花艺布置等，都需要进行削减或替代。同时，我们还要确保活动的整体效果和体验不受影响，满足客户的高标准要求。

为了解决这些问题，我们采取了以下策略：

（1）优先分配核心资源。首先与客户确认了活动的核心目标，即通过精心的细节布置和互动体验来增强员工的归属感和愉悦感。因此，我们计划将有限的预算集中用于能够直接提升体验的核心环节，如餐饮质量、音响和灯光效果，同时削减或简化非必要的布置和装饰。

（2）寻求内部资源与合作伙伴支持。我们积极联系酒店的其他部门，探讨内部资源的优化使用。例如，从酒店自有的装饰库中挑选适合的布置材料和摆设，减少外部租赁费用。同时，联系常合作的供应商和合作伙伴，争取更优惠的价格和支持。

（3）设计低成本高效果的节目方案。我们设计了一个"员工才艺秀"的创意，以替代昂贵的外部表演项目。通过员工自愿报名和表演，我们不仅丰富了活动内容，还大大增强了员工参与感和归属感。整个方案得到客户的积极响应，节省了大量预算。

（4）优化餐饮安排与服务模式。与餐饮团队合作，重新设计菜单和餐饮模式，将传统的自助餐形式改为更具互动性的餐桌分享餐，既提升了用餐体验，又降低了餐饮成本。

处理方案及理论支撑：

（1）成本—效益分析理论。成本—效益分析理论是指在项目或活动的规划过程中，管理者需要评估每一项投入的成本与其可能产生的效益，从而做出合理的决策。在预算有限的情况下，尤其需要优先考虑那些能够产生最大效益的活动和资源。例如，在活动策划时，首先需要将资源集中在最重要的部分，如核心服务或关键项目，确保客户能够感受到活动的高质量和价值。与此同时，削减那些非必要的支出，如可有可无的装饰或不必要的附加服务，能够有效减少浪费，使得每一分钱都用于提升客户的体验。通过这种方式，活动策划不仅能够在有限的预算内实现目标，还能够提高客户的价值感知和满意度，最终实现活动的双赢。

（2）合作共赢理论。该理论强调通过内部资源和外部合作伙伴的紧密协作，共同创造更大的价值。在酒店的活动管理中，管理者可以利用现有资源和供应商网络来降低成本并提升资源利用率。例如，与长期合作的供应商谈判，争取折扣或优惠；与其他酒店或场地共享设施，从而减少设备租赁费用。同时，酒店内部的不同部门也可以相互合作，如餐饮部门与活动策划部门协作，以合理分配资源，避免重复投资或浪费。在这种合作共赢的基础上，酒店能够更好地优化其内部和外部资源，使活动策划既高效又符合预算。

（3）客户体验管理理论。该理论着重于设计和优化能够提升客户整体体验的服务和互动环节。在预算有限的情况下，创新的低成本高效率活动设计能够大大提升客户体验。例如，酒店可以考虑安排员工才艺表演或互动小游戏，不仅能够活跃气氛，还能够增强与客户的互动感和参与感。这种创新的节目形式不仅成本较低，还能有效激励员工，提升他们的积极性。同时，客户也会因为这种独特的体验而感到愉悦，从而提升对活动的满意度。因此，通过精心设计的节目和互动形式，酒店在不增加成本的情况下，依然能够满足客户的核心需求和期望。

（4）服务质量差距理论。该理论指出，客户期望的服务质量与实际感知的服务质量之间的差距是影响客户满意度的重要因素。在预算有限的情况下，可能会存在服务方面的短板，这时管理者可以通过创新的服务补救措施来弥补这些差距。例如，虽然预算限制可能影响到某些项目的实施，但是可以通过提高餐饮质量或提供独特的互动体验来弥补不足。特别是在婚礼、商务活动等场合，高质量的餐饮往往能够弥补其他方面的不足，给客户留下深刻印象。此外，提供个性化的服务体验、独特的活动设计或特别定制的小礼品等细节也能够提升整体服务质量，提升客户的满意度。这些创新补救措施不仅能够化解预算限制带来的挑战，还能创造意料之外的价值，提升客户的整体体验。

总结：

通过这些创意实践和策略，酒店在有限预算内成功举办了这场企业庆典活动。客户对活动效果非常满意，尤其赞赏酒店在预算紧张的情况下所展现的创造性和灵活性。在活动预算与资源分配的管理中，关键在于理解客户的核心需求，巧妙利用现有资源，设计出既具创意又经济高效的解决方案。

四、客户需求的精准把握与满足

在酒店活动策划与执行过程中，实现对客户需求的精准把握与满足至关重要。这不仅能够保证活动的成功举办，还能提升客户的满意度和忠诚度。为此，酒店应在各个环节中严格把控，采取以下策略：

（1）深入沟通。实现客户需求的精准把握，第一步是进行全面且深入的沟通。在活动策划初期，与客户的详细讨论是非常必要的。这包括明确客户的活动目标，如婚礼、会议或庆典的具体定位；了解客户的预算情况，以便制定合理的方案；确定参与人数，确保场地和物资的配置得当。此外，还需深入探讨客户的个人喜好和特殊要求，如颜色搭配、食物种类、娱乐形式等。通过充分的初步沟通，酒店可以掌握客户的期望和限制，为后续的定制化服务奠定基础。

（2）个性化定制。每个客户的需求和偏好都是独特的，因此在活动策划过程中，个性化定制显得尤为重要。根据客户的具体要求和期待，酒店可以为其量身定制活动的内容和流程。这可能包括特定的场地布置、菜单设计、主题策划等。例如，对于婚礼客户，可以根据新人的风格和故事设计专属的婚礼主题和流程；对于商务会议，可以根据企业文化和活动目的定制相应的会议形式和活动内容。通过个性化定制，酒店能够有效增强客户的参与感，使其感到被重视，进而提高满意度。

（3）实时反馈与调整。在活动策划与执行过程中，客户需求可能会随着时间发生变化，因此保持与客户的实时沟通非常关键。在策划阶段，通过定期汇报进展，确保客户了解每个步骤并给出及时反馈，可以避免在后期出现较大的变动和冲突。而在活动执行过程中，实时跟进客户的体验并迅速做出调整，能够确保活动按照预期顺利进行。例如，在活动当天，如果客户对某个环节不满意，酒店可以及时做出反应，进行现场调整，最大限度地满足客户的需求，确保活动的整体效果不受影响。

（4）关注细节。细节决定成败，在活动策划与执行中，对细节的关注至关重要。客户往往会对活动中的一些细节印象深刻。这些细节可能包括餐具的摆放、服务人员的礼貌用语、舞台灯光的亮度调节等。通过对这些细节的精心设计和执行，酒店可以为客户提供超出其预期的服务体验。例如，在婚礼中，可以根据新人的故事设计独特的桌牌；在商务会议中，可以提供定制化的文具套装。这些细节上的用心不仅能提升活动的整体品质，还能给客户留下深刻的印象，提升他们的满意度。

（5）灵活应对。在活动策划和执行过程中，突发状况时有发生，如天气变化、设备故障或客户的临时要求。为了确保活动能够顺利进行，酒店需要具备高度的灵活应对能力。例如，若室外活动因为下雨需要改为室内，酒店应迅速调整场地和相关设备，确保活动不受影响。此外，客户在活动当天可能会提出临时要求。此时，酒店的反应速度和应对措施将直接影响客户的体验。因此，培养一支训练有素、反应敏捷的团队，并在活动策划时准备好应急预案，能够有效应对各种突发情况，确保活动顺利进行。

案例：读懂客户的心——如何在客户需求不断变化中打造完美的品牌发布会

案例描述：

在实习期间，我有幸全程参加了一个重要客户的品牌发布会项目。这是一个全球知名的时尚品牌，他们希望通过一场独特且高端的发布会来展示新一季的服装系列。客户最初提出的需求是举办一场奢华的晚宴，并将展示环节设在宴会厅内。然而，随着活动日期的临近，客户对活动的需求发生了多次变动，包括场地布置、活动流程和餐饮风格，这给我们的策划和执行带来了巨大挑战。

客户的需求不断变化，涉及的改动包括希望在发布会中融入品牌故事，增加互动环节，以及对菜品的设计进行更新，确保与品牌形象相符。面对这些变动，我们不仅需要确保各个环节无缝衔接，还必须准确把握客户的核心需求和期望，以便在有限的时间内调整方案，确保活动成功。

为了解决这些挑战，酒店采取了以下策略来精准把握和满足客户的需求：

（1）建立清晰的需求沟通机制。酒店主动邀请客户团队进行多次详细会议，深入了解品牌的核心理念、目标受众和品牌发布会的最终目标。通过这些会议，我们明确了客户对活动氛围的期望：希望营造一种时尚、现代和互动的环境，以充分展示其新产品。

（2）设计品牌沉浸式体验区。基于客户对品牌故事和互动的需求，酒店在宴会厅内设置一个"品牌体验区"，通过品牌历史、产品展示和互动拍照区域，营造一个多维度的品牌故事场景。这个区域将由酒店的设计团队与品牌设计师合作，确保风格与品牌形象一致。

（3）灵活调整餐饮和服务。在餐饮方面，根据客户对菜品设计的最新要求，我们部门与酒店厨师团队合作，设计了一套创意定制菜单，强调健康、有机和精致的美食体验，以契合品牌的"现代奢华"定位。同时，安排了一场与厨师的见面活动，让客户可以参与菜单的最终调整，进一步增强他们的参与感并提升其满意度。

（4）实时反馈与调整。建立一个快速反馈机制，与客户保持密切联系，确保在方案调整过程中随时获得客户的反馈并做出相应的改动。我们通过线上协作工具和即时通信软件，确保所有的更新都能及时传达给执行团队。

处理方案及理论支撑：

（1）需求分析理论。根据需求分析理论，通过与客户的多次深度沟通，挖掘和识别其显性和隐性的需求，确保活动策划与客户目标高度一致。

（2）客户体验管理理论。客户体验管理理论强调，通过创造独特和令人难忘的体验来提高客户的满意度和忠诚度。在本案例中，通过设计沉浸式品牌体验区和参与菜单调整的机会，使客户感受到定制化服务，增强了品牌发布会的独特性和体验感。

（3）服务个性化理论。应用服务个性化理论，提供定制化的服务解决方案，如根据客户的即时反馈调整菜单和活动细节，体现了酒店对客户需求的高度敏感性和响应能力。

（4）服务质量差距理论。利用服务质量差距理论中的预期与实际感知之间的差距，采用快速响应和个性化定制措施，弥合可能出现的服务质量差距，确保客户的期望与实际体验相符。

总结：

通过以上策略，酒店不仅成功满足了客户不断变化的需求，还创造了一场既符合品牌形象又富有创意的品牌发布会。客户对此次活动的整体效果表示高度满意，特别感谢酒店在短时间内做出的灵活调整和精确把握他们需求的能力。这个案例展示了如何通过有效的沟通机制、个性化服务、实时反馈调整和品牌体验设计，精准把握和满足客户需求。同时，这一过程证明了需求分析理论、客户体验管理理论、服务个性化理论和服务质量差距理论在实际中的应用价值。

五、活动后续跟进与客户关系维护

在酒店的活动策划与执行完成后，后续的跟进和客户关系维护同样是确保客户满意度和忠诚度的关键环节。通过系统的后续跟进措施，酒店不仅可以获得宝贵的反馈意见，还能与客户建立长期的信任关系，从而提高客户的复购率和推荐率。以下是实现活动后续跟进与客户关系维护的几项关键措施：

（1）活动反馈收集。活动结束后，及时收集客户的反馈是了解活动成功与否的重要方式。酒店可以主动联系客户，通过电话、电子邮件或在线问卷等形式，询问他们对活动各方面的意见和建议，了解客户的满意度以及可以改进的地方。这种反馈不仅有助于发现活动中的不足之处，进一步优化未来的活动策划，还能让客户感受到酒店对他们意见的重视，提升他们的满意度。通过分析反馈，酒店可以总结经验，为未来的活动策划提供参考和依据，确保服务质量的持续提升。

（2）感谢与沟通。在活动结束后，向客户表达感谢是一种有效的方式来展示酒店对合作的重视。通过发送感谢信、定制化的感谢礼物或邀请客户进行简短的回顾会议，酒店可以传达出诚挚的合作态度。这种礼貌的沟通不仅仅是形式上的问候，更是对客户付出时间和资源的感谢，同时为未来的合作奠定了基础。保持友好、正面的沟通有助于建立良好的客户关系，使客户对酒店的专业性和服务质量产生更加深刻的信任感。

（3）个性化回访。在后续的客户关系维护中，个性化的回访能够进一步巩固与客户的关系。根据客户在活动中的表现和反馈，酒店可以有针对性地进行定期回访。例如，客户在活动中对某些方面表达了特别的喜好或要求，酒店可以在回访中专门提及这些细节，展示对客户需求的关注。这种个性化的回访方式不仅能让客户感受到酒店的用心和专业，还能有效提升客户的忠诚度，促使他们愿意继续与酒店保持长期合作关系。

（4）优惠和邀请。为了增加客户再次选择酒店的机会，酒店可以在回访过程中提供未来活动的特别优惠或邀请客户参与酒店的专属活动。例如，针对已经合作过的客户，可以提供下次活动的定制优惠、免费升级服务，或者邀请他们参加酒店举办的年度庆典或其他特别活动。这些优惠措施不仅能够为客户创造实在的利益，还能增强客户对酒店的归属感和认可度。通过这种方式，酒店可以有效刺激客户再次选择酒店的服务，从而提高客户的重复合作率。

（5）客户数据库管理。为了更好地管理客户关系，建立和维护客户信息数据库是至关重要的。酒店可以通过系统化的数据库记录客户的基本信息、活动历史、偏好和反馈等重要内容。通过不断更新和完善客户数据库，酒店能够在未来的合作中提供更加个性化的服务，准确把握客户的需求。例如，当客户再次预订活动时，酒店可以参考过往的活动记录，为其提供更符合其喜好和需求的服务。此外，数据库还能够帮助酒店追踪客户的偏好趋势，为长期客户制定专属的优惠政策或推荐相应的增值服务，进一步提升客户体验。

案例：持续的客户关怀——如何通过活动后续跟进打造长久客户关系
案例描述：

在我实习期间，酒店承接了一场高端婚礼。婚礼当天，我们的团队出色地完成了各项工作，客户和宾客对活动的整体效果非常满意。然而，作为实习生，我深知一次成功的活动不仅仅是当天的完美执行，后续的跟进和客户关系的维护也同样重要。因此，我积极参与婚礼后的客户关系维护工作，以确保这次活动能为酒店带来长期的客户价值。

婚礼结束后，客户在离店时对酒店的服务表示高度认可，但如何通过适当的跟进和持续的沟通，进一步巩固这段关系，促使客户未来在有需求时优先选择我们的酒店，成为我面临的主要挑战。我意识到，需要在合适的时间点，以恰当的方式进行后续跟进，既要体现对客户的关怀，又不能让客户感到被过度打扰。

为了解决这些问题，我向我的实习导师讨教了一番，在他的指导下，我制订了一个系统的后续跟进计划：

（1）活动后次日的感谢信。在婚礼结束后的第二天，我亲自起草了一封个性化的感谢信，表达对客户选择我们酒店举办婚礼的感谢，并再次恭喜他们喜结连理。信中还附上了当天活动的几张精选照片，作为对这场美好回忆的温馨提醒。

（2）一周后的满意度调查。一周后，我通过电话与客户进行了联系，询问他们对婚礼的整体体验是否满意，并征求他们的意见和反馈。这不仅帮助我们了解了客户的感受，也为未来活动的改进提供了宝贵的信息。

（3）一月后的周年礼遇邀请。一个月后，我为客户策划了一个特别的周年纪念优惠活动邀请，邀请他们在结婚一周年时再次光临我们的酒店，享受特别的住宿和用餐优惠。这封邀请函不仅加强了我们的联系，还让客户感受到我们对他们的长期关怀。

（4）定期联系与个性化服务。此后的时间里，我通过定期发送节日问候和酒店的最新优惠活动信息，保持与客户的联系。同时，我根据客户的反馈和喜好，设计了专属的服务内容，确保每一次联系都能给客户带来新鲜感和惊喜。

处理方案及理论支撑：

（1）客户关系管理理论。该理论强调，通过系统化的客户数据管理和个性化的服务策略，可以提高客户的忠诚度和终身价值。在本案例中，通过持续跟进和个性化服务，实习生成功提升了客户对酒店的忠诚度。

（2）服务接触理论。根据服务接触理论，每一次客户互动都是一个建立和维护客户关系的机会。通过多次有针对性的互动，实习生不仅加深了客户对酒店的印象，还成功促使客户与酒店建立更紧密的联系。

（3）顾客感知价值理论。该理论指出，客户会基于他们在互动中的感知价值来决定是否继续与企业合作。通过后续的贴心关怀和特别礼遇，实习生增加了客户对酒店服务的感知价值，进一步巩固了他们对酒店的信任和好感。

（4）服务补救理论。尽管这次活动没有出现明显的失误，根据服务补救理论，即使在客户满意的情况下，持续的后续跟进和服务优化也是建立长期关系的关键。这种主动的跟进策略，有助于预防潜在的不满情绪，并进一步提高客户的满意度。

总结：

通过精心设计的后续跟进策略，我们成功地将一次完美的婚礼体验转化为长期的客户关系。这一案例展示了活动后续跟进与客户关系维护的重要性，通过客户关系管理理论、服务接触理论、顾客感知价值理论和服务补救复理论的应用，实习生不仅提升了客户满意度，还成功打造了长期的客户忠诚度。

第九章 酒店危机管理与应急处理实习案例分析

一、 突发事件处理中的应急措施与实习参与

酒店面临的突发事件通常指在酒店运营过程中意外发生的事件，这些事件可能会影响客人、员工的安全或酒店的正常运作。这类事件的范围十分广泛，可能包括自然灾害如地震、洪水等，也可能是人为因素引发的事件，如火灾、恐怖袭击、盗窃、抢劫、因设施故障导致的事故。此外，突发的等、食物中毒公共卫生事件，如食物中毒、传染病暴发等，也会严重影响酒店的运营。面对这些突发情况，酒店必须拥有一套完善的应急预案，以确保能够迅速反应，最大限度地保障人员安全，并减少财产损失和运营中断的时间。突发事件的及时处理对于酒店的声誉、顾客的信任以及长期的业务发展都有着至关重要的影响。

常见的酒店突发事件如下：

（1）自然灾害。地震、洪水、台风等自然灾害对酒店的影响可能较为严重。这类灾害可能造成建筑结构受损、客人无法正常入住，甚至危及人员安全。

（2）火灾。火灾在酒店突发事件中颇具破坏性，可能由电气故障、烹饪事故、烟头未熄灭等多种原因引发。火灾的蔓延速度快，不仅威胁到酒店的财产安全，还可能导致人员伤亡。

（3）盗窃、抢劫。盗窃、抢劫等安全事件是酒店业面临的另一类风

险。这些事件不仅会对酒店的财产造成损失，更可能威胁到客人和员工的生命安全。

（4）设备故障。酒店设施如电梯、水电系统、空调等设备出现故障，可能会影响客人的入住体验，甚至威胁到安全。

（5）突发公共卫生事件。食物中毒或传染病暴发等突发公共卫生事件，不仅会影响酒店内的客人，还可能通过人员流动，影响更广泛的社区。这类事件往往会对酒店的声誉造成长远的负面影响。

（6）意外事故。客人或员工在酒店内发生摔倒、受伤等意外事故，不仅会影响酒店的日常运营，还可能引发法律责任和赔偿问题。

（7）公共关系危机。由于服务质量问题或其他原因，酒店可能会面临负面的媒体报道或公众的质疑。这类危机不仅会影响酒店的声誉，还可能导致客源流失。

这些常见的酒店突发事件都对酒店的运营和声誉构成了潜在威胁，因此酒店管理者需要具备危机意识，并制定详细的应急预案，以应对各种可能发生的情况。酒店工作人员在处理这些突发事件时，需要采取一些应急措施，这些措施的执行可最大限度减少突发事件带来的损失，保护人员和财产安全。主要措施如下：

（1）快速响应。立即启动应急预案，组织相关人员进行紧急处理。

（2）信息传递。迅速、准确地传递事件信息给相关部门和人员。

（3）安全保障。优先确保人员安全，提供必要的疏散和救援。

（4）资源调配。合理调配应急资源，如急救药品、消防设备等。

（5）沟通协调。保持各方协调，确保信息畅通，决策快速有效。

（6）事后评估。事件结束后进行总结评估，改进应急预案。

实习生在酒店实习过程中，面对突然发生的事情，也需要具备较强的应变能力，以确保在紧急情况下能够迅速做出反应，并有效控制局面。虽然实习生的工作经验相对较少，但在酒店环境中，他们也是不可或缺的一部分，因此他们不仅需要掌握基础的工作技能，还要具备基本的危机处理意识和能力。

首先，当面对突发事件时，实习生应当学会与同伴协作，迅速报告上级或相关部门。例如，当发生火灾、设备故障或客人出现突发健康问题时，实习生应第一时间通知酒店的安全、工程或医疗团队，以便及时处理问题。同时，与同伴的配合也至关重要。一个突发事件可能需要多人协同工作，实习生需要在这种情况下迅速找准自己的角色，完成分配的任务，确保危机不会进一步扩大。

其次，某些情况下，实习生可能会独自面对紧急情况。在这种情况下，他们需要冷静应对，按照酒店的应急预案采取行动。例如，当客人对服务产生不满并情绪激动时，实习生可以通过自己的沟通技巧进行安抚，缓解紧张局面，避免冲突升级。同时，实习生要懂得如何迅速判断事态的严重性，并根据情况决定是立即行动还是寻求帮助。

为了防止突发事件带来更大的损失，酒店也应该加强对实习生的培训，确保他们掌握应对紧急情况的基本技能，如消防演练、急救措施以及客户沟通技巧等。这不仅能够提升实习生的综合能力，也能在关键时刻保障酒店的运营安全。

案例 1：酒店健身房的"混乱之晨"——如何平衡客户体验与安全管理？

案例描述：

在酒店实习的一个早晨，我遇到了一个棘手的情况。那天，我负责健身房的服务协调。当时，李先生，一个早晨常去健身房的客人，走进来锻炼。他喜欢在健身房享受宁静和专注的氛围，可惜今天一切都被打破了。几个年轻人进来了，喧闹声和嬉笑声充满了整个空间，他们几乎把健身房当作了一个娱乐区域。跑步机上留下了他们的脚印，甚至跳起了健身舞。李先生很快就忍无可忍，找到了我，要求我制止他们。

作为实习生，我当时非常紧张，但还是努力保持冷静。我礼貌地去劝说这些青少年，并解释了健身房的使用规则，希望他们能安静些。没想到，他们根本不听，继续打闹。这时，李先生显然更加生气了，开始向我发火，投诉声越来越大。我感到很无助，正不知道该怎么办时，一个意外发生了。一位青少年赤脚跑上跑步机，结果突然摔了下来。心跳加速的那一瞬，我立刻冲过去检查他的状况。幸运的是，青少年没有受伤，但我还是严肃地告知他们，跑步机必须在成年人的监护下使用。通过这次意外，青少年终于意识到问题的严重性。

然而，当天晚上，我遇到了另一位穿着皮鞋的客人走进健身房。我赶紧上前询问他是否来锻炼，并建议他换上运动鞋，但他显得有些不耐烦，反而提出了疑问："我出差不带运动鞋。怎么会规定穿皮鞋不能上跑步机？你是不是故意找碴？"当时，我的心里也很紧张，手足无措，甚至请来了其他员工帮忙劝说。最终，这位客人愤怒地离开了健身房，并向酒店提出投诉。

回到岗位后，我心情沉重，立刻向值班经理汇报了事件经过。经理听后，找到了那位投诉的客人，非常耐心地向他解释了健身房的安全规定，并给出了一个合理的解决方案，即为客户提供免费寄存运动鞋的服务。客人听后决定购买一双运动鞋，并表示感谢。

这次经历让我深刻体会到作为实习生，面对压力时如何保持冷静，并及时寻求帮助。我也学到了，面对冲突时，不仅要有解决问题的能力，还要能够站在客户的角度去理解问题。事后，酒店决定制定明确的健身房使用规定，确保类似的情况不再发生。

处理方案与理论支撑：

要妥善处理此类事件，酒店需要在客户体验和安全管理之间找到一个平衡点。

（1）制定并明确公布健身房使用规则。为了避免类似情况的发生，酒店应在健身房入口处及其内设立明显的告示牌，清晰地标明使用健身房的着装要求和行为规范，特别是运动鞋的必要性和未成年人需要监护人的规定。这一措施符合"清晰沟通原则"，能够提前告知客户相关规定，减少误解和冲突。

（2）加强员工培训，提高服务意识与沟通技巧。酒店需要对员工进行定期的培训，尤其是在如何处理客诉和危机事件方面。小张在处理客人穿皮鞋的事件中显得有些不够成熟，面对客人的质疑，沟通技巧和策略欠缺。如果员工能够更有效地传达酒店的规定和安全考量，很多冲突可以在初期得到缓解。培训可以基于"服务质量差距模型"，以缩小顾客期望与员工服务表现之间的差距。

（3）引入"风险管理"理念，预防与应对突发事件。酒店应建立一套完善的风险管理机制，包括安全检查、设备维护和突发事件应急预案。例如，酒店可以考虑在健身房内配备监控设备和紧急按钮，以便及时发现和处理潜在的安全隐患。同时，可以通过定期检查设备状态，确保所有设备正常工作，降低事故发生的概率。

（4）提高顾客参与度，建立反馈和改进机制。酒店应鼓励顾客提出意见和建议，并对反馈做出积极回应。通过构建顾客反馈机制，酒店可以更好地了解顾客的需求和不满，及时调整和改进服务内容。理论上，这符合"顾客导向理论"，即将顾客的需求和期望作为企业经营的核心，通过不断满足顾客的需求来提高顾客满意度和忠诚度。

（5）提供灵活的解决方案，提升顾客满意度。像值班经理提出的建议，为客人提供将运动鞋寄存在酒店的解决方案，就是一个成功的例子。这种灵活性体现了酒店对顾客需求的重视，并通过提供个性化服务来提升顾客满意度。这符合"情境领导理论"，根据顾客的具体情况，调整服务方式以达到更好的效果。

通过上述处理方案，酒店能够在确保安全的前提下，提升顾客体验和满意度，最终打造一个更受欢迎、更具吸引力的健身环境。

案例 2：泳池惊魂——紧急时刻的责任与担当

案例描述：

周末的一个下午，我正值班守护在酒店泳池边。天气晴朗，池水波光粼粼，不时有几位住店客人前来游泳。3 点左右，一位年轻的客人牵着她的小孩来到了泳池边。小孩看起来只有七八岁，充满活力和好奇。小男孩立刻换上了泳衣，戴上了一个橙色的泳圈，兴奋地跳进了泳池。

我注意到小男孩看起来并不熟悉游泳的动作，更多是依赖泳圈在水中浮动。根据酒店泳池的相关安全规定，儿童必须由家长或监护人陪同入水，并且不能只依赖泳圈。我立刻上前提醒这位母亲，请她时刻关注孩子的安全。她微笑着回应，但同时告诉我她自己不会游泳，也不想下水，并且表示孩子有泳圈护身，应该不会有事。此时，我留意到她的注意力大部分集中在手机屏幕上，而非她的孩子。

尽管这位母亲显得有些漫不经心，我仍决定提高警惕，更加密切地关注泳池内的小男孩。几分钟后，我突然发现孩子的泳圈不知为何从他身上滑落，他瞬间失去了支撑，在水中慌乱扑腾。意识到情况紧急，我没有丝毫犹豫，立即跳入水中，快速游向小男孩，将他拖上岸。孩子已经被吓得哇哇大哭，还呛了几口水，但所幸我救援及时，未造成更严重的后果。

此时，他的母亲才意识到发生了什么，从手机屏幕中抬起头来，看到孩子被救上岸，神色大变，惊恐不已。她匆忙将孩子带回了房间，临走前对我连声道谢。全身湿透的我迅速前往更衣室更换衣物，接着继续我的值班工作。

第二天，这位母亲带着孩子在离店之前专程来到前台，表达了对我的感激之情。只可惜我那天没有上班，没能见到他们。事后，酒店经理和行政管家得知了这个事件，对我进行了表扬，肯定了我在关键时刻快速反应和尽职尽责的表现。我的内心也充满了自豪感，觉得我的工作不仅仅是职责所在，更是对生命的尊重与守护。

处理建议及理论支持：

在这个案例中，最好的处理方案是提前防范和加强安全监管。

（1）明确安全职责和监督机制。酒店应明确泳池安全规定，并在入口处和泳池边显著张贴相关提示，告知客人儿童必须由大人陪同且不可仅依赖泳圈。酒店可以进一步配备专业的安全管理员，在泳池区域定时巡逻和提醒，以确保所有客人都遵循安全规定。

（2）加强员工培训和应急预案演练。酒店应定期对工作人员进行急救技能培训，特别是溺水急救的专业知识和技能演练，通过模拟演练增强员工在突发事件中的应急反应能力。

（3）科技助力安全管理。可以考虑在泳池区域安装水下监控设备或自动溺水报警系统，及时发现并处理紧急情况。这样的科技手段可以弥补人工监控的不足，提供多重保障。

（4）增加亲子活动引导和服务。酒店可以设计一些亲子水上活动，让家长和孩子在专业人员的引导下进行互动，从而提升家长对孩子安全的关注度，减少意外发生的概率。

（5）对家长的教育和提醒。在办理入住手续时，前台工作人员可以向家长提供关于儿童游泳安全的宣传单页或视频，强化家长的安全意识。

理论支持方面，案例的处理方法符合预防性安全管理理论。该理论强调安全事件的预防和控制，通过制定完善的安全规则、提高安全意识、增强监控措施等手段，最大限度地减少安全事故的发生。同时，危机管理理论也强调，在发生安全事件时，第一时间采取迅速有效的行动至关重要，以防止事态恶化并尽可能减少损失。

通过以上多方面的措施，酒店能够更好地保障泳池的安全，确保每位客人在享受游泳乐趣的同时能获得充分的安全保障。

二、客户投诉与危机公关

在酒店行业中，客户投诉与危机公关的处理不仅是一项日常运营的核心任务，更是影响客户信任、品牌形象和长期竞争力的关键环节。酒店作为服务行业，顾客的满意度直接关系到其声誉和市场口碑，因此妥善处理客户投诉和危机公关具有重要的意义。良好的投诉处理和危机公关机制不仅能有效化解问题，还能增强客户对酒店的信任感，进一步巩固和提升酒店的品牌形象与市场地位。

（一）客户投诉

客户投诉是指客人对酒店服务、设施或入住体验不满的反馈，可能涉及房间清洁、服务态度、设施故障或餐饮质量等多个方面。面对客户投诉时，酒店应做到快速响应，展现出高度的责任心和重视程度。具体来说，处理客户投诉的流程如下：

（1）快速响应。当客户提出投诉时，酒店应立即回应，避免拖延或忽视问题。快速的反馈不仅能让客户感受到酒店对其问题的重视，还能有效遏制负面情绪的蔓延。

（2）倾听并了解客户诉求。酒店工作人员应耐心倾听客户的意见，确保充分了解投诉的具体原因，并表现出对客户不满情绪的理解和同理心。通过细致的沟通，酒店工作人员可以帮助客户舒缓情绪，并有助于酒店找到真正的问题所在。

（3）真诚道歉。即使问题的根源可能在于某些外部因素，酒店依然应向客户表达真诚的歉意，体现出酒店重视客户体验和服务品质的态度。

（4）采取有效措施。在了解问题后，酒店应迅速采取具体的解决措施，如更换房间、修理设施、提供补偿等，确保客户的需求得到满足。

（5）改善客户体验。在投诉处理后，酒店应进一步跟进客户体验，询问其是否对解决方案满意，并根据反馈调整服务流程，避免类似问题发生。

通过专业的投诉处理，酒店不仅能有效化解客户的不满情绪，还能够为酒店赢得回头客和良好的口碑。

（二）危机公关

危机公关是指酒店在面对突发负面事件或媒体负面报道时，迅速采取行动，遏制事态的进一步恶化，保护酒店的声誉。酒店的危机事件可能包括食品安全问题、公共卫生事件、服务纠纷甚至负面媒体曝光等。在这些情况下，酒店的应对能力和态度直接影响公众对酒店的信任度和自身的品牌形象。有效的危机公关处理包括以下几个关键步骤：

（1）迅速行动。在危机发生的第一时间，酒店管理层应立即采取行动，评估事件的严重性，尽早制定应对方案。拖延或掩盖问题只会让危机恶化，甚至引发更大范围的公众质疑。

（2）透明沟通。酒店应保持信息透明，与受影响的客户、员工及公众保持及时、真实的信息沟通。坦诚面对问题并提供明确的处理计划，可以有效缓解外界的猜疑和不满。

（3）积极回应媒体。面对媒体的报道，酒店应迅速做出官方回应，表明酒店对事件的立场和责任感。酒店可以通过新闻发布会、社交媒体等平台公开事件的进展及解决措施，确保信息传递的及时性与准确性。

（4）展示责任感。在危机处理中，酒店应展示出高度的责任感，勇于承担责任，并积极采取补救措施。例如，酒店可以对受影响的客户进行经济赔偿或提供额外服务，以显示其解决问题的诚意和努力。

（5）长期改进。危机事件过后，酒店应反思事件发生的原因，并从中汲取教训，改进管理流程和服务质量，避免类似问题发生。

一个成功的危机公关处理不仅能平息负面事件，还能够通过积极的应对举措转危为机，赢得公众的理解与支持，甚至提升品牌形象。

案例：公共卫生危机期间的服务挑战——如何化解老客户的愤怒

案例描述：

我实习的酒店是一个位于海滨的度假型酒店。酒店提供了一项前往海边的免费观光车服务。原来班次为每10分钟一趟，但由于公共卫生危机的影响，为了减少接触与感染风险，酒店将班次调整为每30分钟一趟，同时收班时间也从原来的晚上7点提前至5点30分。一天晚上6点，一位客人拨打了酒店的电话，正好是我接听的。客人十分激动，大声质问为什么她等了20分钟依然没有车来接她回酒店。她还特别强调自己是酒店的老客户，认为酒店怠慢了她。面对这样的情况，我只能耐心解释说，观光车服务因公共卫生事件已提前至5点30分结束，无法再派车接送。没想到这位客人非但没有理解，还表示要投诉我，并要求立刻安排车去接她。由于我是一个实习生，没有权限派车，甚至连答应都不敢，只好连声道歉，并赶紧向上级汇报。最后，酒店还是派车去接她回来。这种情况让我感到措手不及，也不确定如何处理是最好的。

案例分析：

面对这类客诉事件，可以从多个角度来分析问题的根源。

（1）服务调整的信息传递不充分。这起事件的发生，首先反映出酒店对服务调整信息的传递不够到位。无论是老客户还是新客户，都有权知晓观光车的服务时间变化。如果提前在酒店大堂、客房内或通过短信、邮件等方式明确告知，可能会避免这种误会。

（2）客户心理预期的管理不足。这位客人表示自己是酒店的老客户，并认为酒店"怠慢"了她。这说明她对酒店的服务有较高的期待，而突如其来的服务变动让她感到不满。客户的抱怨不仅仅是因为观光车没有按时来接，更重要的是，她感到自己的价值和尊严没有得到应有的重视。客户对老客户身份的强调，表明她希望得到更多的关心和特别对待。

（3）员工授权与应变能力的不足。作为一线员工，当实习生接到这个电话时，缺乏足够的权限和灵活性去处理突发情况。酒店的服务流程应当在某些情况下赋予实习生一定的灵活度，如可以立即向上级申请派车或提供其他解决方案，而不必等到客人威胁投诉后才有所行动。

解决方案：

要有效处理这类客诉事件，可以从以下几个方面进行改进：

（1）加强信息沟通与提升信息透明度。酒店应该在所有可触达的渠道上，清晰地公布观光车服务时间的变动信息，包括酒店官网、大堂告示、房间内的小册子，甚至在客人入住时口头说明。这不仅能减少误会，还能让客人感受到酒店的透明度和对他们的重视。

（2）重视老客户体验与关系维护。对于老客户，酒店应建立专门的老客户档案和偏好记录，及时了解并关注他们的需求和反馈。例如，可以在入住前预先了解其需求，或在服务调整时通过短信、电话等方式主动告知并征求意见，这样能显著提升客户的满意度和忠诚度。

（3）提升实习生的服务应变能力与授权。实习生应获得一定的权力和灵活性，以应对各种突发情况。酒店应培训实习生如何处理紧急情况和化解客户情绪，如面对愤怒的客户时，应学会倾听、共情和及时反馈解决方案。同时，酒店可以建立"紧急事件处理预案"，使实习生遇到类似情况能迅速反应，灵活处理。

（4）建立快速响应的内部沟通机制。酒店应建立一套快速响应的内部沟通机制。例如，在发生客户投诉时，员工能立即联系到相应的主管或经理，请求决策支持。这样既可以迅速解决客户问题，也能减少客户因等待而产生的二次不满。

结论：

在公共卫生事件发生的时期，酒店的服务变动往往是不可避免的，但真正关键的是如何有效管理这些变动对客户特别是对老客户关系的影响。面对这样的挑战，酒店可以通过多方面的努力来维系客户关系，并提升整体满意度和忠诚度。

首先，通过加强信息沟通，酒店能够及时向客户传达最新的政策变化和服务调整。这种透明的沟通不仅有助于减少客户的不满情绪，还能让他们感受到酒店对他们的关心和重视。此外，主动与客户保持联系，并为他们提供针对性的建议和解决方案，也能够增强客户对酒店的信任。

其次，优化客户体验也是关键。在特殊时期，酒店可以通过提供更加个性化的服务来提升客户的体验。例如，为老客户提供专属的优惠或特别的增值服务，或者根据客户的具体需求调整服务内容。这些措施不仅可以弥补因服务变动可能带来的不便，还能进一步增强客户的归属感并提升客户的满意度。

最后，提升实习生的应变能力也是确保优质服务的重要保障。通过对实习生进行有效的培训，提升他们在突发情况中的应对能力，能够确保他们在面对客户时始终表现得专业、自信。这不仅能够提升服务质量，还能让客户在与酒店互动时有更加积极的体验。

理论上，这些举措都契合客户关系管理理论的核心思想，即通过提供个性化服务和主动沟通来提升客户的满意度。该理论强调，与客户保持长期的、互利的关系是企业成功的关键。因此，通过上述方式，酒店不仅能够在特殊时期有效管理服务变动的影响，还能在客户心中建立起更为稳固和忠诚的品牌形象。

三、安全问题与突发状况的应对

在酒店中，安全问题与突发状况的预防和应对是至关重要的环节。酒店作为公共场所，每天接待大量客人，存在各类不确定因素，所以面临多种潜在的风险和危机。为确保客人及员工的生命财产安全，酒店必须具备完善的应急预案，并对员工进行定期培训。以下是酒店中常见的安全问题与突发状况：

（一）自然灾害

自然灾害如地震、洪水、台风等，具有不可预测性和突发性，一旦发生，往往对酒店的设施和人员构成严重威胁。酒店必须为此做好充分的准备。

（1）制定详细的应急预案。预案包括明确的疏散路线、应急集合点、紧急物资（如食品、水和药品）储备，并定期进行全员演练。

（2）建立应急通信系统。确保酒店管理层、员工和客人之间在灾害发生时保持畅通的沟通渠道，以便及时获取最新的指引和安排。

（3）与当地政府部门合作。酒店应与地方政府、消防部门、医院等建立紧密的合作关系，以便在紧急情况下获得支持和资源。

（二）火灾

火灾是酒店严重的安全隐患之一，可能由电气故障、厨房事故、吸烟不当或其他意外原因引发。酒店的建筑结构复杂、人员密度较高，一旦发生火灾，可能迅速蔓延并造成重大人员伤亡和财产损失。因此，酒店必须做到以下几点：

（1）安装并定期检查消防设施。酒店应安装烟雾报警器、灭火器、消防栓和喷淋系统，确保它们在紧急情况下能够正常运行。

（2）制定并演练疏散预案。酒店应确保每位员工了解应急出口、疏散路线和紧急集合点的位置，并指导客人如何快速、安全地撤离。

（3）防火措施。酒店应加强对厨房、锅炉房、电气设备等高危区域的防火管理，定期检查电器线路并对易燃物品进行严格管理。

（三）盗窃、抢劫

酒店可能发生客房盗窃、公共区域偷窃以及外来人员进行的抢劫事件。这类事件不仅损害客人的财产安全，还会对酒店的声誉造成不良影响。因此，酒店应采取以下措施：

（1）加强安保措施。聘请专业的安保人员在酒店各主要出入口和关键区域进行巡逻，提升现场的安全感。

（2）安装监控设备。在电梯、走廊、大堂等公共区域安装高清监控摄像头，并保证24小时监控，确保随时掌握酒店内的动态。

（3）客房保险箱和电子门锁系统。酒店应提供客房保险箱，并使用现代化的电子门锁，确保客人财产安全。

（4）对酒店员工进行安全培训，确保能够应对突发的安全威胁。

（四）设备故障

在酒店的日常运营中，设备故障是常见的突发情况之一，可能会对客人的舒适度和安全造成影响。因此，酒店应建立完善的应急预案，以确保设备故障发生时能够迅速响应并采取适当的措施。

（1）一旦设备故障发生，酒店前台人员应立即安抚客人，告知他们故障的具体情况，并提供可行的解决方案。例如，如果是空调故障，前台可提供临时风扇或更换房间，确保客人不会受到过多影响。同时，酒店应为受影响的客人提供相应的补偿措施，如延迟退房、免费餐饮或折扣等，以保障客户的满意度。

（2）定期检查和维护所有重要设备，如空调、暖气系统、电梯、供水设施以及消防设备等，以减少故障发生的概率。针对设备出现故障时，酒店应设立专门的维修团队，确保其能够24小时随时待命，迅速响应故障报警或客人报修需求。

（3）对于涉及安全的设备故障，酒店应优先确保客人的人身安全。例如，若电梯出现故障或停运，酒店应及时疏导客人使用楼梯，并且通知客人该设备正在维修中，避免客人误用或不知情地使用故障设备。酒店还应定期进行消防演练和设备安全培训，提高员工的应急处置能力。

（五）突发公共卫生事件

突发公共卫生事件直接关系到客人的健康和酒店的声誉，任何与餐饮相关的事故，如食物中毒等，都会带来严重后果。因此，酒店必须做到以下几点：

（1）严格控制食品来源与储存。保证食品供应商的资质，定期检查食品的存储条件，确保所有食品原料新鲜、无污染。

（2）加强食品加工流程管理。确保厨房环境清洁，员工具备食品卫生知识，严格遵守食品加工操作规范，防止交叉污染。

（3）快速应对食品安全事件。一旦发生食物中毒事件，酒店应迅速隔离问题食品，并配合医疗机构处理受影响的客人，同时及时应对客人的投诉和疑虑。

（4）要定期对公共区域进行消毒，特别是在传染病暴发期间，确保卫生环境符合健康标准。

（六）客人或员工受伤

酒店内的滑倒、摔伤、烧伤或其他身体受伤情况时有发生，尤其在湿滑的浴室、泳池边缘和厨房区域。因此，酒店应做到以下几点：

（1）及时清理潜在危险区域。保持地面干燥，特别是在洗手间、餐厅和泳池周围，必要时放置警示标志提醒客人小心滑倒。

（2）培训员工急救技能。确保员工能够为受伤者提供基本的急救服务，并在必要时及时呼叫专业医护人员。

（3）保持无障碍通道。尤其在紧急情况下，确保所有楼梯和走廊无障碍通行，以便客人或员工能够迅速撤离或获得帮助。

案例：酒店水管爆裂夜——应急处理背后的团队力量与智慧

案例描述：

2021 年 11 月 8 日晚上，一场突如其来的意外打破了酒店的宁静。由于酒店设施故障，二楼的水管突然爆裂，巨大的水流从天花板倾泻而下，直接涌入一楼西餐厅的厨房和办公室，现场一片混乱。面对这一突发情况，酒店的各部门立即启动了应急预案，各司其职，展开了一场与时间的赛跑。

事故发生后，工程部迅速做出反应，立即切断了相关区域的电源，以防止电路因浸水而引发更严重的次生灾害。随即，工程人员迅速着手对受损的天花板和电路设施进行抢修。与此同时，保安部也不甘示弱，迅速在电梯周围设置紧急隔离设施，防止水流进入电梯井导致电梯故障或其他安全隐患。随后，保安人员开始对受影响区域进行紧急扫水作业，努力将损失降至最低。

我们部门的同事则迅速反应，将货架上的货品转移到安全区域，避免水流对货物造成进一步的损失。所有人员在紧急状态下井然有序地展开行动，表现出了较强的团队协作能力和应急反应能力。

在此期间，老板迅速赶到现场，立即对酒店员工进行了清点，确保没有人员受伤。当确认所有员工安全后，他组织厨房员工对财产损失进行盘点，同时作出决定，暂时停止在受损厨房的食品准备工作，指示员工前往其他餐厅继续操作，以确保酒店运营能够尽快恢复正常。

处理方案分析：

（1）建立全面的应急预案与流程。酒店能够迅速做出反应，得益于之前已经建立的应急预案和标准操作流程。在应急事件中，清晰的指挥链和明确的职责分工能够有效减少混乱和误操作，最大限度降低人员伤亡和财产损失。

（2）加强人员应急培训与演练。酒店的各个部门在突发情况下能迅速反应、协调配合，显示出日常培训和演练的效果。在事件处理中，工程部、保安部和其他部门的协同合作表明了每个员工都具备应急意识和基本的应急处理能力。

（3）有效的领导与决策能力。老板及时到达现场并迅速做出一系列关键决策，展现了优秀的领导能力。他首先确认了员工的安全，这是每个组织在应急情况下的首要任务，接着评估损失并调整运营策略，确保事件对酒店运营的影响最小化。

（4）关注员工心理与福利。在危机事件中，除了关注物理损失，还应重视员工的心理状态。虽然此次事件中没有人员受伤，但老板的快速反应和关怀举措无疑增强了员工的安全感和归属感，提升了团队凝聚力。

理论支撑：

该案例的处理方案基于危机管理理论和组织行为学理论，展示了如何在突发事件中有效应对，确保组织的稳定运行和长期发展。

首先，危机管理理论强调，在危机发生前，组织应当制定全面的预案并进行多次演练，以确保在危机发生时能够迅速响应，最大限度地减少潜在损失。这个理论的核心在于"预见"和"准备"——通过识别潜在的危机源头，制定详细的应对策略，并定期演练，确保组织各级人员都具备应对危机的知识和能力。在本案例中，通过提前制定应急预案，并在危机发生时快速启动预案，酒店得以迅速、有序地进行应对，从而将危机的负面影响最小化。

其次，组织行为学中的领导力理论为有效的危机管理提供了重要指导。该理论指出，在危机情境中，领导者的作用尤为关键。优秀的领导者不仅能够快速评估危机的现状和潜在风险，还能做出果断的决策，迅速调动团队资源，协调各方力量，确保危机应对措施的高效实施。在这个案例中，领导者通过清晰的决策和果断的行动，带领团队在复杂的危机环境中找到更好的解决方案，从而实现了更好的危机处理效果。这种领导力不仅体现在决策的质量上，还体现在沟通与协调能力上——确保团队成员在危机中能够保持一致的行动方向，齐心协力应对挑战。

本案例展示了危机管理理论与组织行为学理论的有效结合，通过系统的预案准备和领导力的发挥，酒店得以在危机中保持稳健运营，并为未来可能出现的挑战奠定了坚实的基础。

结论：

此次水管爆裂事件虽然给酒店带来了不小的挑战，但在这次突发事件中，酒店各部门展现出了卓越的应急响应能力，各司其职，通力合作，确保了事件得到迅速有效的处理。尤其值得一提的是，领导者在紧急情况下表现出的冷静与果断，为整个事件的妥善处理提供了关键的保障。在他们的指挥下，团队迅速采取措施，及时控制了损失，并在较短的时间内恢复了酒店的正常运营。这一案例不仅展示了酒店团队在面对突发事件时的高效应对能力，还体现了危机处理中的领导力与协作精神。

这一成功的应对经验为其他酒店和组织的危机管理提供了宝贵的参考。它提醒人们，危机无处不在，但只要拥有强有力的应急预案、熟练的团队操作和领导者的智慧决策，就能够将危机转化为发展的契机。展望未来，酒店可以进一步完善应急预案，定期组织员工进行演练，以确保每个人都具备应对各类突发事件的能力。同时，酒店还应更加关注员工的安全和心理健康，通过提供必要的支持和关怀，帮助员工在危机中保持良好的状态，从而提升团队的整体应急处理能力和组织韧性。这样的准备和关怀，不仅能提高员工的满意度和忠诚度，也将为酒店的长期稳定运营奠定更坚实的基础。

四、数据泄露与隐私保护的处理

酒店数据泄露与隐私保护处理在当今数字化时代至关重要。酒店每天都会收集大量的客户信息，包括个人身份信息、支付信息、联系方式等。如果这些数据未妥善管理，一旦发生泄露，可能会给客户带来严重的损失，也会对酒店的声誉造成很大的损害。因此，酒店必须采取全面措施来预防、应对和管理数据泄露风险。

（一）预防措施

预防数据泄露的关键在于建立一个强大的网络安全系统。酒店应采取多层次的防护措施，确保客户信息的安全性。

（1）网络安全系统建设。酒店应配备最新的防火墙、反病毒软件和入侵检测系统，确保能够抵御外部网络攻击，减少系统被黑客侵入的风险。

（2）数据加密技术。对于敏感客户信息，酒店应采用高级加密技术，确保在数据传输和存储过程中，数据始终处于加密状态，以防止黑客窃取数据。

（3）定期系统维护与更新。酒店需要定期对其网络系统进行检查、更新和维护，及时修复安全漏洞，避免因软件过时或存在未修复的漏洞而遭受攻击。

（4）员工培训。酒店应加强员工的网络安全意识教育，避免因员工的疏忽或不当操作（如点击钓鱼邮件、使用弱密码）导致数据泄露。

（二）及时应对

即使采取了所有预防措施，数据泄露仍然可能发生。当数据泄露事件发生时，酒店应迅速启动应急响应计划，防止事态进一步恶化。

（1）启动应急响应计划。酒店应制订并定期演练数据泄露应急响应计划，一旦数据泄露，立即启动该计划，找出数据泄露的源头，封堵漏洞，确保数据不会进一步外泄。

（2）快速修复问题。技术团队需要迅速进行调查，查明漏洞产生的原因，并采取紧急措施修复问题，同时应评估泄露事件的规模和潜在影响，尽快控制事态发展。

（3）通知受影响的客户和监管机构。酒店有义务在数据泄露发生后，尽快通知所有受影响的客户，让客户了解其信息已被泄露，并建议其采取必要的措施保护自己，如修改密码或监控银行账户。此外，酒店还应根据相关法律要求通知相关监管机构，确保其在法律框架内处理数据泄露事件。

（三）透明沟通

在数据泄露事件发生后，酒店与客户的透明沟通是非常重要的。通过及时、坦诚的沟通，酒店不仅可以帮助受影响的客户采取应对措施，还可以避免因隐瞒信息或处理不当而引发的信任危机。

（1）说明事件的原因和影响。酒店应在第一时间发布正式声明，向客户解释数据泄露事件的原因和具体情况，说明哪些数据可能受到影响，并明确表示酒店正在采取哪些补救措施。

（2）提供支持与帮助。酒店应为受影响的客户提供必要的帮助，如帮助客户更改账户密码、监控其银行账户交易、提供身份保护服务等，尽力减小客户因数据泄露而可能遭受的损失。

（3）及时更新进展信息。数据泄露事件通常需要较长时间进行彻底调查和修复，酒店应持续向客户通报事件的处理进展，增强客户对酒店危机处理能力的信任。

（四）法律合规

随着全球各地数据隐私法律法规的不断完善，酒店在处理客户数据时必须确保符合相关法律要求，否则可能面临高额罚款及法律责任。

（1）符合数据隐私法规。酒店必须确保其数据收集、处理和存储方式符合相关隐私法律法规的要求，例如《通用数据保护条例》《加州消费者隐私法》等。这意味着酒店不仅要获取客户明确同意才能处理其数据，还要确保客户有权利随时访问、修改或删除其个人信息。

（2）定期审查隐私政策和安全措施。酒店应定期审查并更新其隐私政策，确保政策内容与最新法律法规一致。同时，酒店也应对其内部的隐私保护措施进行评估，查找潜在的漏洞并及时改进。

（3）记录和保存合规行为。酒店应保留所有与数据处理相关的记录，以备监管机构检查。这些记录不仅有助于酒店在审计或纠纷中证明其合规性，也能帮助酒店在突发事件中快速找到数据处理的薄弱环节。

案例：一次无心之失——实习生如何应对酒店数据泄露危机
案例描述：

我的实习是在一家五星级酒店前厅部进行的。实习期间，我被安排在前台部门，负责处理客人入住和退房、处理客人投诉和查询以及管理客人的基本信息。

某天，一位商务客人急匆匆地来到前台，要求打印他昨天在酒店消费的账单。我按照惯例请他出示身份证件并开始处理。然而，在操作过程中，我不小心将该客人的账单发到了酒店系统中一个错误的电子邮件地址。由于该邮件地址属于其他公司客户的信息列表，账单上包括信用卡号、公司地址和其他私人信息的敏感数据有可能被未经授权的第三方获取。这是一场突如其来的数据泄露危机。

意识到这一点后，我感受到前所未有的紧张，感觉天都要塌了。以前总是听到因为泄密而产生了何种巨大的后果，今天手一滑居然也轮到我来体验这一种危机。我战战兢兢地向我的主管汇报了情况。主管来不及批评我就指示我马上采取以下几步措施：

（1）立即停止数据扩散。迅速访问酒店的邮件服务器，尝试撤回错误发送的邮件。如果撤回失败，立即向接收者发送一封紧急邮件，要求对方删除错误收到的内容，并强调这些数据是保密的，任何未经授权的使用都将带来法律后果。

（2）内部报告与调查。向酒店的 IT 部门提交事故报告，说明泄露的具体情况和可能涉及的数据范围。IT 部门迅速启动数据泄露响应程序，确定受影响的数据范围，并查找潜在的漏洞或人为操作失误的原因。

（3）通知客户。根据《通用数据保护条例》及当地法律的要求，酒店有义务在数据泄露事件发生后的 72 小时内通知可能受到影响的客户。我们立即向这位商务客人发送了一封致歉信，告知他数据泄露的情况，并详细说明我们采取的补救措施。

（4）加强培训和修复漏洞。组织酒店员工进行关于数据隐私保护的再培训，特别是如何正确处理客户敏感信息和使用安全通信方式。此外，酒店管理层决定对前台系统进行更新，以减少类似错误发生的可能性，如增加发送确认步骤和自动检测潜在的错误发送。

解决方案分析：

根据理论支撑，此次数据泄露事件的处理方案符合《信息安全管理体系标准》和《通用数据保护条例》的规定。在信息安全管理的实践中，及时的事故响应和通知受影响的客户是最重要的步骤，这体现了酒店的透明度和对客户隐私的尊重。

（1）停止数据扩散和内部调查是应急响应的第一步。该措施不仅减少了进一步的数据泄露风险，还能够帮助识别事件根源，为后续防范提供依据。

（2）通知客户并道歉是对受影响客户的尊重和对酒店声誉的维护。根据相关规定，个人数据的控制者（本案例中的酒店）在发生数据泄露时，必须及时通知数据主体（客户），告知其数据被泄露的风险。

（3）加强员工培训和技术修复则从长远来看解决了问题的根源，避免了同样错误的发生。这种前瞻性的改进措施符合信息安全管理的连续改进原则（PDCA 循环），确保组织能够从错误中学习，并持续改进其安全管理体系。

结论：

数据隐私保护在酒店管理中十分重要。随着数字化进程的加速，客户数据的安全性已经成为酒店运营不可忽视的核心问题之一。无论是在日常运营中，还是在应对突发危机时，保护客户的个人信息和隐私不仅是法律的要求，更是建立客户信任和维护酒店声誉的关键所在。

客户信任的建立往往源于他们对酒店保护其敏感信息的信心。任何数据泄露或隐私侵害事件，都会对酒店的声誉造成不可估量的损害，甚至可能导致客户流失。因此，酒店实习生必须具备高度的责任感，始终将数据隐私保护放在首位。

此外，快速响应数据泄露事件的能力是现代酒店管理者必备的素质之一。面对数据泄露风险，酒店管理者不仅需要迅速识别和控制事件，还需在事件发生后采取果断的补救措施，最大限度地减少损失，并恢复客户对酒店的信任。这包括及时通知受影响的客户、提供必要的支持和保障，以及加强对员工的培训，确保他们具备应对类似事件的能力。

防范胜于补救。为此，酒店应定期审查并升级数据保护措施，采用最新的安全技术，如加密、双重验证等，来防止未授权的访问和数据泄露。通过这些预防性措施，酒店不仅能有效降低数据泄露的风险，还能为客户提供一个更加安全和可靠的环境。

五、危机后的复盘与改善策略

危机事件的发生虽然不可避免，但其带来的经验和教训可以为酒店未来的管理提供宝贵的指导。危机后的复盘与改善策略是酒店危机管理中至关重要的一环，通过系统化的总结和改进措施，酒店可以有效提升其应对未来突发事件的能力，减少潜在的风险和损失。

（一）事件回顾

危机发生后，酒店应立即组织相关人员进行全面的事件回顾，通过详细记录和回顾危机的整个过程，确保了解事件的每一个关键环节。

（1）危机经过的完整记录。回顾危机从初期到解决的全过程，记录每个阶段的具体细节，包括问题的发现、初步反应、信息的传播、应急措施的执行等。

（2）分析危机的根本原因。通过回顾，深入分析导致危机的核心原因。例如，火灾事件的起因是否与设施维护不到位有关，或者客户投诉是否与服务流程的漏洞有关。只有找出根本原因，才能真正有效地防范类似问题的发生。

（二）评估影响

危机对酒店的影响不局限于当下，还可能对未来的运营、财务、品牌声誉等多个方面产生持续的负面效应。因此，酒店在危机结束后应全面评估其影响。

（1）运营影响评估。危机是否导致了酒店业务的暂时中断或服务质量下降？例如，火灾或数据泄露可能导致酒店不得不暂停部分服务或调整客人安排。

（2）财务损失评估。评估因危机导致的直接和间接财务损失，如赔偿客户的费用、设施的修复费用、市场推广和公关支出等。

（3）品牌声誉影响评估。危机事件是否对酒店的品牌形象造成了负面影响？客户是否因事件而对酒店产生了信任危机？这些都需要通过市场反馈、社交媒体评论等渠道进行分析和评估。

（三）总结经验

危机发生后，酒店需要认真总结应对过程中的成功经验和不足之处，以帮助管理层更好地了解应急计划的执行效果。

（1）成功之处总结。在应急响应过程中，有哪些措施是有效的？例如，快速的客户通知、员工的紧急响应速度等，这些都是需要继续保持和加强的方面。

（2）薄弱环节识别。应急过程中出现了哪些问题？例如，信息传达不及时、员工缺乏培训或应急设施无法正常使用等。通过总结这些问题，酒店可以发现应急计划中的漏洞或操作中的不足。

（四）制定改进措施

基于对危机的总结和评估，酒店应根据发现的问题和不足之处，制定一系列切实可行的改进措施，确保未来能够更加高效地应对类似的突发情况。

（1）加强员工培训。针对应急过程中发现的员工操作问题，酒店应加强相关培训，确保每位员工都熟知应急预案，并能够在危机发生时冷静、专业地处理问题。

（2）更新应急预案。根据危机中暴露的问题，酒店应调整和完善现有的应急预案，确保未来的应急计划更加全面。例如，增加新的应急联系人、优化信息发布流程等。

（3）设施与技术改进。对在危机中暴露出问题的设施或技术进行改进，如加强监控系统的维护、安装更先进的消防设备、升级网络安全系统等。

（五）持续改进

危机管理是一个不断发展的过程，酒店应建立长期的监测和反馈机制，以确保随时应对新的挑战和风险。

（1）建立反馈机制。定期收集员工和客户对酒店安全和应急措施的反馈，了解其对酒店应急管理的看法和建议，从中找到进一步改进的机会。

（2）定期审查和更新应急预案。酒店应定期对应急预案进行评估和更新，以适应新技术、新法规和市场环境的变化。每年或每次重大事件发生后，酒店都应对预案进行重新审视，确保其时效性和有效性。

（3）定期演练。通过定期的危机应对演练，确保员工能够熟练掌握应急措施，提高全体人员在突发事件中的响应能力和合作效率。

案例：突发火灾，宾客惊慌——酒店危机后的反思与变革之路

案例描述：

作为一名酒店管理专业的本科生，我在一家四星级酒店进行了为期6个月的实习。某个周末的夜晚，酒店正在举办一个大型婚宴，场面热闹非凡。然而，就在婚宴进行到高潮时，厨房突然发生了意外火灾。浓烟迅速扩散到大堂和宴会厅，现场的客人开始惊慌失措。酒店员工虽然第一时间尝试组织疏散，但由于缺乏统一的指挥和疏散经验，一时间场面相当混乱，甚至有部分客人因慌乱而摔倒受伤。

在火灾发生后的紧急处理阶段，酒店启动了消防应急预案，工作人员试图用灭火器进行初步扑救，迅速拨打了119报警电话，并将消防通道打开。但是，由于火势扩散较快，消防系统的报警器和喷淋装置未能及时启动，增加了现场的混乱和危险。最后，虽然火势在消防员到达后得到控制，但仍有几位客人因吸入烟雾被送往医院进行治疗。

事后，酒店管理层组织全体员工参加了一次危机复盘会议，我作为实习生也有幸参与其中。会上，大家针对本次事件暴露出的问题进行了深刻的反思，并制定了以下改善策略：

（1）提高消防设备维护频率。会议中，我们发现消防报警系统和喷淋装置未能及时启动是因为其定期维护不够频繁。酒店决定每季度进行一次全面的消防设备检查和维护，确保设备处于良好状态，以应对突发事件。

（2）加强员工的应急培训与演练。复盘过程中我们还意识到，员工在面对火灾时显得缺乏专业的应急处理能力。为此，酒店计划每半年进行一次消防演练，并引入专业的应急处理培训，涵盖火灾、地震等各种

突发情况，通过持续的演练和培训，提升员工在危机中的应变能力和协作能力。

（3）完善应急预案和危机沟通机制。酒店决定重新审视和完善现有的应急预案，包括明确各部门在不同危机下的具体职责和行动步骤。此外，酒店还将设立一个专门的危机沟通小组，负责在紧急情况下对内对外的沟通工作，确保信息传递的及时性和准确性。这种改进符合危机管理理论中的"快速响应和清晰沟通"原则，能够有效减少信息混乱和恐慌的发生。

（4）提升客户安全意识。酒店决定在每间客房和公共区域增加明显的疏散指示标志和紧急联系方式，确保客人在紧急情况下能够迅速找到安全出口。同时，在入住时，前台将向每位客人简要介绍安全须知。这种措施符合人本主义管理理论中"以人为本"的理念，有助于增强客人的安全感和信任感。

解决方案分析：

根据危机管理的理论支撑，本次事件的处理方案涵盖了多个关键领域的改进，以下是详细分析：

（1）定期维护与检查消防设备符合业务连续性管理的核心原则之一：设备和基础设施的可用性与可靠性。通过确保设备正常运行，酒店可以在火灾发生时最大限度地减少损失。

（2）加强员工的应急培训与演练符合关键绩效指标理论中的"人力资源发展"部分。持续的培训和演练能够提升员工的应急反应能力，使他们在危机中能够迅速采取行动，降低事故的严重性。

（3）完善应急预案和危机沟通机制符合现代危机管理理论中的"透明度和快速响应"原则。清晰的职责划分和有效的沟通机制可以减少混乱，提高决策效率，从而更快地控制局面。

（4）提升客户安全意识符合客户关系管理中的"客户关怀"理念。通过积极告知客人安全信息，酒店能够增强客户的信任感和忠诚度，有助于在危机后恢复酒店的声誉。

结论：

从这次实习中的火灾事件中可以看出，危机管理不仅仅是面对突发事件时的应急处理，更包括事后对事件的系统性复盘与持续改进。应急处理只是危机管理的第一步，真正的考验在于人们如何从危机中学习，并将所学应用于未来的防范与管理。

危机过后，酒店需要进行全面的回顾和分析，以找出应急处理中的不足之处。例如，是否存在疏散流程不够完善的情况，是否有信息传递不及时的问题，或是在资源调配上存在不足。通过详细的分析和反思，酒店能够清晰地识别出哪些环节需要改进，并制定相应的改进措施，以防止类似事件发生。

此外，持续改进是危机管理的重要组成部分。通过实施有针对性的改进策略，酒店不仅可以弥补之前的不足，还能够进一步增强危机应对的能力。这些策略可能包括加强员工的危机应对培训，更新应急预案，提升设施的安全标准，甚至是改进与客户沟通的方式。每一次的改进，都是酒店提升整体管理水平的一次机会，也为未来的危机处理打下了更加坚实的基础。

作为未来的酒店从业者，实习生需要时刻保持警惕，认识到危机管理是一个动态且持续的过程。只有不断学习和改进，才能在面对未来的不确定性时更加从容，确保为客人提供更安全、更优质的服务体验。这种持续提升的过程，不仅有助于提高客户的满意度，也能够显著提升酒店的市场竞争力和品牌声誉。

第十章 实习生的职业发展与未来规划

一、实习中的个人能力提升与反思

酒店实习期间，学生可以得到全方位的锻炼，提升多项关键能力。这些能力为学生的职业发展打下了坚实的基础。

（一）沟通能力

酒店工作中，沟通是至关重要的一环。通过与客人、同事以及管理层的频繁互动，学生要学会如何在不同的场合下进行有效的沟通。例如，当面对客人投诉时，学生要能通过耐心倾听和真诚回应，迅速解决问题，提升客户的满意度。同时，与管理层的沟通会让学生更清楚地了解了公司的运营目标，确保团队能够朝着共同的方向努力。此外，学生还要学会如何在日常工作中建立和维护与客户的长期关系，使他们对酒店服务更加信任并愿意再次光顾。

（二）应变能力

在实习期间，学生可能会遇到一些突发事件，如小规模的数据泄露和紧急的火灾疏散。面对这些情况，学生要学会保持冷静并快速做出决策。这不仅要求学生能够迅速分析事件的严重性，还要求实习生在紧急情况下协调资源，与团队合作，以确保事件得到及时和有效的处理。例如，在火灾疏散的过程中，学生需要协助客人有序撤离，同时与保安部保持紧密联系，确保所有人员的安全。

（三）团队协作

酒店的顺利运营离不开不同部门的密切合作。在实习期间，学生有机会与前厅、餐饮、客房服务等多个部门的同事进行协作。通过这些跨部门的合作，学生能够深刻理解团队协作的重要性。尤其是在处理涉及多个部门的任务时，学生需要学会如何协调各方资源，确保工作进展顺利。同时，这种多方合作的经历也能够让学生学会在团队中保持和谐高效的工作氛围，尊重每个成员的意见，并共同解决问题。

（四）服务意识

作为酒店员工，服务质量始终是工作的核心。在实习期间，学生会强化"以客户为中心"的服务理念。无论是在接待客人入住、提供餐饮服务，还是处理客户反馈时，学生都需要始终把客户的需求和感受放在首位，力求为他们提供卓越的客户体验。例如，学生需要通过细心倾听客户的特殊要求，主动提供个性化服务，令客户感到宾至如归。这样的实践让学生深刻体会到，提升客户满意度不仅需要高质量的服务，还需要理解客户的需求并超出他们的预期。

（五）细节管理能力

酒店行业注重细节，任何微小的疏忽都可能影响到客户的整体体验。在实习期间，学生需要逐渐培养注重细节的工作习惯。例如，在准备客房时，学生需要学会如何确保每一个细节都符合酒店的标准，从床单的整洁度到房间设施的摆放，都力求完美无瑕。此外，在处理客人订单和账单时，学生也要确保数据的准确性，避免任何不必要的误差。通过对细节的关注，学生不仅能提升服务质量，还能提高工作的精确性和增强责任感。

案例：从危机到契机——在一次客户投诉中的成长
案例描述：

我成功申请到了一家高端五星级酒店实习，这段经历让我对理论与实际操作的差距有了更加清晰的认识。在实习的第三个月，我被安排到前台工作，负责接待客人、办理入住与退房手续等日常事务。

有一天，我遇到了一位非常不满的客人。她抱怨预订的豪华海景房并没有及时打扫干净，因此在大堂大声投诉，场面一度十分尴尬，其他等待入住的客人都把目光投向了我们。面对这种突发情况，我感到紧张和不知所措，毕竟这是我第一次面对客户投诉。

为了安抚这位客人的情绪，我尝试使用自己在学校里学到的知识，首先耐心地倾听她的抱怨，并真诚地为酒店的失误表示歉意。然而，这位客人仍然情绪激动，问题似乎并没有因为道歉而得到缓解。我意识到自己需要更迅速地解决问题，于是请教了主管的意见。主管提醒我，关键在于满足客人的核心需求，而不仅仅是道歉。于是，我采取了更加果断的措施，迅速为她安排了同等级别的套房，并赠送了一顿免费的晚餐作为补偿（在此之前，我已经向主管汇报，并获得了处理权限）。经过耐心的解释和诚恳的道歉，客人的情绪终于得到了平息，并接受了我们的解决方案。

事后，我反思了这次事件。在面对突发情况时，我意识到自己在应变能力和情绪管理方面还有很多需要提升的地方，特别是在快速识别客户的核心需求并提供有效解决方案方面。我查阅了相关的酒店管理理论，了解到"服务补救理论"指出，当客户遭遇服务失误时，及时的补救措施往往比预防失误更能够赢得客户的信任和忠诚。

处理方案：

（1）保持冷静，积极倾听。在面对客户投诉时，首先也是最重要的一步就是保持冷静。无论客户的情绪多么激动，作为服务提供者，都必须表现出专业和冷静的态度。主动倾听客户的抱怨和意见，耐心理解他们的情绪和具体需求，不仅能让客户感受到被尊重和重视，还能有效缓解他们的负面情绪。倾听是建立信任的基础，这一步骤能够为后续的解决工作打下坚实的基础。

（2）快速响应，提供解决方案。在充分理解客户的需求和问题后，必须迅速做出回应，并提供一个具体且可行的解决方案。例如，若客户对房间不满意，可以立即安排换房或提供额外的服务。这种快速响应的能力，体现了"服务补救理论"中的"补救行动"原则，通过及时、有效的行动，可以迅速挽回客户对酒店的信任，避免投诉进一步升级。

（3）合理补偿，超越期望。在问题得到解决的基础上，适度提供额外的补偿措施，可以进一步提升客户的满意度。例如，可以赠送免费餐饮券、升级服务或提供下次入住的优惠券等。这种超出客户预期的补偿，不仅能有效消除客户的负面体验，还能让客户感受到"超值体验"，从而提升他们对酒店的忠诚度。超越期望的服务往往会给客户留下深刻印象，甚至转化为口碑效应，带来潜在的回头客和新客户。

（4）反思改进，总结经验。在客户问题得到妥善处理后，及时进行自我反思和团队总结至关重要。通过分析事件发生的原因，查找可能的系统漏洞或服务流程中的不足，可以制定出相应的改进措施，防止类似情况发生。这种持续改进的过程，不仅有助于提升个人的服务水平和应对能力，也能提升团队整体的危机处理能力，最终促进酒店服务质量的全面提升。

通过这些系统的处理步骤，实习生不仅能够有效应对客户投诉，还能转危为机，提升客户对酒店的满意度和忠诚度，进一步巩固酒店在竞争激烈的市场中的品牌形象。

总结：

在日常工作中，实习生不仅要能够迅速而准确地处理各种突发事件，还需要具备强大的应变能力和情绪管理能力。这些能力不仅仅是对突发情况的应对，更是在高压环境下保持冷静和理智，从而做出最优决策的关键。

在这个过程中，实践与理论的结合尤为重要。书本上学到的知识往往只是冰山一角，真正的挑战在于如何在实际工作中灵活运用这些知识。因此，实习生需更加注重从实践中积累经验，同时不断充实自己的理论基础，将两者有机结合，形成一套适合自身发展的管理理念。

除此之外，实习生还需更加关注服务能力和领导才能的提升。服务能力不仅仅体现在对客人需求的响应上，还体现在如何通过细致入微的服务，为客人创造卓越的入住体验。而领导才能则体现在如何带领团队在复杂多变的环境中，依然保持高效的运作，并在遇到困难时激励团队共同面对挑战。

每一次危机的背后，可能隐藏着新的发展机会，关键在于如何面对并处理它。当危机来临时，保持开放的心态，积极寻找解决方案，往往能够化危为机，带来意想不到的收获。这不仅仅是对工作的要求，更是对个人心态的一种锤炼和提升。

在未来的职业生涯中，实习生需更加注重这些方面的成长，不断挑战自我，以更好地应对各种可能遇到的挑战，并在每一次挑战中成长，为酒店的长远发展贡献更多力量。

二、如何从实习中发现职业兴趣与优势

酒店管理专业的学生在校期间通常会学习到各种理论知识和课程内容，如酒店运营管理、服务质量控制、客户关系管理以及财务基础等。这些理论课程为学生打下了扎实的学术基础，使他们具备了初步的行业知识和专业技能。然而，理论学习和实际操作之间往往存在一定的差

距。虽然学生在课堂上掌握了丰富的理论知识，但由于缺乏实际操作的机会，他们对这些理论如何在实际工作中应用，以及在复杂多变的酒店环境中如何应对各种实际问题，可能并没有足够的理解和经验。

在校期间，学生的实际操作机会较为有限，这使得他们在面对真实的职场环境时，可能会感到知识应用的困难和挑战。此外，学生对自己未来的职业兴趣和发展方向也可能缺乏深入的认识和明确的规划。他们虽然对酒店管理有一定的兴趣，但在没有实际工作经验的情况下，很难准确判断自己在哪些方面具有优势，或者哪种职业路径更适合自己。

因此，通过参与酒店的实际实习，学生可以弥补在学校学习中实践不足的缺憾。在实习期间，他们能够体验酒店的真实工作环境，从前台接待到客房管理，从餐饮服务到活动策划，各种岗位的实际操作让他们深入了解了酒店日常运营的复杂性和多样性。通过这些实际操作经验，学生不仅能将课堂上学到的理论知识与实际工作相结合，提升自己的实践能力，还能在不断尝试和探索中逐渐明确自己的职业兴趣，发现自己的个人优势。这些宝贵的实习经历为他们未来的职业生涯奠定了坚实的基础，使他们在走向职场时更加自信和从容。

在实习期间，学生有机会在酒店不同的部门进行轮岗，亲身接触实际工作的方方面面。通过实际的工作经历，他们能够进一步了解每个岗位的职责和要求，从而为未来的职业选择奠定基础。以下是通过实习激发职业兴趣、发现个人优势的一些有效方式：

（一）多样化体验

在酒店实习中，学生应尽可能体验不同的岗位。例如，前台接待、客房服务、餐饮部门、活动策划等。通过这些不同的工作体验，学生能够了解每个部门的工作特点、工作流程以及所需的技能。这种多样化的体验有助于学生全面了解酒店的运作，并在不同的岗位中发现自己感兴趣的领域。例如，有的学生在前台工作期间，可能会发现自己擅长与客人沟通和处理问题，而有的学生在客房服务中则表现出对细节的高度关注。通过这样的体验，学生能够清晰地认识到自己在哪些岗位更得心应手，并进一步考虑未来是否愿意朝这个方向发展。

（二）反馈与观察

实习期间，学生应积极关注同事和主管对自己工作的反馈。这些反馈不仅能够帮助学生识别自己在哪些任务中表现优秀，还可以让学生知道在哪些方面仍需改进。当学生在某些工作中获得正面的评价或完成任务后有成就感，可能意味着他们在这些方面有较强的能力。比如，学生在负责处理客户投诉时，可能因迅速有效的解决方案而获得主管的赞赏。这时，学生可以通过观察自己的表现，判断自己是否擅长处理压力或客户关系，从而明确自己是否适合这类工作。

（三）技能运用

在实习期间，学生应关注哪些技能在工作中频繁使用，并感到自己能够灵活运用。例如，沟通技巧、组织协调能力、时间管理能力或解决问题的能力。如果学生发现自己在某些技能上表现突出，且使用这些技能时感到自信和舒适，那么这可能是他们的优势领域。比如，学生可能在策划和执行一场酒店活动时，展现出了卓越的组织和协调能力。如果这类任务令他们感到愉快且自信，则意味着学生可能在未来的职业生涯中可以考虑类似的管理和协调类职位。

（四）自我反思

定期自我反思是实习过程中非常重要的一部分。学生可以在工作结束后或某个阶段，静下心来思考自己在实习中的感受和体会。学生可以思考哪些工作让自己感到快乐，哪些工作让自己感到疲惫或不适。通过这样的自我分析，学生能够更加明确自己的职业兴趣和不感兴趣的领域。例如，某位学生可能在餐饮服务期间发现自己不太喜欢长期站立或面对大量琐碎事务，而在与客户打交道时却充满活力和兴致。这样的反思有助于学生明确自己未来可能更适合与客户直接互动的工作，而不是后台运营或服务性工作。

（五）网络与交流

与经验丰富的员工交流是实习中的重要一环。通过与这些资深从业者的对话，学生可以了解到他们的职业路径、工作心得和职场中的宝贵经验。这些交流不仅可以为学生提供参考，也能够激发学生对未来职业规划的思考。例如，学生可能通过与酒店经理的对话，了解到从前台工作到晋升为管理层的职业路径，意识到自己未来可能也希望朝着管理方向发展。这样的对话能够帮助学生更好地制订职业发展计划，并根据自己的兴趣和优势做出合理的职业选择。

案例：从幕后到前台——如何在实习中发现职业激情与优势

案例描述：

在一家国际知名连锁酒店实习期间，我最初被分配到了行政部门，负责一些后勤支持和文书整理的工作。这些任务确实让我学习到了酒店日常运营的基本流程，并且积累了一定的后台管理经验。然而，我发现自己在这类工作中并没有找到真正的激情和动力。

有一次，前台部门的经理临时需要人手，邀请我协助处理一个大型团队的入住安排。这对我来说是一次全新的挑战，因为我之前的工作主要是在后台进行，几乎没有参与前台的直接客户服务。然而，这次的经历给了我很大的兴奋感和满足感。我不仅要与多个部门协作，确保团队成员的房间安排妥当，还要处理他们的行李配送、安排迎宾服务，并应对各种临时出现的问题和状况。

在处理这些任务时，我逐渐意识到自己在与客人打交道时感到非常自然。我喜欢与客人交流，倾听他们的需求，并努力为他们提供个性化的服务体验。每当我成功解决一个问题或看到客人满意的笑容时，我会感到一种发自内心的成就感。这也让我意识到自己在沟通能力和客户服务方面有很强的优势。同时，在面对紧急情况时，我能够冷静应对，快速做出决策，这种应变能力是我以前没有发现的。

经过这次难忘的经历，我开始重新审视自己的职业兴趣。虽然行政工作让我掌握了酒店运营的基本知识，但我发现自己更喜欢直接与人互动，解决实际问题的工作。在接下来的几周里，我主动要求更多地参与前台和客房服务相关的工作，希望能进一步提升自己在客户管理和客户服务方面的能力。我还经常向前台的经理请教，学习如何在压力下更好地管理客户体验，提升服务质量。

我的努力和主动得到了领导的认可，他们开始更多地安排我参与前台的工作，给予我更大的责任。这让我不仅提升了自己的能力，也坚定了我未来想要在客户关系管理和前台运营方面发展的决心。

通过这次实习，我明确了自己未来的职业方向，也学会了如何在实践中不断发现和发挥自己的优势。

处理方案：

（1）探索多样化岗位。在实习期间，学生应积极主动地寻求体验不同岗位的机会，以探索和发现自己真正的兴趣和优势。根据职业生涯发展理论，广泛的工作体验不仅能够扩宽学生的视野，还能帮助他们更深刻地认知自己的兴趣所在和能力边界。在酒店这一充满多元化机会的环境中，不同岗位的工作内容和职责各有特色。通过轮岗或跨部门实践，学生可以更全面地了解各个岗位的工作要求和职业发展路径，从而更好地确定自己未来适合的职业方向。这种多样化的岗位体验，不仅有助于学生在职业生涯早期阶段做出更明智的选择，还能为他们的职业发展奠定坚实的基础。

（2）积极沟通与反馈。实习期间，保持与主管和同事的开放沟通是至关重要的。学生应主动寻求反馈和建议，以便更清楚地了解自己的长处和需要改进的地方。通过与有经验的行业前辈交流，学生可以获得宝贵的洞察力。这些反馈不仅能帮助他们确认自身的优势，还能为未来的职业发展提供具体且有针对性的建议和指导。此外，积极的沟通也有助于学生在团队中建立良好的工作关系，增强他们的沟通能力和团队合作精神，这对未来的职业发展也是非常有益的。

（3）制订职业发展计划。在明确了自己的兴趣和优势之后，学生应制订一个初步的职业发展计划，以便为未来的职业生涯设定清晰的方向和目标。这一计划可以分为短期、中期和长期目标。例如，短期目标可能是熟悉前台的所有流程，中期目标则是成为前台主管的助手，长期目标则可能是管理一个部门或更大的团队。明确的目标不仅能够为学生提供前进的动力和方向感，还能帮助他们在职业道路上一步步稳步前进。通过不断调整和细化职业发展计划，学生可以更加有条不紊地实现自己的职业目标。

（4）持续学习与提升。无论是在实习过程中还是在实习结束之后，学生都应持续学习与其兴趣领域相关的知识和技能，以为未来的职业晋升做好充分准备。例如，可以专注于提高客户服务技巧、语言能力以及冲突管理等方面的能力。这些技能不仅能帮助学生在当前岗位上表现出色，也能为他们的长期职业发展增添竞争优势。持续的学习和自我提升是职业成功的关键，它能够帮助学生不断适应行业变化，保持竞争力，从而在职业生涯中获得更大的成就。通过持之以恒的学习，学生不仅能为自己的未来打下坚实的基础，还能在职业道路上不断进步，实现自我价值的最大化。

总结：

从这一案例可以看出，真正的职业兴趣和优势往往只有在实际工作中才能被发现和培养。在本案例中，学生曾对酒店管理有过初步的理解，但只有在前台与客户面对面接触、处理各种实际问题时，他才真正发现自己的潜能和兴趣所在。这段实践经历不仅帮助学生更好地了解了酒店运营的日常工作，也让他发现了在沟通、问题解决以及客户服务等方面的特长和兴趣。

每一个看似偶然的机会都可能成为发现自身兴趣与潜能的契机，关键在于是否愿意走出舒适区，勇敢地去尝试和体验不同的工作挑战。在面对未知和挑战时，保持开放的心态、积极的态度以及对新经验的渴望，是成长的关键。学生应主动地抓住每一个学习和实践的机会，去拓宽职业视野，积累更多经验，为未来的发展打下坚实的基础。

三、实习经验在职业规划中的应用

酒店管理专业的学生在实习中的经验对于他们未来的职业规划至关重要。实习不仅仅是课堂知识的延伸，更是学生迈向职场的桥梁。通过实习，酒店管理专业学生能够更深入地理解行业的运作，并为未来的职业生涯做好全方位的准备。以下几个方面具体阐述了实习经验对酒店管理专业学生的职业规划的重要性：

（一）提升实际操作技能

课堂上教授的理论知识，如酒店运营、客户关系管理、市场营销等，往往难以完全在理论中展现其复杂性。而实习则为学生提供了一个将理论与实际相结合的平台。通过参与酒店的日常运营，学生不仅能够熟练掌握服务技巧和管理流程，还能够在与客人沟通时运用多种技巧，从而提升客户服务能力。例如，学生在实习中可能会参与前台接待、客房服务、活动策划等工作，熟悉酒店各个部门的工作，在处理投诉、解决问题和管理团队时不断积累经验。这种实际操作经验对于学生未来步入职场后迅速适应工作环境非常重要。

（二）了解行业的运作和需求

通过实习，学生能够深入了解酒店行业的实际运作方式和行业需求。无论是高端豪华酒店还是中端连锁酒店，实习经历能让学生更清楚地认识到每种酒店的运营模式、客户群体以及市场定位。在了解酒店行业需求的过程中，学生可以开始明确自己未来想要从事的岗位和方向。比如，通过在不同部门的轮岗实习，学生可以体会到餐饮部、前台部、客房部等不同部门的特点和工作要求，从而确认自己是否适合某一领域的职业发展。这也为他们在毕业后选择合适的工作岗位提供了重要的参考。

（三）建立专业的人际网络

酒店行业是一个高度依赖人际关系的行业，拥有良好的人际网络对职业发展至关重要。在实习过程中，学生有机会结识业内的专业人士，如酒店的主管、经理和其他实习生。这些人际关系可能会成为未来求职或职业发展的宝贵资源。通过与酒店管理层的沟通和学习，学生不仅能提升自己的管理意识，还能为未来的职业道路打开更多的机会。实习时与业内资深人士建立的联系，会在未来帮助学生推荐职位或提供职业建议。这种人际网络的建立，使学生在进入职场前就拥有了重要的资源支持。

（四）自我评估与职业调整

实习为学生提供了一个自我评估的机会，帮助他们通过真实的工作体验，更加准确地了解自己的兴趣、能力和优势。学生在实习过程中可以发现哪些工作内容让自己感到有兴趣，哪些技能是自己擅长的，哪些工作环境适合自己。在此基础上，学生可以做出更加合理的职业规划调整。例如，某位学生在实习时发现自己在与客户沟通和处理投诉方面表现出色，且享受这种互动的工作内容。那么，这位学生未来可能会倾向于选择与客户关系管理或前台管理相关的职业方向。相反，如果学生在某些岗位上感到压力大或不适应，也可以在实习阶段及早调整职业方向，而不是在进入正式工作后才做出改变。

案例：从实习到规划——一次客户投诉引发的职业思考

案例描述：

在酒店管理专业学习期间，我有机会在一家五星级酒店的客户关系部实习。作为实习生，我的主要工作是协助处理客户投诉、协调部门之间的沟通，并确保客户的满意度。一次偶然的经历，让我深刻理解了实习经验在职业规划中的重要性。

一天，一位长期入住酒店的 VIP 客户因房间清洁不及时而非常不满，甚至表示将取消未来的所有预订。这对酒店的声誉和收入造成了潜在威胁。在初次面对这种高压力的场景时，我感到紧张不安。但根据以往的实习经验，我知道先倾听客户的抱怨，理解他们的需求非常重要。因此，我耐心地听完了客户的所有意见，并表达了真诚的歉意。

在与客户交谈的过程中，我意识到他对酒店的服务水平有更高的期望，而不仅仅是对这次事件不满。结合我在课堂上学习的"期望差距理论"，我明白客户的期望和实际体验之间的落差才是问题的根本。因此，我立即与客房部和清洁团队沟通，确保房间迅速整理妥当。同时，我为客户提供了一次免费的晚餐，并承诺在未来的入住中为他安排特别的服务，以弥补此次体验的不愉快。最终，客户的情绪得到了安抚，并决定继续保持与酒店的合作关系。

处理方案及理论支撑：

（1）深入倾听与同理心。根据情境领导理论，在服务业中，客户感受到被倾听和理解是建立信任关系的基础。实习生只有通过深入倾听客户的需求和感受，才能真正理解他们的困扰，并以同理心进行回应，从而有效缓解客户的不满情绪。在职业规划中，实习生应注重培养和提升自己的同理心和沟通能力，以便在面对各种客户问题时，能够更加灵活地运用这些技能，迅速建立起信任关系，为客户提供更加满意的服务体验。

（2）快速行动与有效沟通。在处理客户不满时，及时采取行动是解决问题的关键。在这次案例中，实习生迅速联系了相关部门，并协调各方资源，以最快的速度解决了客户的问题。这一行动不仅展示了紧急应对和协调管理理论的有效性，也反映了快速反应和有效沟通是多么的重要。实习生应努力学习如何更高效地协调不同部门的工作，进一步提升组织和管理能力，以确保在面对紧急情况时，能够迅速做出应对，最大限度地满足客户需求。

（3）客户关系管理策略。根据客户关系管理理论，保持客户的忠诚度通常比吸引新客户的成本更低，而且忠诚客户往往能为酒店带来更大的长期价值。在实习中，实习生应不断学习如何通过提供个性化的服务和加强客户关怀，来提升客户的满意度和忠诚度。客户关系管理不仅是提高服务质量的关键，也是提升酒店竞争力的重要策略。实习生应将客户关系管理理论作为职业规划中的一个重要方向，致力通过持续改进客户服务体验，来巩固和扩大客户基础。

（4）问题的深度分析与系统改进。在成功处理完客户投诉后，实习生应进一步对酒店的清洁流程进行深入分析，并提出改进建议，如增加清洁频率和建立客户反馈的快速响应机制。此外，实习生应深入学习如何通过精细化管理和流程优化，来推动酒店服务的不断提升，以实现更高的运营效率和客户满意度。

总结：

实习不仅仅是一个简单的经验积累过程，更是对实习生职业规划的重要指引。在实际工作中，实习生逐渐发现自己的优势与兴趣，对未来的职业发展方向有了更为明确的思考和规划。对此，实习生应通过更多的学习和实践，巩固和发展这些优势，并将它们作为职业生涯的重要组成部分，同时更加关注这些领域的最新发展和动态，以便能够及时更新自己的知识体系，保持在行业中的竞争力。

实习经验在职业规划中发挥着关键的作用。它不仅让实习生更加清楚自己在哪些方面具有优势，还让其明确自己未来想要追求的职业方向。通过不断的反思和实践，实习生会对自己的职业目标有更加清晰的认识，为未来的职业生涯打下坚实的基础。

总之，客户投诉事件不仅是一次挑战，更是一个宝贵的学习机会。它促使实习生在职业道路上做出更加明确的规划，也让实习生更加坚定地走在通向自己理想职业的道路上，在酒店行业中实现自己的职业理想。

四、实习后的职场挑战与过渡

酒店管理学生在实习结束后进入职场时，确实会面临一系列挑战和过渡期。下面将对这些挑战进行扩写，并提供如何应对的建议，以帮助学生更好地融入职场，为未来的职业发展打下基础。

（一）角色转变：从学生身份到全职员工

学生身份与全职员工的角色要求有很大的不同。在学校里，学生主要的责任是学习和掌握理论知识；而在实习中，他们可能只是执行一些辅助性或相对简单的任务。然而，进入职场后，酒店管理专业学生将承担起更大的责任，包括独立处理工作任务和应对实际的工作挑战。他们需要更加主动地承担责任，不能再像学生时期那样依赖老师或同学的帮助。这种角色的转变不仅体现在工作任务的增加上，还体现在心态的转变上。学生需要调整心态，意识到自己已经成为团队中不可或缺的一部分，并为团队的目标和工作效率负责。

（二）实际工作要求的差异

尽管实习期间可以获得宝贵的工作经验，但职场的实际工作可能比实习阶段更加复杂和具有挑战性。例如，实习时，学生可能只需要执行预定的流程，而进入职场后，他们需要应对更加不可预测的情况，快速做出决策，并掌握新的技能。这种差异需要他们具备快速学习和适应的能力，尤其是在面对新问题和新技术时，不断提升自己的专业技能。为了应对这些挑战，学生可以通过向有经验的同事请教、积极参加酒店内的培训项目和自主学习新的行业知识来弥补自身的不足。

（三）职场文化适应

每家酒店都有自己独特的企业文化，学生需要尽快适应这种职场文化。在学校里，学生与老师和同学之间的互动可能较为轻松和非正式，而在职场中，上下级之间的关系以及团队合作方式可能会更加正式和规范。职场中，团队合作至关重要，酒店行业尤其注重团队的协同配合。因此，学生在进入职场后必须学会如何与不同部门的同事合作，并建立良好的工作关系。此外，学生还需要了解酒店内部的沟通规范以及处理问题的流程，从而更快地融入团队。

（四）处理压力的能力

酒店行业的工作环境往往节奏快且压力大，尤其是在面对客户投诉或高峰期时，因而情绪管理和问题解决能力显得尤为重要。学生在实习期间可能已经接触过一些压力场景，但进入全职工作后，面对的压力将会更加频繁和复杂。例如，处理多任务的同时，还需要应对客户的高期望值和偶尔的负面反馈。这要求他们具备良好的情绪管理技巧，避免因压力过大影响工作效率。在进入职场后，通过加强时间管理、提高抗压能力，学生可以更好地应对这些挑战，同时，在出现问题时，保持冷静、理智并快速寻找解决方案，是提升工作表现的关键。

（五）职业发展规划的制定

在进入职场后，学生需要开始为自己的职业生涯进行长期规划。这不仅包括如何在当前岗位上表现出色，还包括思考未来的职业发展路径。酒店管理行业提供了多种多样的发展机会，如从前台服务转向管理岗位，或是专注于某一领域的专业技能提升。学生需要通过积累经验、提高工作表现，以及定期与上级讨论自己的职业目标来为未来的职业发展铺路。此外，学生也可以通过参加行业研讨会、学习专业课程等方式，不断提升自己的能力，以便在未来有更多的职业选择。

案例：从实习生到职业人的挑战——第一次项目管理的失败与重生
案例描述：

作为一名酒店管理专业的本科毕业生，在完成学业后，我有幸被实习期间所在的这家五星级酒店录用为初级管理培训生。虽然在实习期间我已经积累了一定的工作经验，对酒店的运营流程也有了相当的了解，但当我真正成为全职员工时，很快感受到了从实习生到正式员工这一角色转换带来的巨大差异。

刚加入团队不久，我便被赋予了一项重要的任务——策划和执行一家大型公司的年会活动。这是我首次独立负责一个完整的项目，对我来说既是一次展示能力的机会，也是一个不小的挑战。满怀信心的我渴望在这次任务中证明自己，因此没有请求太多的帮助，而是选择独自承担起所有的职责。然而，随着项目的推进，我逐渐意识到，事情远比我想象的要复杂。

在活动筹备的过程中，许多问题接踵而至。首先是供应商的选择和价格谈判。尽管我尽力与多方协调，但由于缺乏经验，谈判一度陷入僵局，无法达成理想的协议。接着，活动的预算也开始超支。我意识到在费用控制和成本管理上自己明显准备不足。而团队成员之间的沟通不畅，更是导致了工作进度的延误——一些关键任务未能如期完成，导致整个项目的推进受阻。更为糟糕的是，在活动当天，场地的布置工作也未能按计划完成，导致整个年会现场显得混乱不堪。

最终，客户对这次年会活动的安排和执行表现出了极大的不满，并正式向酒店投诉，认为我们的服务质量远未达到五星级酒店应有的标准。这不仅严重影响了酒店的声誉，也让我陷入了深深的自责和沮丧之中。我意识到，自己急于求成，忽略了团队协作和适时寻求帮助的重要性。作为一名刚刚步入职场的新手，我感到十分迷茫，不禁开始反思自己在职业生涯初期究竟应该如何更好地适应角色转变，从而在未来的工作中避免类似的错误。

这次失败的经历让我更加清醒地认识到，职业生涯的成功并不仅仅依靠个人能力的发挥，更需要有效的团队合作和领导支持。在未来的工作中，我决心改变自己的工作方式，学会更加合理地分配任务，主动寻求团队的帮助和上级的指导，同时提升自己的沟通和协调能力，以便更好地适应从实习生到职业人的转变，最终成长为一名真正合格的酒店管理者。

处理方案及理论支撑：

（1）寻求帮助与指导。根据导师制理论，在职场初期，向有经验的同事或主管寻求帮助和指导是非常重要的。导师的经验和建议能够帮助我更好地应对复杂的工作任务。在项目初期，实习生应该向上级报告项目进展，并寻求他们的建议和支持，而不是单打独斗。

（2）团队合作与沟通。团队合作是酒店管理中的关键技能。在未来的项目中，实习生应更重视团队成员之间的有效沟通和协作，定期召开项目会议，确保所有人都了解项目进度和任务分工。根据沟通理论，建立清晰的沟通渠道可以有效减少误解和错误，提高工作效率。

（3）时间管理与优先级划分。项目管理过程中，实习生忽视了时间管理的重要性。在未来的工作中，实习生应学会使用时间管理矩阵，将任务按紧急性和重要性分类，并合理分配时间，确保关键任务按时完成。

（4）灵活应变与压力管理。在活动筹备过程中，实习生感受到巨大的压力，影响了其决策能力。今后，实习生应学习和应用压力管理理论，通过深呼吸、冥想等方法保持冷静，提升在高压环境下的应变能力。

（5）学习从失败中成长。失败是成功之母。这次经历反映了持续学习和自我反思的重要性。根据自我效能理论，通过积极应对挑战和积累经验，实习生应逐步增强自信心，提升自己在工作中的表现。

总结：

作为一名实习生，在面对职场挑战时，需要具备从容应对的心态，并且时刻保持积极学习和不断反思的态度。这段从实习生到职业人的过渡期，不仅是磨炼技能的阶段，更是培养职业心态和建立职业信心的关键时刻。

在未来的工作中，团队合作的重要性不容忽视。有效的团队合作不仅能够集思广益，提升工作效率，还能在面对复杂问题时提供多方支持，使项目得以顺利推进。此外，时间管理的能力也是成功完成任务的关键。实习生应更加重视科学的时间规划，确保每个任务都能按时完成，从而避免因时间不足而导致的失误。

沟通在工作中十分重要。有效的沟通不仅能确保团队成员之间的理解和协调，还能及时发现和解决潜在的问题，避免问题的积累和恶化。因此，在今后的工作中，实习生应更加主动地进行沟通，不仅仅是与团队成员，也包括与上级和客户，确保信息传递的准确和及时。

作为一名职业新人，面对挑战是不可避免的，但关键在于如何从每一次的挑战中学习和成长。只要抱着积极的态度，努力克服每一个困难，就一定能够顺利完成从实习生到职业人的转变。通过不断的学习和积累，实习生将成长为一名优秀的酒店管理专业人才，能够在这个充满挑战和机遇的行业中找到自己的位置，并为酒店的成功贡献自己的力量。

五、如何成为未来的酒店管理专家

酒店管理专业学生要成为未来的酒店管理专家，可以通过一系列策略与方法逐步积累知识与经验，提升个人竞争力，最终在行业中脱颖而出。下面是一些具体的建议，帮助学生实现从新手到酒店管理专家的过渡。

（一）持续学习

酒店行业瞬息万变，市场需求和客户期望也在不断提升。学生在毕业后，不能仅仅依靠所学的书本知识，而需要保持对行业趋势的敏锐嗅觉，紧跟时代步伐。为了不断提升自己的竞争力，学生可以通过参加各种相关的培训课程、行业研讨会和学习专业的酒店管理认证课程，进一步扩展知识面。与此同时，了解新兴的酒店管理技术，掌握客户管理系统、酒店物业管理系统等工具，有助于提升工作效率和顾客满意度。在信息技术和数字化浪潮下，学习如何应用大数据分析、人工智能等新技术进行市场预测和客户需求分析，也会成为职业生涯中的一大优势。

（二）积累经验

要成为酒店管理专家，丰富的实战经验是必不可少的。酒店的运营涉及多个部门，从前台接待到客房管理，再到餐饮、活动策划等，每个部门的运营方式、服务标准和管理流程都有所不同。因此，学生可以通过在不同部门轮岗工作，获取多样化的实践经验，了解酒店业务的各个环节。例如，在实习或工作的初期，学生可以从基础岗位做起，通过参与具体的工作任务，来理解每个环节的运作逻辑和团队协作的必要性。

长此以往，学生将积累起一整套完整的酒店管理实战经验，并能够在未来的管理工作中做到游刃有余。

（三）提升领导力

成为酒店管理专家，除了需要具备专业知识和实战经验，领导力的培养同样至关重要。在工作中，管理者不仅需要协调好团队合作，还要具备解决冲突和激励员工的能力。因此，学生可以通过多参与团队项目，尤其是担任项目负责人，来培养团队协作和领导能力。在日常工作中，学会有效沟通，倾听员工的意见，做出快速且合理的决策，也是提升领导力的重要方面。此外，学习如何通过情感激励、绩效考核等方法来提升团队士气，也有助于培养一个成功的管理者。

（四）建立人际网络

在酒店行业，人际网络是非常宝贵的资源。学生应积极参与各种酒店行业的论坛、展会和研讨会，与其他专业人士进行交流。通过建立广泛的行业联系，不仅可以从中学习到前辈的成功经验，还能获得宝贵的职业建议和发展机会。除了与同行交流，学生还可以加入相关的专业协会和俱乐部，定期参与其活动，通过这些社交网络的搭建，增加职业发展的可能性。例如，在面临新的职业机会时，一个好的行业推荐可能会为个人的职业生涯带来质的飞跃。

（五）创新思维

酒店行业的客户需求随着时代变化而不断更新，保持创新思维至关重要。成为酒店管理专家意味着能够在运营管理中不断尝试新的服务方式和管理方法，积极适应市场变化。例如，在数字化浪潮的冲击下，酒店可以尝试推出个性化的客户服务体验、引入智能化的设施和服务，或是通过线上平台拓展酒店品牌影响力。学生在工作中应保持开放的心态，勇于尝试新的技术和管理模式，在创新中寻找机会，提升酒店的服务质量和客户满意度。

（六）设定职业目标

明确的职业目标和长期规划是成功的基石。学生在职业生涯初期，应该根据自己的兴趣和优势，设定一个清晰的职业发展方向。例如，有些人可能希望成为酒店的运营总监，而有些人则更倾向于专注某个具体领域如活动策划或餐饮管理。一旦明确目标，学生可以制订详细的行动计划，如在某个时间段内提升特定的技能，或者在某个岗位上积累经验。随着职业生涯的发展，定期对职业目标进行回顾和调整，确保自己始终朝着成为酒店管理专家的目标前进。

案例：从实习生成长为管理专家——一次危机中的智慧决策
案例描述：

作为酒店管理专业的本科学生，我在一家五星级酒店的前台部门实习。我的主要工作是处理入住和退房手续、接听电话以及处理客户的日常需求。在实习的第三个月，我遇到了一个突发事件，这次经历让我意识到如何从实习生开始迈向未来的酒店管理专家之路。

那天晚上，我们酒店突然停电，整个大堂陷入黑暗，客人开始感到不安和不满。因为是夜间，维修人员无法立即到达现场，所以停电问题短时间内难以解决。面对这种突发状况，我一开始感到有些慌乱，但很快意识到这是一个锻炼自己能力的机会。酒店经理不在现场，其他前台工作人员也显得手足无措，我决定主动承担起组织和协调的工作。

我首先稳定了情绪，然后迅速与保安和客房服务团队沟通，安排他们分发应急灯和手电筒，同时向所有客人解释情况，并安抚他们的情绪。我还向客户承诺，我们会尽快恢复供电，并提供免费饮料和点心，缓解他们的不满情绪。

接着，我与餐饮部门协商，将餐厅开放作为临时休息区，供客户使用，并联系附近的酒店了解是否有备用房间，以备一些不愿等待的客人使用。在这一系列措施下，虽然电力恢复用了一个多小时，但大多数客人的情绪已经得到了平复，并对酒店的应对措施表示理解和满意。

处理方案及理论支撑：

（1）迅速决策和领导能力。根据情境领导理论，在危急情况下，能够根据环境变化迅速做出决策并采取行动是领导者的重要素质。在此次停电事件中，实习生展现了良好的应变和决策能力，积极协调各部门工作，确保了客人的安全和满意度。今后，实习生需继续培养领导能力，在更多的实际工作中提升应对复杂局面的能力。

（2）有效沟通与团队协作。酒店管理工作需要与多个部门密切合作，沟通是关键。根据跨职能团队协作理论，有效的沟通可以打破部门壁垒，提升整体效率。在这次事件中，实习生学会了如何在紧急情况下迅速与各个部门沟通协调，确保行动的统一性和有效性。

（3）客户体验与情感管理。在酒店行业，客户体验至关重要。根据客户体验管理理论，通过情感管理和创造正面的客户体验，酒店可以提升客户忠诚度。在这次停电事件中，实习生主动与客人沟通，提供补偿和安慰措施，尽量减少负面体验。对此，实习生未来要进一步学习如何在更高层次上管理和提升客户体验。

（4）持续学习与创新。成为酒店管理专家需要不断学习和创新。根据持续改进理论，实习生需定期回顾自己的工作表现，总结经验教训，不断寻找新的方法和策略来优化服务质量。

总结：

成为一名酒店管理专家不仅仅依赖于课堂上的理论知识，更重要的是在实际工作中不断锤炼应变能力、沟通技巧和领导力。理论固然重要，但面对现实的复杂情况，迅速做出判断并采取行动才是解决问题的关键。在处理这次事件的过程中，实习生不仅增强了危机管理的信心，也发现了自己在团队协调中的潜在能力和对这方面的兴趣。

在未来的职业规划中，实习生应更加注重提升自己的决策能力和管理技巧。决策能力不仅关系到酒店的运营效率，更影响到团队的协作和客户的体验。实习生应主动学习更多关于客户体验管理的理论知识，深入了解如何在服务流程中优化客户的每一个接触点；同时，争取更多参与酒店运营和战略制定的机会，从宏观层面把握酒店管理的全局，锻炼综合的管理思维和策略规划能力。

每一次危机的发生，都是一个宝贵的学习机会，关键在于如何应对并从中获取经验。实习生更加注重积累处理突发事件的经验，提升应变能力，从而在未来的职业生涯中游刃有余地应对各种挑战。通过不断实践、总结和学习，实习生可以逐步成长为一名出色的酒店管理专家，为未来的职业发展奠定坚实的基础。

总之，真正的成长源于实战，每一次的挑战和危机都是通往成功的阶梯。只要保持学习的心态，善于总结经验，实习生一定能够在酒店管理的职业道路上不断前进，最终实现成为酒店管理专家的职业目标。

第十一章 结论与建议

一、酒店管理实习核心目的的扩展说明

酒店实习的主要目的是为学生提供将理论知识与实际操作相结合的机会，帮助他们更深入地理解酒店管理的各个方面，为未来的职业发展打下坚实的基础。通过在实际环境中的工作体验，学生不仅能够巩固所学知识，还能提升职业技能、积累工作经验，并明确自己的职业发展方向。以下是实习的几大核心目的的扩展说明：

（一）实践理论知识

实习为学生提供了一个将课堂理论应用于实际工作的宝贵机会。在学校期间，学生学习了诸如服务管理、市场营销、财务管理等一系列课程，这些课程为他们打下了坚实的理论基础。然而，由于这些知识在课堂上的学习通常较为抽象，学生可能难以完全理解其在实际工作中的应用方式和重要性。通过实习，学生有机会将这些理论知识转化为实际的操作技能，体验酒店的日常运营。例如，学生在课堂上学到的客户服务技巧，能够在前台接待工作中得到切实的运用。面对不同类型的客人，他们可以运用所学的沟通技巧和服务策略，提升客户满意度，解决实际工作中出现的各类问题。此外，市场营销课程中的理论知识也可以在实习期间参与酒店的推广活动时得到实践。通过策划和实施具体的营销活动，学生能够观察到市场反应，理解消费者行为，并学习如何调整策略以达到预期效果。

在这个过程中，学生不仅能够更好地理解理论与实践之间的差异，还能通过实践加深对酒店运营的全面认识。实习让他们接触到真实的工作环境，使他们能够将所学知识融会贯通，形成更加系统化和实践导向的知识结构。这种实习体验不仅提升了他们的专业技能，也为他们未来的职业发展奠定了坚实的基础，让他们在即将进入职场时具备更强的竞争力和自信心。

（二）提升职业技能

实习不仅是对专业知识的考验，更是提升职业技能的绝佳途径，尤其是在酒店行业这一对职业技能要求较高的工作环境中。实习为学生提供了一个不可多得的训练机会，能够帮助他们在实际工作场景中锻炼和提升多种关键职业技能，具体体现在以下几个方面：

（1）沟通与人际交往能力。酒店行业的工作性质决定了沟通和人际交往能力的重要性。在实习期间，学生需要频繁与客人、同事、上级以及其他部门的人员进行交流与合作。这种多方互动的工作环境，能够显著提高学生的沟通技巧，帮助他们学会如何在不同的情境下有效表达自己的想法，同时理解他人的需求和期望。此外，实习还教会学生如何处理复杂的人际关系，通过建立良好的人际网络，为他们未来的职业生涯打下坚实的基础。

（2）团队合作能力。酒店行业的高效运转高度依赖于团队的协同合作。在实习过程中，学生有机会参与酒店的日常运营，学习如何与其他团队成员密切配合，共同完成任务。这不仅帮助他们理解团队合作的重要性，还让他们学会如何在团队中发挥自己的作用，同时尊重和支持他人的工作。通过这种实践，学生能够积累宝贵的团队合作经验，提升在复杂、多变的工作环境中与他人协作的能力。

（3）问题解决能力。酒店行业常常发生各种突发状况和遇到有特殊需求的客户，所以学生在实习期间会遇到许多不可预见的问题。这些挑战要求他们具备灵活应变的能力，能够在压力下快速分析问题并做出合理的决策。通过面对和解决这些实际问题，学生的分析能力、决策能力以及应对变化的适应能力都能得到显著提升。这种锻炼不仅强化了他们的专业技能，也培养了他们在紧急情况下保持冷静、果断行动的职业素养。

（4）时间管理与多任务处理能力。酒店工作通常节奏快、任务繁重，所以学生在实习中必须同时应对多项工作任务。这对他们的时间管理和多任务处理能力提出了很高的要求。在实习过程中，学生会逐渐学会如何合理安排时间、有效分配精力，以确保各项任务都能按时高质量地完成。这些技能的掌握，不仅能帮助他们提高工作效率，还能让他们在职业生涯中更好地应对各种复杂的工作挑战，成为更高效和有条理的职业人。

总之，实习为学生提供了一个全面提升各项职业技能的实践平台，帮助他们从课堂理论走向实际操作，为未来的职业发展奠定坚实的基础。通过这些宝贵的实习经验，学生能够更加自信地面对职场挑战，逐步成长为在酒店行业中具有竞争力的专业人才。

（三）了解行业和岗位

实习为学生提供了一个深入了解酒店行业运作模式的宝贵机会。酒店的各个部门如前台、客房、餐饮、会议和活动策划等，都各司其职，具有独特的职责和操作流程。在实习过程中，学生能够通过体验这些不同岗位的日常工作，更加直观地了解每个部门的运作方式和其在酒店整体运营中的作用。

通过在不同岗位上的实践，学生能够清晰地认识到每个岗位的具体要求和面临的挑战。例如，前台工作不仅需要具备出色的客户服务技能，还要求对酒店的整体运作有全面的了解，以便为客人提供高效的服务；客房管理则注重细节和效率，需要确保每一间客房都达到高标准的清洁和舒适度；餐饮服务则涉及食品安全、服务礼仪以及与厨房团队的紧密协作，确保为客人提供优质的用餐体验。

此外，会议和活动策划是另一个充满挑战的领域。学生可以在这个领域实习过程中学习到如何组织和协调大型活动。从初期的规划到最后的执行，每一个环节都至关重要。这些实践经验使学生能够全面理解各个岗位的复杂性，并认识到每一个岗位在酒店整体运营中的关键作用。

在这个过程中，学生不仅能了解不同岗位的工作内容，还能发现自己在哪些领域更有兴趣和优势。例如，有的学生可能会在餐饮服务中找到乐趣，享受为客人提供高质量服务的成就感；另一些学生则可能对活动策划产生浓厚兴趣，喜欢挑战和创新带来的满足感；还有些学生可能发现自己更适合酒店运营管理，喜欢通过整体规划和协调来提升酒店的运行效率和服务质量。

通过这种多样化的实践，学生能够更好地明确自己的职业发展方向，发现自己真正感兴趣的领域，并在此基础上制定更加清晰的职业规划。这不仅为他们未来的职业道路提供了明确的指引，也让他们在毕业后能够更加自信地选择和追求自己的职业目标。最终，实习经历使学生能够在进入职场前对酒店行业有一个全面、深入的了解，并为他们未来在行业内的成功奠定坚实的基础。

（四）培养职业素养

在酒店行业，职业素养是从业者必须具备的基本素质，这不仅是个人职业成功的基石，也是维系整个行业高标准服务水平的重要保障。在实习过程中，学生有机会逐步学习并培养酒店行业所需的职业态度和工作习惯，通过实际操作和与经验丰富的同事互动，逐渐将这些职业素养内化为自身的行为准则。例如，实习期间，学生会学到如何以专业的态度面对客人的需求，无论面对的是日常的询问还是突发的投诉，他们都需要保持冷静、耐心，并以积极的态度解决问题。这种职业态度不仅要求他们对待每一位客人都一视同仁，还需要他们具备灵活应变的能力，能够迅速调整自己的行为方式以满足客人的不同需求。

同时，实习也帮助学生养成保持高效工作标准的习惯。由于酒店行业节奏快、任务繁多，学生在实习中会接触到许多需要高效完成的工作任务，如客房打扫、餐饮服务、活动安排等。这些任务不仅要求学生迅速适应工作的节奏，还需要他们在高效完成任务的同时，始终确保服务质量不打折扣。通过不断实践和总结经验，学生能够培养出良好的时间管理能力和任务执行力，进而提升他们的整体工作效率。

此外，实习还帮助学生增强责任感和客户服务意识。责任感不仅体现在按时、按质完成工作任务上，还体现在学生对自己工作的每一个环节负责，确保没有疏漏或失误。客户服务意识则是通过与客人频繁接触和处理客人需求逐渐培养起来的。在这个过程中，学生会学到如何从客人的角度出发，提供超出预期的服务，从而提高客人的满意度和忠诚度。

这些在实习过程中逐渐培养起来的职业素养，将在学生未来的职业生涯中发挥重要作用。它们不仅能够帮助学生更好地适应酒店行业的工作环境，还能为他们在酒店行业中的职业发展奠定坚实的基础。随着职业素养的不断提升，学生将具备在竞争激烈的酒店行业中脱颖而出的能力，最终成长为具有高职业素养和卓越服务意识的酒店管理专业人才。

（五）积累工作经验

对于学生来说，实习是进入职场之前的一个重要过渡阶段，是从理论学习到实际工作的桥梁。在实习过程中，学生不仅能将课堂上学到的知识应用到真实的工作环境中，还能积累宝贵的工作经验。这些经验为他们未来进入职场奠定了坚实的基础，因为它们让学生提前感受到职场的氛围、理解职场的规则，并掌握在实际工作中所需的各种技能和方法。

实习经历对学生未来的职业发展至关重要。首先，这些经历为他们在毕业后找到正式工作提供了实质性的帮助。在竞争激烈的就业市场中，实习经验可以让学生在求职过程中脱颖而出。企业在招聘时通常会优先考虑那些有相关实习经验的候选人，因为这些候选人已经具备了一定的行业认知和实际操作能力，能够更快地适应工作岗位的要求。

此外，学生可以将实习期间的工作成就和参与的项目详细记录在简历中，作为展示自己能力和职业态度的重要依据。例如，他们可以在简历中列出自己在实习中完成的具体任务、取得的成果，以及在团队合作或独立工作中所展现出的专业素养。这些具体的成就不仅能够增强简历的说服力，还能让潜在雇主更清楚地看到他们的实际工作能力和潜力。

通过实习，学生有机会向未来的雇主展示他们的学习能力、适应能力以及在职场中如何应用知识的能力。同样地，未来的雇主也能通过学生实习过程中的展示来了解他们的技能、态度等——他们是否能够积极投入工作，是否具备解决问题的能力，是否愿意学习和成长，这些都是雇主非常看重的品质。

实习经历不仅提升了学生的竞争力，还为他们在求职中占得先机提供了坚实的保障。未来的雇主通过学生的实习表现，能够更加直观地了解他们是否适合企业文化、是否具备胜任工作的潜力，从而更愿意为这些有实习经验的学生提供工作机会。总之，实习是学生从校园生活过渡到职业生涯的重要一步，通过这一过程，他们能够更加自信、从容地迈入职场，开启职业生涯的新篇章。

（六）建立行业人脉

实习期间，学生将有机会与酒店行业中的专业人士建立起宝贵的人脉关系。这些人脉不仅能在实习期间为学生提供宝贵的建议和指导，还可能在他们未来的职业发展中发挥重要作用。通过实习，学生有机会与酒店管理层、同事以及行业内的其他专业人士互动，建立起良好的职业关系。这种人际网络不仅是职业资源的积累，更是职业成长的重要支撑。

与酒店管理层建立联系，学生能够直接从行业领导者那里学习到管理经验和行业见解。管理层通常有着丰富的从业经验和战略眼光，他们的建议和反馈能够帮助学生更好地理解行业动态和职业发展方向。同时，这种联系还可能为学生带来实习结束后的职业机会，无论是通过推荐还是在未来招聘中获得优先考虑。

与同事的良好关系也非常重要。作为团队的一员，学生能够在日常工作中与经验丰富的同事紧密合作，从他们的工作方式中学到实用的技能和工作习惯。此外，通过与同事建立信任和合作的关系，学生能够在团队协作中展示自己的能力和态度，这种表现可能在未来的职业发展中得到回报。

行业内的其他专业人士也是学生在实习中接触的重要资源。无论是在行业活动中结识的同行，还是在工作过程中接触到的供应商和客户，这些人际关系都可能在未来职业道路上带来意想不到的机会。例如，他们可能为学生提供就业机会，或是在学生寻找职业发展建议时提供帮助。

这些实习期间建立的人脉，不仅能为学生的当前学习和工作提供支持，还能在他们未来的职业生涯中扮演关键角色。人脉网络是职业成功的重要因素之一。学生通过实习积累的这些行业资源，将帮助他们在未来的职业道路上获得更多的发展机会，并在竞争激烈的职场中脱颖而出。因此，实习不仅是学习和实践的机会，更是拓展职业网络、积累行业资源的关键时期。

（七）增强职业自信心

实习不仅是学生积累工作经验的机会，也是培养和增强自信心的重要途径。在实习过程中，学生将面对各种实际工作挑战。从初次接触到的日常任务到需要独立处理的复杂问题，每一个成功的经验都能为他们积累自信心。例如，当学生成功应对了一项复杂的任务或有效地解决了突发问题时，他们不仅证明了自己的能力，也增强了自我价值感。这种逐渐积累的自信心对他们未来的职业生涯有着深远的影响。

通过实习，学生能够从理论走向实践，逐步认识到自己在真实工作环境中的能力和潜力。当他们能够独立完成一项任务，或在团队中发挥出色的作用时，他们会感受到自身努力的成果，并意识到自己有能力在实际工作中取得成功。这种积极的反馈机制帮助他们建立起对自己能力的信任，使他们更加自信地面对工作中的各种挑战。

此外，实习中面对的各种突发情况和不确定性，也进一步锤炼了学生的应变能力和问题解决能力。当学生成功地处理了这些意外情况，他们的自信心也会随之增强。这样的经历教会他们如何在压力下保持冷静，并以更加从容和积极的态度迎接未来职业生涯中的各种挑战。

这种自信不仅体现在他们的工作能力上，也深深影响着他们的职业态度和未来发展。自信的学生在面对新的任务和责任时，更愿意主动承担，并且在遇到困难时，不轻易放弃，而是积极寻找解决方案。他们能够更加坚定地追求自己的职业目标，在面对未知的职业道路时也能以开放和勇敢的心态去迎接挑战。

总的来说，实习为学生提供了一个重要的平台，通过亲身实践，他们不仅能够提升工作技能，还能通过不断成功的体验，增强自信心。这种自信将伴随他们走向职业生涯的各个阶段，帮助他们在未来的职场中取得更大的成功。

（八）提供职业决策依据

实习为学生未来的职业选择提供了宝贵的参考依据。通过在不同部门或岗位上的实际工作体验，学生能够更加深入地了解各类工作的具体内容和要求，这使得他们在评估自己是否适合从事某一特定方向的工作时有了更加清晰的判断。在实习过程中，学生可以感受到各个岗位的日常工作节奏、工作环境以及所需技能，这不仅帮助他们认识到自己的优势和劣势，也让他们更好地了解自己真正的职业兴趣所在。例如，有的学生可能在前台服务中发现了自己与客户直接互动的兴趣，他们享受帮助客人解决问题、提供优质服务所带来的成就感，并意识到自己在沟通和客户服务方面的潜力；有些学生可能在参与活动策划时，发现了自己在组织、协调和创意方面的天赋，体会到策划和执行活动所带来的挑战和乐趣。这些实际操作的体验不仅让他们明确了自己的职业热情，也使他们能够做出更加符合自身兴趣和能力的职业选择。

实习经验不仅帮助学生发现自己适合的职业方向，还为他们的职业规划提供了实际依据。通过对不同岗位的工作内容、所需技能以及未来发展前景的了解，学生可以更有针对性地制订自己的职业发展计划。这种基于实习经验的规划，能够让学生在毕业后更加有的放矢地追求自己的职业目标，避免因为盲目选择而走弯路。

此外，实习过程中积累的经验和收获也能够为学生在求职时增添信心和竞争力。通过展示自己在实习中取得的成就和学习到的技能，学生能够更好地向潜在雇主展示自己适应特定岗位的能力和热情，从而在就业市场中占据优势。

总的来说，实习不仅是一个学习和提升的机会，更是学生探索职业兴趣、明确职业方向的重要阶段。它为学生提供了一个了解职业世界的窗口，使他们能够基于实际经验做出更为明智的职业选择，从而为未来的职业生涯打下坚实的基础。

二、实习过程中的学习能力与适应能力提升

在酒店实习中，学生的学习与适应能力的提升是一个多层次、多方面的过程。这个过程不仅包括技能和知识的获取，还涉及态度、行为和

职业素养的全面发展。下面从多个角度详细阐述学生在酒店实习过程中的学习与适应能力的提升。

（一）实习中的学习能力提升

实习是学生从学校环境过渡到工作环境的重要环节。在这一过程中，学生的学习能力将得到显著提升，包括以下几个方面：

1. 理论知识的实践应用

学生在学校里所学习的酒店管理理论，包括服务流程、客户心理学、市场营销、财务管理以及人员管理等丰富的知识体系，在实习中得到了宝贵的实际应用机会。实习为学生提供了一个将这些理论知识转化为实际工作能力的实践平台，使他们能够在真实的酒店运营环境中验证自己所学的内容。

在实习过程中，学生需要将课堂上学到的理论知识与具体的工作任务相结合。例如，当面对客人投诉时，学生不仅需要运用客户心理学知识理解客人的情绪和需求，还需要结合服务流程中的标准操作步骤，迅速做出有效的应对措施，以确保客人的满意度。这不仅考验了他们的应变能力，也帮助他们在实践中巩固了理论知识。

同样，市场营销课程中的策略和技巧也在实习中得到了实际应用。学生可能会参与酒店的促销活动策划，需要考虑如何通过有效的营销手段吸引更多的客人，并提升酒店的知名度和盈利能力。在这个过程中，他们学会了如何将理论中的营销模型应用于实际的市场环境，并通过反馈调整策略，从而提高实际操作的成功率。

此外，财务管理和人员管理等课程所涉及的知识，也在实习中得到了充分的应用。学生可能会接触到酒店的预算编制、成本控制，以及人员的排班和管理等工作任务。这些实际操作经验使他们更加深入地理解了如何在真实的商业环境中运用财务和人员管理的相关理论，确保酒店运营的高效和稳定。

通过这些实际操作，学生不仅加深了对理论知识的理解，还学会了如何灵活地运用这些知识来解决实际问题。这种理论与实践相结合的学习方式，不仅培养了学生更加灵活、务实的思维方式，还显著提高了他们分析问题和解决问题的能力。在面对复杂多变的实际工作场景时，学生能够自信地运用所学，找到更好的解决方案，展现出卓越的职业素养和专业能力。

实习为学生提供了一个宝贵的机会，使他们能够在真实的工作环境中将理论知识转化为实际技能。这不仅为他们未来的职业发展打下了坚实的基础，也让他们在步入职场后能够更加从容和自信地应对各种挑战。

2. 学习方式的转变

在实习过程中，学生的学习方式发生了显著的转变，从以课堂为主的被动学习模式转向了以实践为主的主动学习模式。在真实的工作环境中，学生不再是单纯地接受知识，而是需要主动参与，积极学习和适应新的知识、技能和工作流程。比如，他们必须快速掌握如何使用酒店的管理系统，了解如何在突发情况下做出正确的应对，学习与客户和同事进行有效沟通等。这些都是课堂上无法完全传授的实战经验，只有通过亲身实践才能真正掌握。

这种学习方式的转变，促使学生更加主动地去寻找各种学习资源。他们不再依赖于老师的讲授或课本的内容，而是需要通过多种途径获取知识。比如，向有经验的同事请教，观察他们如何处理日常工作中的问题；通过阅读行业相关的材料，深入了解酒店管理的最新趋势和最佳实践。通过这些主动的学习行为，学生能够不断丰富自己的知识储备，并将所学应用到实际工作中。

此外，实习要求学生在短时间内消化大量的实际操作知识，这对他们的学习能力提出了更高的要求。在面对繁杂的工作任务时，学生不仅需要快速理解和掌握新技能，还要在实践中反复运用这些技能，以达到熟练掌握的程度。在这个过程中，学生需要不断反思和调整自己的学习方法和策略，以提高工作效率和服务质量。例如，他们可能会发现某种工作方法在实际操作中并不如预期有效，从而主动调整自己的方法，寻找更加高效的工作流程。

这种从被动到主动的学习方式转变，大大锻炼了学生的独立性和适应能力，使他们在短时间内快速成长。在实际工作中面对的挑战和压力，逼迫他们以更高的标准要求自己，从而促使他们在职业素养和专业技能上都得到显著提升。这不仅为他们今后进入职场打下了坚实的基础，也使他们具备了在未来职业生涯中持续学习和发展的能力。

实习中的主动学习不仅使学生掌握了酒店管理的实际操作技能，也培养了他们独立解决问题的能力。这种实习经历帮助他们从学术型的学习者转变为实践型的职场新人，为未来的职业成功奠定了坚实的基础。

3. 反馈机制与自我反思

在实习过程中，学生通过不断接受来自上级和同事的反馈，能够快速发现自己的不足之处以及需要改进的方面。这种即时反馈机制对学生的成长至关重要，因为它不仅让学生及时了解到自己在工作中的表现，还能促使他们进行深刻的自我反思和调整，从而促进学习和技能的快速提升。

当学生接收到反馈后，他们需要对自己的工作表现进行反思，深入思考如何改进。这一过程要求学生具备开放的心态，愿意接受批评，并将其转化为改进的动力。通过这种反思，学生能够更加清楚地了解自己的长处和短处，这有助于他们在未来的工作中扬长避短，发挥自己的优势，弥补自己的不足。

这种持续的反馈与反思过程，不仅提高了学生的自我认知能力，也大大增强了他们的自我管理能力。自我认知能力的提升意味着学生能够更加准确地评估自己的能力，认识到哪些方面需要进一步学习和提高。而自我管理能力的增强则体现在他们能够更有效地制订自我提升的计划，合理安排时间和资源，以达到预期的改进效果。

此外，通过在实习中不断接受反馈并进行调整，学生也能够学会如何在未来的学习和工作中更加有针对性地进行自我提升。他们能够识别出哪些技能和知识是职业发展中较为关键的，并专注于这些领域的深入学习和实践。这种基于反馈的学习方式使学生能够在职业生涯的早期阶段打下坚实的基础，逐步成长为具备高自我认知能力和自我管理能力的专业人才。

实习中的反馈机制为学生提供了一个持续学习和改进的机会，使他们在实践中不断进步。通过及时的反馈和自我反思，学生能够在短时间内取得显著的成长，为他们未来的职业发展奠定更加坚实的基础。这种积极的学习态度和自我提升的能力，将在他们的职业生涯中继续发挥重要作用，帮助他们在工作中不断取得新的突破。

（二）实习中的适应能力提升

适应能力是指个人在面对新的环境、任务或挑战时能够迅速调整和应对的能力。在酒店实习过程中，学生的适应能力会在多方面得到锻炼和提升。

1.适应新环境的能力

酒店行业的工作环境以高强度、快节奏以及客户需求的多样化著称。对于初次进入职场的学生来说，适应这样的工作环境无疑是一个巨大的挑战。实习为学生提供了一个宝贵的机会，使他们能够直接面对各种真实的工作情境，如应对繁忙的服务高峰、处理突发的客户投诉，以及参与复杂的内部协作等。这些经验不仅让学生更好地了解了酒店行业的运作模式，也为他们日后进入职场做好了心理和技能上的准备。

在实习过程中，学生通常会被安排到不同的岗位进行轮岗体验。这种多样化的工作体验使他们能够逐步适应各个岗位的不同工作要求，了解每个岗位的具体职责和操作流程。例如，在前台实习时，学生会接触到大量的客人，学习如何快速高效地处理入住和退房手续，并保持良好的客户服务态度；在客房管理部门，学生则需要关注细节，确保房间的清洁和舒适度达到标准；在餐饮服务或活动策划部门，学生还需要学习如何协调团队、管理时间，以及应对突发状况。

通过这些不同环境中的轮岗实习，学生不仅能全面掌握酒店各部门的工作流程，还能学会如何快速融入新的团队和工作环境。这种能力对于未来的职业发展至关重要，因为酒店行业经常要求员工在不同岗位之间进行调动，或是参与新的项目和任务。学生在实习中培养的这种快速适应和灵活应变的能力，将帮助他们在面对变化和挑战时更加从容。

更重要的是，这些多样化的工作体验还帮助学生建立起应对变化和挑战的心理准备。实习中的高压环境锤炼了他们的抗压能力，使他们学会在紧张的工作节奏中保持冷静和高效工作。这种心理上的适应能力，不仅让他们在未来的职业生涯中更能承受压力，也使他们能够更积极主动地应对各种职场挑战。

实习为学生提供了一个宝贵的实践平台，使他们得以在真实的工作环境中锻炼和提升自己。通过在多样化工作环境中的轮岗体验，学生不仅学到了各岗位的具体工作技能，还培养了快速适应新环境的能力和应对挑战的心理素质。这些宝贵的实习经验将为他们未来的职业发展奠定坚实的基础，使他们能够更加自信地迈入职场，迎接未来的各种机遇和挑战。

2. 时间管理与多任务处理能力

酒店工作环境通常要求员工在高压条件下处理多项任务，如接待客人、处理预订、安排房间、应对客户投诉等。这种多任务处理的需求对于初入职场的学生来说，既是一个挑战，也是一个重要的学习机会。在实习过程中，学生必须快速适应这种紧张的工作节奏，学会如何在有限的时间内合理安排各项任务的优先级，以确保每一项工作都能得到及时有效的处理。

通过实际工作体验，学生逐渐掌握了如何在高压力环境下高效地完成多项任务。他们学会了在繁忙的前台迅速接待客人并处理预订，同时能及时安排房间，确保所有客人的需求都得到满足。当遇到客户投诉时，学生还需要迅速判断情况的紧急性，并采取适当的行动来解决问题。这种实际操作经验不仅帮助学生提升了他们的时间管理能力，还培养了他们在多任务处理中的冷静与专注。

在这个过程中，学生逐步学会了如何优先处理重要和紧急的任务，如何在繁杂的工作中保持高标准的服务质量。他们明白了，有效的时间管理不仅仅是为了完成更多的任务，更是为了在高质量完成每一项工作时能够保持一种平衡，避免因任务过多而导致的服务质量下降。

这种在紧张环境中锤炼出来的时间管理与多任务处理能力，不仅提高了他们的工作效率，也为他们未来的职业生涯奠定了坚实的基础。具备这种能力的学生，在未来的职业道路上将更具竞争力，因为他们已经学会了如何在高压和高要求的环境中保持卓越的表现。这种技能在酒店行业，甚至在其他任何需要高效管理时间和任务的行业中都是十分宝贵的。

总的来说，实习期间培养的时间管理与多任务处理能力，帮助学生在面对复杂的工作环境时更加从容自信。这不仅为他们在酒店行业的未来职业发展打下了良好的基础，也使他们具备了在各种职场环境中成功应对挑战的核心竞争力。

3. 情绪管理与压力应对能力

在酒店实习过程中，学生不可避免地会遇到各种压力和挑战，这些挑战可能来自应对繁忙的服务时段、处理复杂和困难的客人投诉，或者是应对突发的意外情况。这些实际工作中的压力，既是对学生业务能力的考验，也是对他们情绪管理能力和压力应对能力的严峻考验。

面对这样的挑战，学生逐渐学会了如何在高压环境中保持冷静和理智。比如，当他们在高峰时段面对大量客人时，他们需要迅速判断优先级，合理分配时间和资源，以确保每一位客人都能得到满意的服务。在处理客人投诉时，他们必须控制情绪，保持专业的态度，用冷静的头脑分析问题并找到解决方案。这种在压力下的冷静应对能力是在实习中逐步培养起来的。

此外，实习也教会了学生在遇到难以独自解决的问题时积极寻求支持和帮助。无论是向同事请教，还是向上级汇报，他们学会了利用团队的力量来应对挑战，而不是独自承受所有的压力。这种团队合作和求助意识，帮助学生在面对巨大压力时能够更加从容和有效地应对。

与此同时，学生在实习中还逐渐学会了如何调整自己的情绪状态，以确保压力不会影响到他们的工作表现。他们可能通过短暂的休息、深呼吸、积极的自我对话等方式来缓解压力，并迅速恢复工作状态。这种情绪管理的能力，帮助学生在高压环境中依然能够保持高效和专业的工作表现。

这种情绪管理与压力应对能力的提升，对于学生在未来职业中的长期发展具有十分重要的意义。酒店行业，乃至其他服务行业，常常需要员工在高压力的环境下工作。能够有效管理情绪和应对压力的员工，往往更能胜任复杂和多变的工作任务，并且能够在职业生涯中保持稳定的发展。实习过程中培养的这些能力，不仅帮助学生度过了眼前的挑战，更为他们在未来的职业道路上打下了坚实的基础，确保他们能够在面对各种压力和挑战时依然保持从容、自信和专业的态度。

通过这些实习中的锻炼，学生在压力应对和情绪管理方面得到了显著的提高，为他们未来在职场中应对各种挑战奠定了坚实的基础。这种能力的提升，既是他们在职业生涯中不断前进的动力，也是他们在面对未来更大挑战时依然能够保持冷静和专业的重要保障。

4.跨文化沟通与多样性管理能力

在酒店行业中，客人和员工通常来自不同的文化背景，这对学生的跨文化沟通能力与多样性管理能力提出了很高的要求。实习期间，学生有机会面对来自全球各地的客人和同事，因此必须学习如何在多元文化的环境中有效沟通与合作。这不仅包括语言交流的技巧，还涉及对文化差异的尊重和理解。学生需要了解不同文化的习惯、价值观，以及如何在工作中体现对这些文化的尊重。例如，学生可能会遇到来自不同国家的客人，这些客人在表达需求和处理问题时可能会有截然不同的方式。学生需要具备敏锐的文化敏感性，理解这些文化背后的行为模式，以便更好地满足客人的需求，提供个性化的服务。同样，在与来自不同文化背景的同事合作时，学生需要学会如何协调团队成员的不同工作习惯和沟通风格，以确保团队合作的顺畅和高效。

通过在实习中与不同文化背景的人互动，学生逐渐提高了自己的跨文化沟通能力。这种能力不仅体现在语言上的灵活使用，还体现在对不同文化的包容和理解上。学生学会了如何在多元文化的工作环境中保持开放的心态，尊重和接受各种文化差异，从而增强了自身的包容性和文化适应能力。

这种跨文化沟通与多样性管理能力在全球化背景下的酒店行业尤为重要。随着国际旅游业的不断发展，酒店接待的客人越来越多样化，对服务的要求也越来越高。具备跨文化沟通能力的酒店从业人员，能够更好地理解和满足不同文化背景的客人需求，从而显著提升服务质量和客户满意度。

此外，这种能力不仅有助于学生在实习期间的表现，更为他们未来的职业发展奠定了重要基础。在全球化的酒店行业中，能够有效管理文化多样性、提供优质服务的员工，往往更具备职业竞争力。通过实习积累的这些经验和技能，学生在进入职场后，将能够更加自信地应对来自不同文化背景的挑战，成为能够在国际化环境中脱颖而出的专业人才。

（三）实习过程中如何促进学习与适应能力的提升

在酒店实习中，有以下几种有效的方式可以帮助学生提升学习与适应能力：

1. 任务轮换与多样化工作经验

通过在不同岗位之间的轮换实习，学生能够全面接触到酒店运营的各个关键领域，如前台服务、客房管理、餐饮服务、活动策划等。这种多样化的工作经验不仅使学生有机会学习并掌握每个岗位的具体职责和操作流程，还能帮助他们快速适应不同的工作环境和要求。例如，在前台服务中，学生将学习如何高效地处理客人的入住和退房手续，回答客人的各种询问，解决他们在入住期间遇到的问题。这一岗位的工作要求学生具备高度的沟通技巧和客户服务意识，同时需要他们掌握酒店管理系统的使用方法，以确保工作效率和服务质量。在客房管理岗位，学生将深入了解如何维持客房的清洁和整洁，确保房间符合酒店的标准，给客人提供一个舒适的居住环境。此外，学生还会接触到如何管理和协调客房服务团队，确保每日的清洁工作能够顺利进行。

在餐饮服务的实习中，学生将体验到如何为客人提供优质的用餐体验，这不仅涉及餐饮的服务礼仪和流程，还包括与厨房团队的密切合作，确保餐点的品质和及时送达。而在活动策划的岗位上，学生则有机会参与酒店的各类活动和会议的组织工作。从最初的规划、预算管理到最终的执行，每一个环节都要求他们具备出色的组织能力和细致入微的工作态度。

这种轮换实习的安排使学生能够在短时间内获得广泛的工作经验，

帮助他们快速适应不同岗位的工作环境和要求。这种多样化的经历不仅加深了学生对酒店各部门运作模式的理解，还让他们在实践中发现了自己的兴趣和优势，进一步明确了自己的职业发展方向。

此外，通过在不同岗位的轮换实习，学生能够培养灵活的应变能力和全局视野，能够从整体上把握酒店的运营流程。这种全方位的学习经历使学生不仅能够胜任特定的岗位工作，还能够在未来的发展中胜任更高层次的管理岗位。随着他们对酒店运作的理解不断加深，他们将能够更有效地进行资源整合和管理，为酒店的整体运营提供更为全面的支持。

总的来说，轮换实习不仅帮助学生全面了解了酒店管理的运作模式和流程，还为他们在未来的职业生涯中奠定了坚实的基础。这种丰富的实习经历使学生在步入职场后能够更加从容地面对各种挑战，逐步成长为在酒店行业中具备全面能力的专业人才。

2. 导师制度与工作指导

在酒店实习过程中，如果能够为学生配备一位经验丰富的导师，将会大大促进他们的成长和发展。这位导师不仅是知识的传授者，更是学生在职场中的引路人。通过导师的悉心指导，学生可以更快地适应新环境，掌握在酒店行业中必备的知识和技能，同时在面对各种挑战和困难时，能够获得及时的鼓励和支持。

导师通常是行业内资深的从业者，拥有丰富的实战经验和深厚的专业知识。他们能够为学生提供独到的见解和实际操作中的技巧，帮助学生在短时间内提升工作能力。例如，当学生遇到不熟悉的工作任务或不确定的处理方式时，导师可以通过分享自己的工作经验和解决方案，为学生提供宝贵的参考和指导。这种来自实践一线的经验分享，比起单纯的书本知识更具现实意义，能够帮助学生更好地理解酒店工作的复杂性和多样性。

此外，导师还可以帮助学生解答在实习过程中遇到的各种疑惑。从如何应对难缠的客户，到如何在高压环境中保持工作效率，导师都可以为学生提供切实可行的建议和解决方案。通过导师的指导，学生能够学会如何在职场中以专业的态度处理问题，并逐渐培养独立解决问题的能力。

更为重要的是，导师能够在学生面临挫折或挑战时，给予他们必要的鼓励和支持。职场新人在成长过程中难免会遇到各种困难和挑战，如繁重的工作任务、紧张的人际关系，或是因经验不足而导致的失误。在这种时候，导师的鼓励和支持可以帮助学生重新振作，增强他们的信心，让他们学会从失败中吸取教训，并继续前行。导师的这种心理支持，能够帮助学生更快地适应职场生活，提升他们的抗压能力和应变能力。

导师在实习中的角色不仅仅是知识的传授者，更是学生职业发展的引领者。通过导师的指导，学生能够在短时间内获得成长，掌握行业所需的关键技能，并在职业道路上奠定坚实的基础。导师的经验分享、建议和鼓励，将帮助学生更加顺利地度过实习期，成长为更加自信和有能力的职场新人。这种导师制的安排，不仅有利于学生个人的发展，也为酒店行业培养了未来的优秀管理人才。

3. 定期反馈与反思

通过定期的反馈，学生能够及时了解自己的表现和进步情况，这对他们的成长和发展至关重要。反馈可以来自多方面，包括上级的指导、同事的合作评价，甚至是客户的直接反馈。这样的多维度反馈帮助学生从不同角度认识自己的工作表现，全面了解自己的长处和不足。

当学生从上级那里获得反馈时，通常能够了解自己在工作中的表现是否达到了预期的标准，在哪些方面表现出色，哪些领域还需要进一步提升。例如，上级可能会指出学生在处理客户投诉时的有效沟通技巧，同时可能建议学生在应对紧急情况时如何提高决策的果断性和准确性。这些反馈不仅帮助学生明确了自己需要改进的具体方向，还为他们的职业发展提供了宝贵的建议和指导。

同事的反馈则往往聚焦团队沟通和合作能力。通过与同事的日常互动，学生能够了解到自己在团队中的角色和贡献，学习如何更好地与他人合作，共同完成任务。同时，同事的反馈也可以帮助学生更好地理解团队协作中的一些细节问题，如如何提高信息传达的效率，如何在团队中发挥自己的优势等。

客户的反馈则更直接反映了学生的服务质量和客户满意度。这类反馈通常与学生的工作成果直接相关，能够帮助他们了解自己在满足客户需求、提升客户体验方面的表现。这种来自服务对象的直接反馈，能促使学生更加关注客户的需求，提升服务意识，从而在未来的工作中提供更高质量的服务。

反思则是学生在接受反馈后进行自我总结和提高的重要环节。通过反思，学生可以对自己的工作进行深刻的回顾和分析，总结经验教训，找到提升自我的方法。例如，他们可以思考在某些情况下自己为什么会表现不佳，是什么导致了问题的发生，以及下一次如何避免同样的错误。反思的过程帮助学生深入理解自己行为背后的原因，从而进行更深层次的自我提升。

通过这种反馈与反思的结合，学生能够制订有针对性的改进计划，并在日后的工作中逐步实施这些计划，以达到更高的工作标准。定期的反馈和反思，不仅能帮助学生持续进步，也能培养他们主动学习和自我管理的能力，使他们在未来的职业生涯中能够更加自信和独立地应对各种挑战。这种成长方式，不仅提升了学生的专业能力，还为他们的发展奠定了坚实的基础，使他们在未来的职业道路上不断突破自我，取得更大的成就。

4. 实践与理论结合的培训

在实习过程中，酒店管理教育可以通过结合理论学习和实际操作，为学生提供更加全面和深入的培训。这种结合方式不局限于课堂上的知识传授，还通过一系列丰富的教学方法，如案例分析、模拟练习和工作坊，帮助学生更好地理解和掌握工作中的实际技能。这种培训模式旨在将理论与实践紧密结合，使学生能够更有效地将书本知识转化为实际操作能力，从而大大提升他们的适应能力。

案例分析是酒店管理教育中不可或缺的部分，通过研究和讨论真实或模拟的酒店管理案例，学生可以深入了解行业中的常见问题和解决方法。案例分析不仅帮助学生理解如何运用理论知识解决实际问题，还能够训练他们的批判性思维和问题解决能力。在讨论案例的过程中，学生可以从不同角度审视问题，学会如何权衡各种因素，做出明智的决策。这种学习方式使得学生在面对实际工作挑战时，能够更加从容和自信地应用所学的知识。

模拟练习则为学生提供了一个安全的环境，让他们能够在虚拟的情境中练习实际操作技能。例如，模拟酒店前台的接待工作、餐厅的服务流程，甚至是处理紧急事件的应对策略，学生都可以在模拟环境中进行反复练习，直到掌握相关技能为止。模拟练习不仅可以提高学生的操作熟练度，还能够让他们在实践中犯错和学习，从而避免在真实工作中出现不必要的失误。这种学习模式使学生在进入职场之前，就已经具备了较为成熟的职业素养和操作能力。

工作坊则是另一种结合理论与实践的有效方式。通过小组合作、项目演练和实战模拟，学生可以参与酒店管理的各个环节，如市场营销策略的制定、客户关系的维护、活动的策划与执行等。在工作坊中，学生不仅学习如何将理论应用于实际工作，还能够锻炼团队合作能力和沟通协调能力。工作坊通常模拟真实的工作环境，使学生可以在其中体验不同岗位的工作职责，并在导师的指导下完成一系列复杂的任务。这种动手实践的学习方式，使得学生能够更好地理解酒店管理的全貌，并为他们在未来的职业发展中打下坚实的基础。

通过这些理论与实践结合的培训模式，学生不仅能够更加牢固地掌握酒店管理的核心知识，还能够迅速提升实际操作能力和问题解决能力。这种培训方法不仅增强了学生的学习效果，也显著提高了他们的职场适应能力。未来，当学生步入酒店管理行业时，他们将能够更加自信和高效地面对工作中的各种挑战，为酒店的运营和管理贡献出自己的力量。

（四）学习与适应能力提升的长远影响

在酒店实习过程中获得的学习与适应能力提升，将对学生未来的职业发展产生深远影响：

1. 职业素养的培养

通过实习，学生不仅能够掌握必要的职业技能，还能够在真实的工作环境中培养和强化良好的职业素养。这些职业素养包括敬业精神、团队合作精神、责任感以及职业道德，这些品质对于在酒店行业中的长期职业发展至关重要，是支撑他们未来职业生涯的重要基石。

敬业精神是在实习中逐渐培养起来的一种态度。学生在面对繁重的工作任务和高要求的服务标准时，逐渐学会如何保持对工作的热情和专注。他们理解到，无论工作多么琐碎或艰难，只有以高度的责任感和职业精神来对待，才能确保提供高质量的服务，满足客户的需求。这种敬业精神不仅帮助学生在实习中获得上级和同事的认可，也为他们未来在职业生涯中赢得更多的机会和信任奠定了基础。

团队合作精神也是在实习中得以提升的重要素养之一。酒店行业的运营依赖于团队的密切协作，学生在实习中需要与不同部门的同事紧密合作，协调完成各类任务。从前台接待到餐饮服务，再到客房管理，每一个环节都需要团队成员的共同努力。通过这种团队合作，学生学会了如何与他人沟通、协调，如何在团队中发挥自己的优势，同时尊重和支持他人的工作。这种合作精神不仅提高了工作效率，也增强了团队的凝聚力。学生在这种环境中逐渐理解了集体成功的重要性，并学会了如何为团队的共同目标贡献自己的力量。

责任感是学生在实习中逐渐养成的另一项关键职业素养。在酒店工作中，每一个细节都可能影响客户的体验，因此学生必须对自己的每一项工作任务负责，确保没有任何疏漏或失误。他们学会了如何严格遵守工作流程，如何在遇到问题时主动解决，如何在工作中保持高度的职业操守。通过这种严格的职业训练，学生逐渐培养出强烈的责任感，这不仅有助于他们在当前的岗位上取得成功，也为他们未来的职业生涯打下了坚实的基础。

职业道德在酒店行业中尤为重要。学生通过实习学会了如何在职业生涯中坚持道德原则，保持诚信和专业操守。他们理解到，无论面对何种压力或诱惑，只有坚持职业道德，才能在行业中立足并赢得客户和同事的尊重。职业道德的培养，使得学生在面对复杂的工作环境时，能够始终坚持正确的原则，做出符合职业标准的决定。

总的来说，实习不仅为学生提供了掌握职业技能的机会，还帮助他们培养了良好的职业素养，这些素养将在他们的职业生涯中发挥至关重要的作用。通过在实习中的不断实践和积累，学生能够逐渐成为具备敬业精神、团队合作能力、责任感和职业道德的酒店行业专业人才，为自己在这个充满挑战和机遇的行业中实现长期职业发展奠定坚实的基础。

2. 职业发展路径的明确

实习能够帮助学生更好地了解自己的兴趣和能力所在，为未来的职业发展提供坚实的依据。通过实际的工作体验，学生不仅能够将理论知识应用于实践，还可以在真实的职场环境中探索和验证自己的职业兴趣和技能。实习让学生有机会体验不同岗位的工作内容和要求，使他们能够更加清晰地认识到自己在哪些方面具有优势，在哪些领域更感兴趣，从而为他们未来的职业规划提供重要的参考。

在实习过程中，学生可能会接触到酒店运营的各个环节，如前台接待、客户服务、客房管理、餐饮服务、活动策划等。通过在这些不同岗位上的工作体验，学生可以深入了解每个岗位的具体职责和挑战。例如，有些学生可能在前台接待的工作中，发现自己非常擅长与客户沟通，并且享受帮助客人解决问题带来的成就感；另一些学生可能在活动策划的过程中，发现了自己在创意策划和组织管理方面的潜力和兴趣。

这种实际工作体验使得学生能够更加明确自己适合从事哪些岗位，以及未来的发展方向是什么。通过不断尝试和探索，学生可以发现哪些工作内容最能激发他们的热情，哪些技能需要进一步提升。这个过程不仅帮助学生在职业选择上做出更加明智的决定，也让他们在职业生涯的早期阶段就能够有针对性地提升自己的能力，积累相关经验。

此外，实习还帮助学生认识到自己在工作中的优势和不足。通过反馈和自我反思，学生能够了解哪些技能和素质是他们未来职业发展的关键，从而制订有针对性的学习和发展计划。这种基于实际工作体验的职业规划，不仅提高了他们的职业选择的准确性，还提高了他们在求职市场中的竞争力。

最终，实习让学生不仅能更好地定位自己的职业兴趣和能力，也为他们规划职业生涯提供了宝贵的实践经验和清晰的方向。在未来的职业发展中，学生将能够更加自信地选择适合自己的职业道路，并为实现职业目标而不懈努力。通过这种实践与探索的结合，学生可以逐步成长为具备明确职业目标和方向的专业人才，在未来的职场中脱颖而出。

3.提升就业竞争力

通过实习积累的实际工作经验和能力提升，学生在就业市场上更加具有竞争力。实习不仅让学生在真实的工作环境中锻炼了实际操作技能，还帮助他们培养了解决问题的能力、团队合作的精神以及适应不同工作环境的灵活性。正是这些宝贵的实习经历，使得学生在毕业后求职时能够比那些缺乏实习经验的同学更具优势。

用人单位通常更加青睐那些拥有实际工作经验的毕业生，因为这些学生已经在实践中证明了他们的学习能力和适应能力。通过实习，学生不仅能够更快地适应工作，还能在面对复杂或紧急的工作任务时表现出更高的效率和更强的抗压能力。用人单位认为，这样的员工更容易融入团队，更能够迅速理解和执行公司策略，减少培训和适应的时间成本。

此外，实习中积累的经验也让学生在面试时能够展示出更丰富的职业经历和实际操作案例。他们可以通过讲述在实习期间参与的项目、解决的问题以及取得的成就，来证明自己的能力和潜力。这不仅让面试官对他们的职业素养有更直观的了解，也能够增加面试成功的机会。

同时，实习还培养了学生的职场意识和专业素养，使他们更好地理解职场规则和行业标准。这种对职业环境的提前适应，使得他们在求职时表现得更加成熟和自信，更容易获得用人单位的认可。

总之，在酒店实习中，学生的学习与适应能力的提升是一个多方面、多层次的过程。通过理论知识的实际应用、学习方式的转变、反馈机制与自我反思，学生的学习能力得到显著提高。而通过适应新环境、时间管理与多任务处理、情绪管理与压力应对、跨文化沟通与多样性管理等多方面的挑战，学生的适应能力也得到了全面的锻炼和提升。这些能力的提升为他们未来的职业发展奠定了坚实的基础。

三、实习常见问题的应对策略总结

在酒店实习过程中，学生常常会面临各种问题，这些问题可能涉及工作技能、人际关系、文化适应、压力管理等多个方面。针对这些常见问题，制定有效的应对策略可以帮助学生更好地适应实习环境，增强学习效果。下面是对酒店实习过程中常见问题的详细分析以及相应的应对策略。

（一）常见问题及其应对策略

1. 缺乏实际工作经验

问题描述：

对于许多初次进入酒店行业实习的学生来说，缺乏实际工作经验是一个普遍存在的问题。这些学生通常尚未接触过酒店的具体运营流程和日常工作内容，因此在实习初期容易感到迷茫和紧张。他们可能不清楚如何处理常规任务，如客户接待、预订管理或服务流程的协调，也不熟悉不同岗位之间的配合。在面对新的工作任务时，他们可能因为没有相关的实践经验而感到不知所措，甚至产生畏惧心理。这种缺乏经验带来的不安全感，常常会影响到他们的工作效率和自信心。

应对策略：

（1）主动观察与请教。学生应具备积极主动的学习态度，充分利用实习期间的每一个机会。首先，学生可以通过仔细观察酒店中有经验的员工如何完成各项任务，快速了解行业的实际运作情况。例如，学生可以通过观看前台接待如何处理客户投诉、房务员如何高效地完成客房清洁等，掌握相关工作技巧。其次，学生可以通过与不同部门的员工沟通，深入了解各部门的职责和操作方式，学习如何在实际工作中运用理论知识。与其被动等待指导，主动观察和请教是积累经验的重要途径。

（2）充分利用培训资源。大多数酒店都会为新员工提供岗前培训或定期的技能提升课程。学生在实习过程中，应充分利用这些资源，积极参与酒店组织的培训活动，借此提升自己的专业技能和行业知识。在培训过程中，学生不仅能了解酒店的运营模式，还能系统学习到服务标准、操作流程、应对突发事件的策略等关键内容。学生还应多向导师或上级请教，及时解决在工作中遇到的困难，从而缩短适应期，快速融入工作团队。

（3）循序渐进地承担责任。实习初期，学生不必急于承担复杂或高压力的任务，可以先从一些简单的日常事务入手，如整理资料、处理简单的客户需求或协助日常运营管理等。在处理这些任务的过程中，学生可以逐步熟悉工作环境和业务流程，积累实践经验。当对基础工作内容较为熟练后，学生可以逐步向上级申请参与更具挑战性的任务。循序渐进的方式既能够使学生避免因为过多的压力导致表现失常，也有助于学生在积累经验的过程中逐步增强自信心，提升应对复杂工作任务的能力。

2. 沟通与人际关系问题

问题描述：

酒店工作需要频繁与客人、同事、管理层沟通。实习期间，学生可能因为缺乏沟通技巧或文化背景差异而在沟通中遇到困难，导致误解或冲突。

应对策略：

（1）提高沟通技巧。学生应学习如何清晰、简洁地表达自己的想法，并学会倾听别人的意见，可以通过模仿有经验的员工的沟通方式，逐渐掌握有效的沟通技巧。

（2）建立良好的人际关系。学生应保持积极友好的态度，主动与同事和上级建立良好的关系，可以通过日常交流、参与团队活动等方式，增进相互了解和信任。

（3）文化敏感性和包容性。在与来自不同文化背景的客人和同事交流时，学生应保持开放和包容的态度，尊重文化差异，避免因文化误解引发的冲突。

3. 应对客户投诉和负面反馈

问题描述：

客户投诉和负面反馈是酒店行业中的常见现象。实习期间，学生在面对客户投诉时，可能会因为缺乏经验和心理准备而感到压力大，甚至出现不知如何应对的情况。

应对策略：

（1）保持冷静和专业。学生在面对客户投诉时，应首先保持冷静，展现专业的态度，耐心倾听客户的意见和反馈，避免与客户发生正面冲突。

（2）解决问题为先。学生应学习如何快速评估客户投诉的严重性和紧急程度，并按照酒店的标准程序处理问题。在无法解决问题时，学生应及时寻求上级的帮助和指导。

反思和改进：

处理完客户投诉后，学生应反思自己的应对方式和处理过程，总结经验和教训，以提高未来应对类似情况的能力。

4.压力管理和时间管理问题

问题描述：

酒店工作通常节奏快、任务多，实习生可能会因为无法合理安排时间和任务而感到压力大，甚至出现精力透支或倦怠的情况。

应对策略：

（1）制订计划和优先级。学生应学会制订每日工作计划，将任务按照重要性和紧急性排序，优先处理最重要和最紧急的任务。这样可以帮助他们更有条理地完成工作，减轻时间压力。

（2）培养多任务处理能力。在酒店实习中，学生需要学会同时处理多个任务，如接待客人、处理预订、安排房间等。学生可以通过逐步增加任务数量，训练自己在高效完成单个任务的基础上，提升多任务处理能力。

（3）寻求帮助和团队协作。当学生感到压力过大或任务难以应对时，应主动寻求同事或上级的帮助，了解团队协作的重要性，并学会如何合理分配工作负担。

5. 适应多样化的工作环境

问题描述：

由于酒店行业具有多样化的工作环境和岗位需求，实习期间，学生可能需要在不同的部门之间轮换，这需要他们快速适应不同的工作角色和环境。

应对策略：

（1）保持开放的心态。学生应保持开放和积极的心态，接受新的挑战和工作角色，愿意尝试不同的工作岗位，从而积累多样化的工作经验。

（2）自我反思与调整。在适应新环境的过程中，学生应定期反思自己的工作表现，识别改进的领域，并及时调整自己的工作方法和态度。

（3）寻求反馈与指导。学生应主动寻求上级和同事的反馈，通过反馈了解自己的表现，并根据反馈进行改进和调整。

6. 文化差异和多样性管理问题

问题描述：

酒店行业的客人和员工往往来自世界各地，具有多样的文化背景。实习期间，学生可能会因为对不同文化习惯和礼仪的不了解而在工作中出现失误或产生误解。

应对策略：

（1）学习跨文化沟通技巧。学生应学习基本的跨文化沟通技巧，如如何尊重不同文化的礼仪和习惯，如何避免文化误解等。

（2）参与多样性培训。如果酒店提供关于文化多样性管理的培训课程，学生应积极参与，学习如何在工作中尊重和管理文化差异。

（3）观察和模仿。学生可以观察有经验的员工如何处理多样化的工作场景，并从中学习应对不同文化背景的客户和同事的最佳实践。

7. 职业发展与目标设定问题

问题描述：

学生在实习期间可能会感到迷茫，不知道未来的职业发展方向如何选择，或者不知道如何在实习中最大化个人成长。

应对策略：

（1）设定清晰的职业目标。学生应在实习开始时设定个人的职业目标和学习目标，如希望在实习中掌握哪些技能、了解哪些工作流程、获得哪些工作经验等。

（2）定期评估进展。实习期间，学生应定期评估自己的进展，检查是否达成了既定目标，并根据实际情况进行调整。

（3）与导师或职业顾问沟通。学生应定期与酒店的导师或职业顾问沟通，获取职业发展的建议和指导，了解自己的优势和需要改进的地方，从而更好地规划职业路径。

8. 技能提升与职业素养问题

问题描述：

酒店实习要求学生掌握多种技能，如客户服务技能、问题解决能力、团队合作精神等。许多学生在这些方面可能存在短板，需要加强。

应对策略：

（1）持续学习与自我提升。学生应利用业余时间学习相关的专业知识和技能，通过阅读、线上课程、参加研讨会等方式提升自己的专业水平。

（2）观察学习与实际操作结合。学生应通过观察有经验的员工的操作，学习其服务流程和处理问题的技巧，同时在实际操作中不断练习，强化技能。

（3）获取反馈与反思改进。在日常工作中，学生应主动寻求上级或同事的反馈，并将反馈作为改进自己的依据，反思工作中的得失，总结经验和教训，逐步提高职业素养。

（二）总结

酒店实习是学生从学校到职场的重要过渡期，在这个过程中，学生将面临许多常见的问题。然而，通过制定有效的应对策略，如主动学习、提高沟通技巧等，学生可以更好地克服这些问题，提升个人能力。

酒店实习不仅是一个学习和提升的过程，也是一个适应和成长的过程。通过有效地应对实习中的常见问题，学生将能够更好地融入职场，积累宝贵的工作经验，为未来的职业发展奠定坚实的基础。

四、酒店管理教育与实习改革的建议

酒店管理教育在培养未来的行业专业人才方面扮演着至关重要的角色。随着行业的发展和变化，酒店管理教育需要不断改革和优化，以更好地适应市场需求，提高学生的实践能力和综合素质。下面是针对酒店管理教育与实习的改革建议，目的是提升教育质量和学生就业能力，同时更好地与行业需求接轨。

（一）酒店管理教育改革的建议

1.课程设置的优化

问题：

当前酒店管理课程存在理论与实践脱节的问题，课程内容过于学术化，忽视了对学生实际操作能力的培养。

建议：

（1）增加实践性课程比例。酒店管理教育应在课程设置中增加实践性课程的比例，如模拟酒店管理操作、案例分析、实战演练等。通过这些实践性课程，学生可以将理论知识与实际操作相结合，更好地掌握酒店运营中的具体技能。

（2）跨学科课程融合。酒店管理涉及多个学科领域，如市场营销、财务管理、人力资源管理、信息技术等。因此，建议将这些学科的基础知识融入酒店管理课程，帮助学生建立一个综合性的知识体系，提高其解决实际问题的能力。

（3）引入行业专家讲座和工作坊。定期邀请酒店行业的专家和从业人员到学校举办讲座和开展工作坊分享他们的经验和最新的行业动态。这样的互动能够帮助学生了解行业的实际运作情况，增加他们对职业环境的认知。

2. 教学方法的多样化

问题：

传统的课堂教学方式单一，以教师讲授为主，学生被动接受知识，难以激发他们的学习兴趣和主动性。

建议：

（1）采用互动式教学法。教师应采用更多互动式的教学方法，如小组讨论、案例研究、角色扮演、模拟经营等。这些方法能够促进学生之间的交流与合作，培养他们的团队合作精神和问题解决能力。

（2）引入体验式学习。通过实际操作、模拟情景、虚拟现实等体验式学习方式，让学生在真实的情境中体验酒店管理工作，如模拟前台服务、危机管理、活动策划等，以提高他们的实践能力和职业素养。

（3）加强自主学习与研究能力培养。鼓励学生参与酒店管理相关的课题研究、调查项目和竞赛活动，培养他们的自主学习和研究能力。同时，通过论文写作、案例分析等方式，锻炼他们的逻辑思维和表达能力。

3. 加强信息技术和数据分析能力的培养

问题：

随着酒店行业数字化和智能化的不断发展，酒店管理教育在信息技术和数据分析能力的培养方面相对滞后。

建议：

（1）增加信息技术相关课程。酒店管理教育应加入与酒店行业数字化相关的课程，如酒店信息管理系统、客户关系管理系统、在线营销策略、数据分析与应用等，帮助学生掌握行业必备的数字技能。

（2）强调数据驱动决策的能力。学校应教授学生如何通过数据分析进行市场研究、预测客户行为、优化定价策略等，提高他们在实际工作中进行数据驱动决策的能力。

4. 推动国际化教育和跨文化能力的培养

问题：

酒店行业本身具有高度的国际化特征，但酒店管理教育在国际化教育和跨文化能力培养方面存在不足。

建议：

（1）建立国际交流项目。学校应加强与国际酒店管理教育机构和酒店企业的合作，建立国际交流项目，如海外实习、交换生项目、国际研讨会等，帮助学生拓宽国际视野，提升跨文化沟通能力。

（2）设置跨文化管理课程。增设跨文化管理课程，教授学生如何在多元文化背景下有效沟通和管理团队，以适应未来可能的全球化工作环境。

（3）提升外语能力。酒店管理教育应加强对外语能力的培养，特别是对英语和其他常用语言的培训，提高学生的语言沟通能力和国际化素养。

（二）酒店管理实习改革的建议

1. 建立规范化和多样化的实习机制

问题：

当前的实习安排缺乏规范性和多样性，学生的实习体验和效果存在很大差异。

建议：

（1）建立标准化的实习体系。学校和企业应共同制定一套标准化的实习流程，包括实习的目标、内容、评估标准等，确保每个学生在实习过程中能够获得相对一致的学习和锻炼机会。

（2）提供多样化的实习机会。实习安排应覆盖酒店的各个部门，如前台、客房管理、餐饮服务、市场营销、人力资源等，确保学生能够全面了解酒店运营的各个方面。学校应积极与不同类型的酒店企业合作，提供多样化的实习机会，如高端酒店、经济型酒店、度假村、会议中心等。

2. 加强实习期间的指导和评估

问题：

学生在实习期间缺乏有效的指导和评估，导致他们无法充分利用实习机会提升自身能力。

建议：

（1）建立导师制度。为每位实习生配备一位经验丰富的导师，负责指导学生的实习工作，并提供定期反馈和建议，帮助学生不断改进和提升。

（2）定期评估与反馈。实习期间应定期进行评估和反馈，了解学生的进展情况，及时发现和解决问题。评估内容应包括学生的工作表现、学习态度、技能掌握情况等，确保学生在实习中得到全面的锻炼和成长。

（3）设立反思与讨论环节。实习结束后，学校应组织反思和讨论环节，让学生分享他们的实习经历、收获和挑战，通过反思、总结经验教训，提升他们的职业素养和能力。

3. 提供实习后续支持和职业发展指导

问题：

实习结束后，学生往往缺乏有效的后续支持和职业发展指导，导致他们在职业选择和发展上缺乏方向。

建议：

（1）提供职业发展指导。学校应为实习结束后的学生提供职业发展指导服务，如职业规划课程、求职技巧培训、面试模拟等，帮助学生明确职业目标，提升求职能力。

（2）建立校友网络和就业平台。建立一个强大的校友网络和就业平台，提供行业动态、就业信息、职业机会等资源，帮助学生与酒店企业建立联系，获得更多的职业发展机会。

（3）鼓励企业提供留用机会。学校可以与合作企业沟通，鼓励企业为表现优秀的实习生提供正式职位的机会，帮助学生顺利进入职场。

（三）促进学校与企业的深度合作

1. 加强校企合作，打造双赢模式

问题：

当前的校企合作模式较为松散，缺乏深度和实效性。

建议：

（1）建立校企协同培养模式、学校应与酒店企业共同制订人才培养计划，将企业的实际需求和行业标准融入教育教学过程，实现产学结合。同时，企业可以为学校提供教学资源支持，如案例分析、行业讲座、实地参观等。

（2）设立联合实验室和研究中心。学校和企业可以共同设立联合实验室和研究中心，进行酒店管理相关的课题研究和技术创新，如数字化转型、客户体验优化、可持续发展等，为行业发展贡献力量的同时，也提升学生的科研能力和创新思维。

（3）构建长期合作伙伴关系。学校和企业应建立长期稳定的合作伙伴关系，通过定期沟通、合作项目、资源共享等方式，推动双方的共同发展和进步。

2. 推动教师队伍的行业化和专业化

问题：

有的教师缺乏实际行业经验，导致教学内容与行业实践脱节。

建议：

（1）鼓励教师深入行业实践。学校应鼓励教师参与行业实践，如到酒店企业挂职、参加行业研讨会、参与企业咨询项目等，增加他们的行业经验并提升其实践能力。

（2）引进具有行业经验的专业人才。在教师招聘中，学校应优先考虑具有丰富行业经验的专业人才，通过他们的实际经验和视角，为学生提供更为贴近实际的教学内容和指导。

（3）加强教师的继续教育和培训。学校应为教师提供持续的培训机会，如行业培训、跨学科课程学习、教学法提升等，确保教师能够不断更新知识和技能，适应行业变化和教育需求。

酒店管理教育和实习的改革是一个复杂而系统的过程，需要从课程设置、教学方法、实习机制、校企合作等多个方面进行全面的优化和提升。通过改革，酒店管理教育能够更好地培养出具有理论知识和实践能力兼备的专业人才，为行业发展和学生个人职业发展提供有力支持。只有不断创新和适应变化，酒店管理教育才能为未来行业的竞争力和可持续发展贡献更大力量。

参考文献

[1] BAILEY J J, GREMLER D D, MCCOLLOUGH M A. Service encounter emotional value: the dyadic influence of customer and employee emotions[J]. Services marketing quarterly, 2001, 23（1）: 1–24.

[2] LLOYD A E, LUK T K . Interaction behaviors leading to comfort in the service encounter[J]. Journal of services marketing, 2011, 25（3）: 176– 189.

[3] IVARSSON L, LARSSON P. Service work and employee experience of the service encounter[M]. Karlstad: Karlstad University, 2010.

[4] PIAGET J. Piaget's theory[J]. Piaget and his school, 1976: 11–23.

[5] BOSE P, BANERJEE R P, SAHA S. Effective learning during industry internship creates pathways to better corporate career for students of professional course a study of internship learning that contributes to enhancement of human capital in Indian context[J]. Journal of sharia economics, 2023, 5（1）: 1–10.

[6] BRADBERRY L A, DE MAIO J. Learning by doing: the long-term impact of experiential learning programs on student success[J]. Journal of political science education, 2018, 15（1）: 94–111.

[7] 贝裕文，田治威，李文彦 . 产学研结合与协同创新研究 [J]. 高等建筑教育，2014, 23（4）: 5–8.

[8] 张蕾，许庆瑞 . 知识员工的职业发展理论及其新进展 [J]. 中国地质大学学

报（社会科学版），2003（1）：13-16.

[9] HOPE S，FIGIEL J. Interning and investing: rethinking unpaid work, social capital and the "human capital regime"[J]. tripleC: communication, capitalism & critique, 2015, 13（2）：361-374.

[10] MORONE P，TAYLOR R. Knowledge diffusion and innovation: modelling complex entrepreneurial behaviours[M].UK：Edward Elgar Publishing, 2010.

[11] THOMAS G，MORGAN K，HARRIS K. Albert Bandura: observational learning in coaching[M]//NELSON L，GROOM R，POTRAC P. Learning in sports coaching. London：Routledge，2016.

[12] 巩子坤, 李森. 论情境认知理论视野下的课堂情境 [J]. 课程·教材·教法, 2005（8）：26-29, 53.

[13] GIVERTZ C S M. Methods of social skills training and development[M]// GREENE J O，BURLESON B R. Handbook of communication and social interaction skills. New York：Routledge，2003.

[14] HORA M T，PARROTT E，HER P. How do students conceptualise the college internship experience? Towards a student-centred approach to designing and implementing internships[J]. Journal of education and work, 2020, 33（1）：48-66.

[15] EAGLY A H，WOOD W. Social role theory[J]. Handbook of theories of social psychology，2012，2：458-476.

[16] PARKER G M. Team players and teamwork: new strategies for developing successful collaboration[M].New York：John Wiley & Sons，2011.

[17] TALHA M. Total quality management (TQM)：an overview[J]. The bottom line，2004，17（1）：15-19.

[18] REALYVÁSQUEZ-VARGAS A，ARREDONDO-SOTO K C, CARRILLO-GUTIÉRREZ T，et al. Applying the Plan-Do-Check-Act

(PDCA) cycle to reduce the defects in the manufacturing industry. A case study[J]. Applied Sciences，2018，8（11）：2181.

[19] RABABAH K，MOHD H，IBRAHIM H. Customer relationship management (CRM) processes from theory to practice: the preimplementation plan of CRM system[J]. International journal of e-education, e-business, e-management and e-learning，2011，1（1）：22−27.

[20] 王新新 . 基于感知公平理论和期望不一致理论的顾客服务补救满意研究 [D]. 成都：西南交通大学，2010.

[21] SHAHIN A，SAMEA M. Developing the models of service quality gaps: a critical discussion[J]. Business management and strategy，2010，1（1）：1.

[22] BALAJI M S，ROY S K，QUAZI A. Customers' emotion regulation strategies in service failure encounters[J]. European journal of marketing，2017，51（5/6）：960−982.

[23] 魏金平 . 一种基于团队合作理论和新型业务模式的系统解决方案 [D]. 上海：复旦大学，2016.

[24] 佚名 . 情境领导：怎样发挥领导力 [J]. 现代企业教育，2009（7）：64.

[25] KIANGE P M. Managers perception of customer expectation and perceived service quality: case of hotel industry[D]. Nairobi：University of Nairobi，2011.

[26] 曹俊超，戴克商 . 物资管理理论与实务 [M]. 北京：北京交通大学出版社，2006.

[27] 卢小燕 . 论我国现行成本控制理论 [J]. 湖北广播电视大学学报，2006（1）：105−107.

[28] 卓识，喻仲文 . 沉浸式营销下品牌形象设计特征与传播策略研究 [J]. 包装工程，2021（2）：217−222.

[29] 王璐 . 社交新媒体微博的传播学分析 [J]. 郑州大学学报（哲学社会科学版），2011，44（4）：142−144.

[30] 潘丽琼.基于"数据仓库"理论的预算管理信息化模式探析：以烟草商业企业为例 [J].经济与社会发展研究，2019（2）：111，122.

[31] 朱明.基于供应链管理理论的采购管理优化：SC公司案例研究 [D].天津：天津大学，2012.

[32] 崔佳颖.管理沟通理论的历史演变与发展 [J].首都经济贸易大学学报，2005（5）：15-19.

[33] 卢东.消费者对企业社会责任的反应研究 [D].成都：西南交通大学，2009.

[34] 熊中楷，李豪，彭志强.竞争环境下季节性产品网上直销动态定价模型 [J].系统工程理论与实践，2010，30（2）：243-250.

[35] 吴军卫.酒店管理中客户满意度理论的应用分析 [J].经营管理者，2017（2）：142.

[36] 宋子昀，王伟玲.技能学习理论模型及其在经济管理中的应用 [J].中国市场，2022（2）：110-112.

[37] 徐虹，林钟高.组织结构、信息体制与企业内部控制模式研究：基于组织知识共享理论的分析 [J].会计与控制评论，2011（1）：11-26.

[38] 刘庆华，杨志红，路建彩.基于学习任务的教学简化：基于"任务中心整体化教学设计与实施"教学改进实验 [J].邢台职业技术学院学报，2016，33（5）：1-4，12.

[39] 郭伟刚，包凡彪.客户忠诚理论的价值分析和驱动模式研究 [J].商业研究，2007（3）：181-185.

[40] 温碧燕.旅游企业顾客感知服务质量理论与实证 [M].北京：科学出版社，2011.

[41] 汪诗怀.基于戴明循环理论的教学质量保障体系构建 [J].大学教育，2013（14）：8-9.

[42] 李蕾.内容营销理论评述与模式分析 [J].东南传播，2014（7）：136-139.

[43] 韩璐.基于互动仪式链理论的移动社交媒体互动传播研究：以新浪微博、腾讯微信为例 [D]. 兰州：兰州大学，2014.

[44] 林炳坤，吕庆华，杨敏.多渠道零售商线上线下协同营销研究综述与展望 [J]. 重庆邮电大学学报（社会科学版），2017，29（4）：94-103.

[45] 韦薇.从商标功能延展看商标保护理论的发展 [D]. 厦门：厦门大学，2010.

[46] 田苗.体验营销理论及其应用 [J]. 辽宁经济职业技术学院学报.辽宁经济管理干部学院学报，2005（1）：24-25，62.

[47] 卫军英.整合营销传播理论与实务 [M]. 北京：首都经济贸易大学出版社，2006.

[48] 田效勋，柯学民，张登印.过去预测未来：行为面试法 [M]. 北京：中国轻工业出版社，2008.

[49] 玉溪市教育科学研究所.体验式教学理论与模式 [M]. 昆明：云南教育出版社，2011.

[50] 梁永奕，邓佳音，严鸣，等.团队虚拟性的"双刃剑"效应：基于团队发展的视角 [J]. 心理科学进展，2023，31（9）：1583-1594.

[51] 李德勇，陈谦明.基于期望理论的组织人力资源激励机制的多维构建 [J]. 西南民族大学学报（人文社会科学版），2013，34（4）：144-147.

[52] 吴烽.从马斯洛需求层次理论看企业品牌建设 [J]. 时代经贸（下旬刊），2008（3）：31-32.

[53] 曾晖，赵黎明.组织行为学发展的新领域：积极组织行为学 [J]. 北京工商大学学报（社会科学版），2007（3）：84-90.

[54] ALQARNI A M. Hofstede's cultural dimensions in relation to learning behaviours and learning styles: a critical analysis of studies under different cultural and language learning environments[J]. Journal of language and linguistic studies, 2022, 18：721-739.

[55] TAN J S, CHUA R Y J. Training and developing cultural intelligence[J].

Cultural intelligence: individual interactions across cultures, 2003: 258–303.

[56] GARDNER G H. Cross cultural communication[J]. The journal of social psychology, 1962, 58（2）: 241–256.

[57] VAN DE VLIERT E. Conflict and conflict management[M]//DE WOLFF C, DRENTH P J D, HENK T. A handbook of work and organizational psychology. London: Psychology Press, 2013.

[58] HOPKINS M M, YONKER R D. Managing conflict with emotional intelligence: abilities that make a difference[J]. Journal of management development, 2015, 34（2）: 226–244.

[59] GLAZER S, LIU C. Work, stress, coping, and stress management[M]. Oxford: Oxford University Press, 2017.

[60] WALLER D J, SMITH S R, WARNOCK J T. Situational theory of leadership[J]. American journal of health-system pharmacy, 1989, 46(11): 2336–2341.

[61] XYRICHIS A, REAM E. Teamwork: a concept analysis[J]. Journal of advanced nursing, 2008, 61（2）: 232–241.

[62] DIONNE S D, YAMMARINO F J, ATWATER L E, et al. Transformational leadership and team performance[J]. Journal of organizational change management, 2004, 17（2）: 177–193.

[63] SANSON A, BRETHERTON D. Conflict resolution: theoretical and practical issues[J]. Peace, conflict, and violence: Peace psychology for the 21st century, 2001: 193–209.

[64] 巴达赫. 跨部门合作: 管理"巧匠"的理论与实践 [M]. 周志忍, 张弦, 译. 北京: 北京大学出版社, 2011.

[65] BURKE C S, PRIEST H A, SALAS E, et al. Stress and teams: how stress affects decision making at the team level[M]//SZALMA J, HANCOCK P A.

Performance under stress. London：CRC Press，2018.

[66] NAS T F. Cost-benefit analysis: theory and application[M]. Lanham, Maryland: Lexington Books，2016.

[67] AUSTIN J E，SEITANIDI M M. Collaborative value creation: a review of partnering between nonprofits and businesses: part 1. Value creation spectrum and collaboration stages[J]. Nonprofit and voluntary sector quarterly，2012，41（5）：726−758.

[68] ZERBINI F，GOLFETTO F，GIBBERT M. Marketing of competence: exploring the resource-based content of value-for-customers through a case study analysis[J]. Industrial marketing management，2007，36（6）：784−798.

[69] 何蕾．面向应急响应的服务恢复机制研究与实现 [D].长沙：国防科学技术大学，2008.

[70] ROUX-DUFORT C. Is crisis management (only) a management of exceptions?[J]. Journal of contingencies and crisis management，2007，15（2）：105−114.

[71] REICHEL T. 24/7 Time management: the definitive time management book for those who don't have time to read time management books (principles, methods and examples for quick wins and lasting improvements)[M]. Nuremberg：BoD-Books on Demand，2022.

[72] 张向前．西方的压力管理理论简述 [J].燕山大学学报（哲学社会科学版），2005（3）：27−29.

[73] 郭本禹，姜飞月．职业自我效能理论及其应用 [J].东北师大学报（哲学社会科学版），2003（5）：130−137.